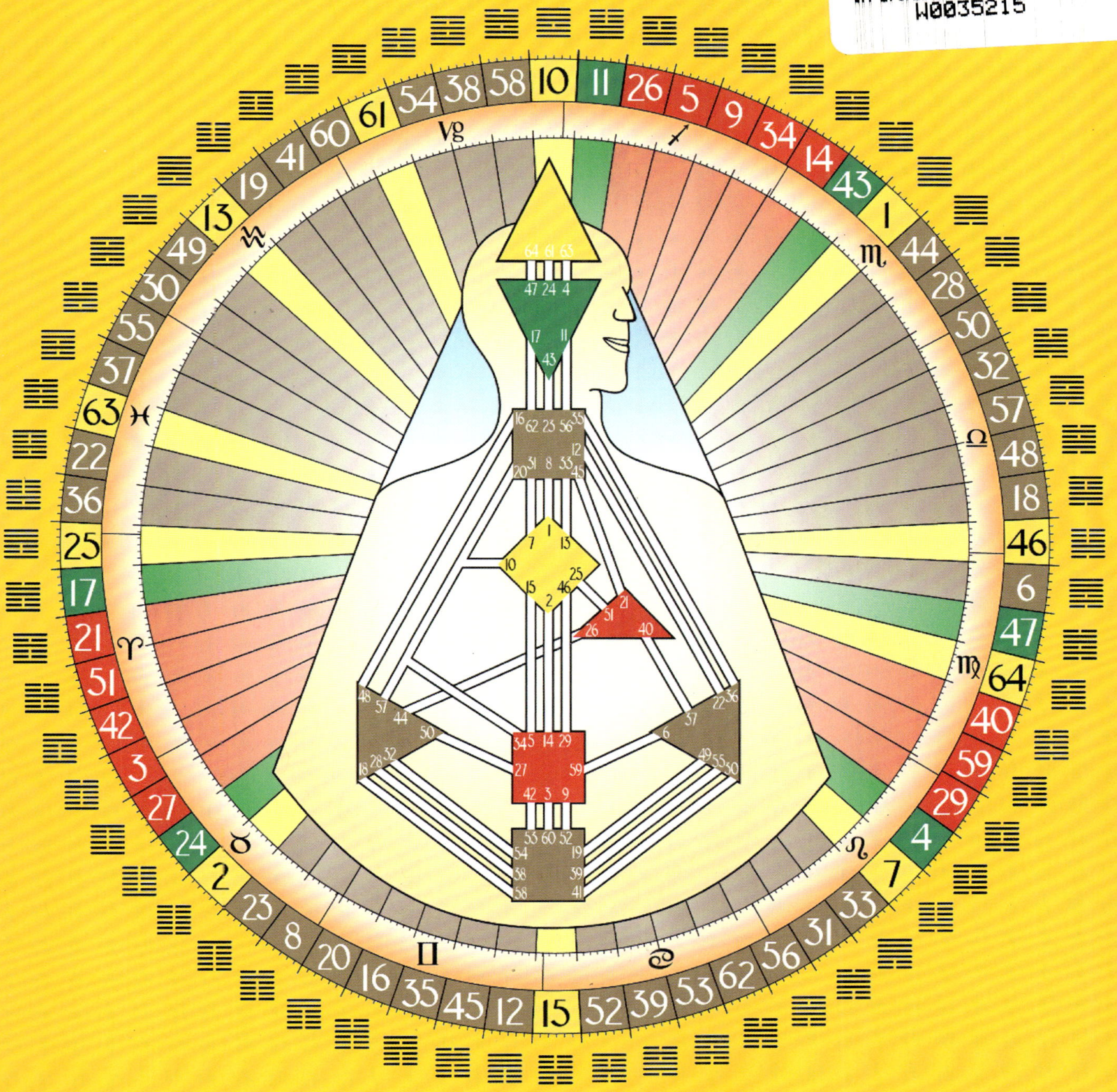
10 11 26 5 9 34 14 43 1 44 28 50 32 57 48 18 46 6 47 64 40 59 29 4 7 33 31 56 62 53 39 52 15 12 45 35 16 20 8 23 2 24 27 3 42 51 21 17 25 36 22 63 37 55 30 49 13 19 41 60 61 54 38 58

Originaltitel: The Book of Lines
© 2012 by Chetan Parkyn
First published by New World Library, 14 Pamaron Way, Novato, California 94949
Interior design by The Set Up Graphics, www.thesetugraphics.com

Chetan Parkyn :   Übersetzung: Anna Bahlinger
Die Kraft Deines Lebens   Umschlaggestaltung: nach amerik. Original
© Lüchow in Kamphausen Media GmbH,   Layout/Satz: Wilfried Klei
Bielefeld 2019   Druck & Verarbeitung:
info@kamphausen.media   Westermann Druck Zwickau

www.kamphausen.media

2. Auflage 2021

Bibliografische Information der Deutschen Nationalbibliothek

Die Deutsche Nationalbibliothek verzeichnet diese
Publikation in der Deutschen Nationalbibliografie;
detaillierte bibliografische Daten sind im Internet
über **https://dnb.de** abrufbar.

ISBN Printausgabe: 978-3-95883-350-0
ISBN E-Book: 978-3-95883-351-7

CHETAN PARKYN

DIE KRAFT DEINES LEBENS

Lege Dein wahres Potenzial frei

Eine Sicht des 21. Jahrhunderts
auf das I Ging,
das chinesische Buch der Wandlungen

Aus dem Amerikanischen übersetzt
von Anna Bahlinger

Lüchow

Dieses Buch ist Carola Eastwood (Deva Nishta) gewidmet,
deren göttliches Vertrauen dankenswerterweise
so groß ist, dass sie mich liebt, unterstützt und auf
dieser Wunder-vollen Lebensreise begleitet.

Es gibt eine Musik ohne Ton;
die Seele dürstet nach solcher Musik.

Es gibt eine Liebe ohne Körper;
die Seele sehnt sich
nach dieser nicht verkörperten Liebe.

Es gibt eine Wahrheit ohne Form;
die Seele sehnt sich
nach dieser formlosen Wahrheit.

Daher bringen Melodien keine Erfüllung,
Körper stillen die Sehnsucht nicht
und Formen können die Seele nicht erfüllen.

Aber diese fehlende Erfüllung,
diese Un-Zufriedenheit,
gilt es wirklich zu verstehen,
denn das führt schließlich zur Transzendenz.

Dann wird der Ton die Pforte zum Tonlosen,
der Körper wird der Pfad zum Nicht-Verkörperten,
und die Form wird zur Formlosigkeit.

Osho
aus dem Buch „A Cup of Tea"

INHALT

VORWORT

Ich habe das Privileg, mit Chetan Parkyn durch das Leben zu gehen, als seine Geschäftspartnerin und Ehefrau, aber vor allem als seine Freundin, und meine Seele ist tief berührt von dem großen Herzen, dem Witz und der Weisheit dieses wunderbaren, talentierten Mannes. Im Lauf der Jahre entdeckte ich immer mehr die authentische Liebe, die er jedem Menschen entgegenbringt, und die Tiefe der spirituellen Erkenntnis und Weisheit, die er uns allen vermitteln kann. Die große Gabe, über die Chetan verfügt, liegt in seiner Fähigkeit, durch die Symbole zu sprechen, die sich im Leben eines Menschen widerspiegeln, und Herz und Seele so anzusprechen, dass man von seinen klaren Gedanken und verblüffenden Erkenntnissen für immer „berührt" wird.

Mehr als ein Jahrzehnt lang beschäftigte sich Chetan jeden Tag viele, viele Stunden damit, sich mit allen ihm bekannten Bestandteilen des Human Design auseinanderzusetzen. Auf diesem Weg des Ausprobierens, Entdeckens und Verfeinerns erkannte er, welche Schlüsselelemente im Human Design genau die zentralen, bedeutendsten Faktoren sind, die es mit anderen zu teilen gilt: nämlich diejenigen, die einen unterstützen können, zum eigenen, authentischen Selbst zu erwachen. Meine Begeisterung für seine Arbeit mit Human Design wuchs, als ich mitbekam, wie er immer größere Meisterschaft erlangte in der Kunst, ein höchst wirkungsvolles persönliches Reading zu geben, und wie er seine Lehrmaterialien für diejenigen, die Human Design lernen wollten, über viele Jahre entwickelte und verfeinerte.

Bei einer wachsenden Anzahl von Menschen bewirkte Human Design wesentliche Veränderungen im Leben, und so vertiefte sich unser Verständnis, während Chetan an seinen Methoden feilte, die vielschichtigen Bedeutungsnuancen in einem Human-Design-Life-Chart zu vermitteln. Ich hatte selbst viele Jahre Erfahrung mit astrologischen Beratungen und war erstaunt über die Genauigkeit, Tiefgründigkeit und Aussagekraft von Human Design. Es ermöglicht auf tiefgreifende Weise, dass Menschen zu ihrem authentischen Selbst erwachen, und kann uns unterstützen, uns mit Klarheit und Effizienz durchs Leben zu bewegen – bei allem, was wir tun. Es faszinierte mich, dass nicht nur das bewusste Selbst, sondern auch die unbewussten Muster, die wir von Generationen unserer Ahnen geerbt haben, im persönlichen Human Design enthalten sind und „gelesen" und verstanden werden können! Aber am meisten lernte und profitierte ich, als ich begann, Human Design in meinen Lebens- und Beziehungsalltag zu integrieren.

Ein zentraler Bereich von Chetans Forschungen bezog sich auf das I Ging als einen der Bestandteile des Human Designs. Das I Ging liefert ein symbolisches Verständnis der Botschaft, die in jedem seiner 64 Hexagramme enthalten ist; die 64 Hexagramme haben ihre Entsprechung in den 64 Codons der genetischen Ausstattung des Menschen. Wie Sie sich vorstellen können, enthalten die verschlüsselten Informationen, die uns von vorangegangenen Generationen überliefert wurden, komplexe Bedeutungsnuancen. Chetan hatte die Inspiration, diese symbolischen Darstellungen für uns so zu interpretieren, dass sie ein möglichst klares Licht auf unseren Weg werfen. Ich habe den Überblick verloren, wie viele Überarbeitungen er geschrieben hat, aber über einen Zeitraum von zwölf Jahren konnte ich beobachten, wie er die Sprache immer weiter entwickelte und bei jedem Umschreiben noch tiefere Erkenntnisse einfließen ließ und alles noch mehr verfeinerte. Mit großer Hingabe widmete er sich dem Vorhaben, sein Linien-Buch so weit zu entwickeln, dass es die Bedeutung jedes einzelnen Hexagramms, ja jeder der in den 64 Hexagrammen enthaltenen 384 Linien, möglichst authentisch und vollständig wiedergibt. Sein Engagement schien unerschöpflich – so sehr, dass ich wirklich überrascht war, als er die Arbeit eines Tages für beendet erklärte.

In seinem ersten Buch, *Human Design. Entdecke die Person, die du wirklich bist*, führte uns Chetan in die Kunst und Wissenschaft der Selbstentdeckung ein, die sich im Kennenlernen des eigenen Human Designs offenbart. Das vorliegende Buch ist sowohl als Begleitbuch zu seinem Human-Design-Buch geschrieben als auch als eigenständige, moderne Interpretation des alten chinesischen Textes des I Ging. Viele verschiedene Ebenen persönlicher Erkenntnisse sind in der symbolischen Sprache dieses Buches enthalten. Verwenden Sie es dazu, alle 26 Aktivierungen in Ihrem Human-Design-Life-Chart durchzulesen und damit ein tiefgehendes, zusammenhängendes symbolisches Bild zu bekommen – von dem Menschen, als der Sie geboren sind, und dem Leben, das Ihnen entspricht. Nutzen Sie das Buch auch, um es zu jeglichem Lebensbereich zu befragen, den Sie gern erhellen möchten, und Sie werden Antworten erhalten, die auf geradezu unheimliche Weise den Kern Ihrer Frage berühren und Ihnen weitere Einsicht in Ihre Lebensreise gewähren. Lassen Sie dieses Buch zu einem der Schätze in Ihrem Bücherregal werden, den Sie über viele Jahre immer wieder zur Hand nehmen.

Carola Eastwood
Professionelle Astrologin und Erfolgscoach

VORWORT
ZUR DEUTSCHEN
AUSGABE

Als ich Chetan 2012 in Düsseldorf kennenlernte und die Idee der Übersetzung seines Grundlagenwerkes „Human Design" konkrete Gestalt annahm, hatte ich auch zum ersten Mal sein „Book of Lines" in der Hand. Und ich wusste sofort: Das will ich auch übersetzen! Denn schon lange hatte ich mir eine neue Beschreibung der „Linien" gewünscht, als Ergänzung und Verständnishilfe für das etwas schwer zugängliche Rave I Ging, das mir aus meiner Human-Design-Ausbildung geläufig war. Hier ist sie nun als eigenständiges Werk in handlicher Form, noch dazu ausgestattet mit zusätzlichen Informationen und Grafiken, die sie zu einem hervorragenden Nachschlagewerk für alle Human-Design-Interessierten macht.

Die Grundstruktur eines Menschen ist im Human Design mit „Typ/Autorität/Profil" beschrieben, „Kanäle" und „Tore" liefern innerhalb dessen die spezifischen Eigenschaften, die ganz persönlichen Begabungen und Herausforderungen. Diese Bausteine des Systems hat Chetan Parkyn in „Human Design" hervorragend dargestellt. Die „Linien" nun, um die es im vorliegenden Werk geht, beschreiben die verschiedenen möglichen Spielarten innerhalb eines Tores – und es macht tatsächlich einen nicht unerheblichen Unterschied, welche davon jeweils aktiviert ist! Man schaue sich nur einmal z. B. die Linien der eigenen Sonne- und Erde-Aktivierungen an... Übrigens fließen diese auch in die „Lebensthemen" ein, denen Chetans Buch „Des Sinn deines Lebens" gewidmet ist. Kurzum: Um ein differenzierteres Bild von den Eigenschaften eines Menschen zu bekommen, ist ein Blick auf die Linien unverzichtbar.

Was ich an Chetans Arbeit so schätze, ist die allgemein verständliche Sprache, die die Beschäftigung mit dem System erleichtert, und vor allem die spürbar positiv-unterstützende Haltung, die aus seinen Formulierungen spricht. Gleichzeitig ist in diesem Buch der Charakter der uralten

Weisheitslehre des I Ging gewahrt, indem die Texte auch in Chetans Formulierung zum Nachsinnen einladen. Im Sinne dieses meditativen Charakters der Texte habe ich die direkte Anrede in den Linienbeschreibungen im Deutschen mit „du" wiedergegeben. Mögen Sie, lieber Leser, liebe Leserin, sich damit direkt angesprochen fühlen!

Ich wünsche viel Freude beim Entdecken der individuellen, angeborenen Eigenschaften mit all ihrer Vielfalt!

Berlin, im Januar 2019
Anna Bahlinger

DANKSAGUNGEN

Ich möchte allen Menschen danken, die mir das Vertrauen entgegenbrachten, Readings für sie zu machen, und die mir Erkenntnisse lieferten, die in dieses Buch eingeflossen sind.

Ohne die Anwesenheit von Osho in meinem Leben kann ich mir schwer vorstellen, wie mein Leben verlaufen wäre.

Mein großer Dank und meine Anerkennung gelten Ra Uru Hu als demjenigen, der die Stärke hatte, dem „Download" des Human Design standzuhalten, und der die Türen geöffnet hat, um Human Design als erste internationale Sprache in der Welt einzuführen.

Aufrichtiger Dank geht an Alexander Roberts (www.thesetupgraphics.com), der mich darin unterstützt hat, die Vision für dieses Buch aufrechtzuerhalten, und der mit großer, unablässiger Geduld die außergewöhnlichen Grafiken und das Layout gestaltet hat.

Im Lauf der vielen Jahre, in denen ich spielerisch mit dem I Ging umging, las ich viele verschiedene Interpretationen dieses bemerkenswerten Buches der Wandlungen – viele davon mehrfach – in dem Versuch, die inneren Bedeutungen, die sich in den Bildern und Codierungen unseres Lebens verbergen, herauszufiltern. Ich sehe mich nicht als I-Ging-Gelehrten, sondern als jemanden, der viel Unterstützung, Ermutigung und Anleitung erfahren hat durch die Weisheit, die im I Ging enthalten ist, und ich bin jedem dankbar, der mir vorausgegangen ist und diesen erstaunlichen Wissensschatz erforscht, neu belebt und ausgelegt hat.

Diejenigen Leser und Leserinnen, deren Appetit geweckt ist, dieses Wissen und den vielschichtigen Bereich des I Ging weitergehend zu erforschen, seien auf das Buch meines guten Freundes Richard Rudd, *Gene Keys,* hingewiesen (deutscher Titel: *Die 64 Genschlüssel*).

WAS SIE ERWARTET

Die Kraft Deines Lebens ermöglicht den Zugang zum *I Ging*, dem chinesischen *Buch der Wandlungen*, in einer Sprache des 21. Jahrhunderts, die speziell auf das Human Design zugeschnitten ist. Geschrieben wurde es als Begleitband zu meinem ersten Buch, *Human Design. Entdecke die Person, die Du wirklich bist.*

Die Kraft Deines Lebens lässt sich auch – wie das ursprüngliche I Ging – als Mittel zur Weissagung nutzen; man kann damit an jedem beliebigen Punkt im Leben Entwicklungen voraussehen oder tiefer einschätzen.

Darüber hinaus kann es auch Astrologen dienlich sein, die auf der Suche nach einem erweiterten Verständnis bestimmter Elemente des uns umgebenden Himmels und der Planeten unseres Sonnensystems sind.

Die Wahrheit lässt sich nicht in Worten ausdrücken, aber Worte können uns zur Wahrheit hinführen …. wenn wir sie lassen … und sie dann hinter uns lassen.

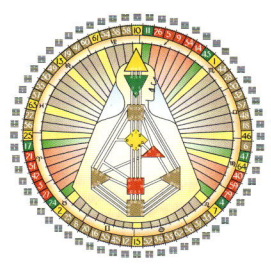

EINLEITUNG

Im Jahr 1979, in meiner Anfangszeit bei dem erleuchteten spirituellen Meister Osho im indischen Poona, bekam ich eine englischsprachige Ausgabe von Richard Wilhelms deutscher Übersetzung des chinesischen I Ging in die Hand. Ich fing an zu beobachten, wie mein „Unbewusstes" sichtbar wurde in dieser abstrakt gehaltenen Beschreibung aus einer alten Kultur, die das Leben völlig anders wahrnahm, als ich es gewohnt war. Das fesselte mich, und von da an beschäftigte ich mich immer wieder damit, was es bedeutete, das I Ging zu „werfen" und wahrzunehmen, wie sich seine Vorhersagen in meinem Leben entfalteten. Das war eine außergewöhnliche Erfahrung – wie wohl jeder, der sich mit dem I Ging beschäftigt oder damit „gespielt" hat, bestätigen kann.

Ich war inspiriert, mehr über mich und über die Welt, in der ich mich befand, zu erfahren, und suchte einen gefeierten Chhayashastri (Schattenleser) in Mumbai auf. Neben vielen anderen Dingen sagte dieser mir voraus, ich würde mein Leben damit zubringen, „Lesungen", Schicksals- und Zukunftsdeutungen, für die Menschen zu machen. Nachdem er mich eingeladen hatte, bei ihm zu lernen, und ich in aller Unschuld ablehnte – denn ich hatte keine Ahnung, dass mir da eine außergewöhnliche Einladung von einer weltbekannten Autorität zuteil wurde –, sagte er mir, dass ein System in mein Leben kommen würde, in das ich Menschen in der ganzen Welt einführen würde und das eine tiefgreifende Wirkung auf ihr Leben hätte. Er gab mir den Rat, das „Lesen" für Menschen zu üben und jegliches Mittel zu nutzen, um herauszufinden, wie ich Menschen durch das, was ich wahrnahm, mit sich selbst bekanntmachen konnte. Es legte mir nahe, dass ich jegliche esoterische und sonstige Art von Lesungen oder Deutungen für Menschen anschauen sollte, damit ich bereit wäre, wenn dann „das neue System" in meinem Leben auftauchen würde.

Das Leben mit dem erleuchteten Meister Osho ist ein Garant für Transformation in vollem Ausmaß, und tatsächlich kam innerhalb einer Woche ein gefeierter indischer Handleser auf mich zu, der mir zeigte, wie man in Händen lesen kann... So öffneten sich die Türen, und es folgten viele Jahre, in denen ich mich mit Hand- und Gesichtslesen, mit Tarot, Astrologie, Runen, Teeblättern und vielen anderen Mitteln und Wegen beschäftigte, Einblick in das Leben der Menschen zu bekommen. In all der Zeit lag mir das I Ging immer sehr am Herzen, weil es ein Werkzeug darstellt, eine ganze Reihe von Empfindungen und Erfahrungen in Worte zu fassen.

1993 bekam ich von einem alten Freund mein Human-Design-Chart geschickt und ich erkannte sofort, dass dies das System war, das mir der Chhayashastri vorhergesagt hatte. Alle Puzzleteile meiner Beschäftigung und Übung mit esoterischen Systemen fügten sich zusammen, und ich fing ernsthaft an zu üben, um Human Design beherrschen zu lernen.

Human Design

Human Design wurde im Januar 1987 als kosmischer „Download" in einem äußerst anstrengenden Prozess von einem Mann namens Ra Uru Hu empfangen, einem Kanadier, der inzwischen verstorben ist. Ich benutze den Begriff „Download" und nicht „Channeling", weil Ra von etwas, was er „die Stimme" nannte, förmlich gezwungen wurde, dieses System aufzunehmen. Ras „Download"-Erfahrung dauerte acht Tage und Nächte und war alles andere als ein Vergnügen. Ra beschrieb die Intelligenz, die ihm die Human-Design-Informationen vermittelte, als weit jenseits von allem, was er für möglich gehalten hätte. Am Ende dieser „Download"-Erfahrung fand er sich mit einem fantastischen System wieder, aber ohne jede Anleitung, was er damit tun sollte!

Human Design setzt sich zusammen bzw. bildet eine Synthese aus vier alten Weisheitslehren sowie zwei modernen Wissenschaften. Die alten Weisheitslehren sind: (westliche) Astrologie – als Mittel, um die Positionen und die Bedeutung der Himmelskörper um uns herum zu erkennen –, die Kabbala – und hier insbesondere ein Verständnis der Zweige des Lebensbaumes –, die Chakren oder Energiezentren im Körper und das I Ging, das chinesische Buch der Wandlungen. Die modernen Wissenschaften sind die Astrophysik mit ihrem Verständnis von Neutrinos als den winzigen Boten des Universums und die Genetik: der genetische Code des Menschen als Beschreibung, wie wir das Leben in menschlicher Gestalt erfahren.

Dass eine direkte Verbindung zwischen den 64 Hexagrammen des I Ging und den 64 Codons in der DNA, dem genetischen Code des Menschen, besteht, wurde von dem deutschen Arzt Dr. Martin Schönberger 1973 festgestellt und beschrieben (*Weltformel I Ging und genetischer Code*). Wenn man also in der Lage ist, zu erfassen und zu beschreiben, was die Hexagramme des I Ging darstellen, kann man auch erfassen und tatsächlich „lesen", wie die genetische Ausstattung eines Menschen auf der psychischen Ebene aussieht. Der Code Ihres Human Designs enthält, sozusagen eingebettet in Ihre „psycho-spirituelle DNA", Züge der Erfahrungen Ihrer Ahnen und konzentrierte Weisheit zu ihrem eigenen Weg. Indem Sie Ihre einzigartige genetische Ausstattung verstehen, wie sie in nachvollziehbarer Sprache deutlich wird, bekommen Sie die Schlüssel zu Ihrem Leben in die Hand.

Dieses Buch ist das Ergebnis aus vielen Jahren Übung mit dem I Ging, wiederholtem Um- und Neuformulieren und viel Feinarbeit, um eine verständliche Sprache zu finden, die möglichst viele der Nuancen des I Ging und damit auch unserer genetisch angelegten Tendenzen wiedergibt.

ZUM GEBRAUCH DIESES BUCHES

Das Buch der Linien ist absichtlich in der Form von „Sutras" oder „Koans" beziehungsweise „Begriffsketten" geschrieben worden, also in Wortreihen, welche hier mit bestimmten Teilen der dem Menschen angeborenen Anlagen verbunden sind. Wenn Sie empfänglich sein und zulassen können, dass das Wissen in Ihrem Bewusstsein „ankommt", können Ihnen diese Begriffsketten zu einem tiefen Verständnis Ihrer selbst und der Menschen in Ihrer Umgebung verhelfen.

Man hat festgestellt, dass die 64 Hexagramme exakt den 64 „Codons" der menschlichen DNA entsprechen. *Die Kraft Deines Lebens* bietet die Möglichkeit, jeden einzelnen Aspekt unserer persönlichen genetischen Ausstattung zu erfahren, indem man in eine persönliche Resonanz geht zu der entsprechenden Beschreibung.

Betrachten Sie also bitte die entsprechenden Formulierungen als „Trigger" oder „Schlüssel", die Sie bei Ihrer Innenschau, Kontemplation oder Meditation leiten, und nicht so sehr – oder nicht nur – als reine Informationen.

Wir sind dazu da, das Leben in all seinen Formen und Ausprägungen zu leben, und das *Die Kraft Deines Lebens* kann Ihnen einen Zugang zu angeborenen Aspekten Ihres Wesens vermitteln, indem Sie persönlich erfahren, wer Sie sind, was Sie hier leben und wie Sie sich entwickeln können. Dementsprechend sind, wie Sie feststellen werden, die Linienbeschreibungen zum größten Teil bewusst in der Gegenwart und in direkter Anrede formuliert.

Wenn Ihnen Ihr Human Design Life Chart noch nicht vorliegt, können Sie es kostenlos unter **www.HumanDesignForUsAll.com** bekommen. Laden Sie dort entweder die kostenlose Software herunter oder geben Sie Ihre Geburts-Daten (Tag, Ort und Uhrzeit der Geburt) ein und lassen Sie sich Ihren „Personal Report" auf Deutsch oder Englisch mit dem Life Chart per E-Mail zusenden. Für Ihr Smartphone oder Tablet können Sie die kostenlose App auf **www.TheHumanDesignApp.com** herunterladen.

Wie man die Linien im Life Chart liest

Wenn Ihnen die folgenden Details auf den ersten Blick zu komplex erscheinen, seien Sie versichert, dass Sie durchaus Aufschlüsse für Situationen in Ihrem Leben gewinnen können, auch ohne dass Sie jede hier beschriebene Nuance verstehen. Wenn Sie weiterlesen, werden Sie eine einfache Erklärung finden, wie man dieses Buch als Leitfaden nutzen kann, um den größeren Zusammenhang Ihrer Erfahrungen und Erlebnisse zu erfassen.

Hier ein Beispiel von zwei gegenüberliegenden Seiten und ihren verschiedenen Bestandteilen:

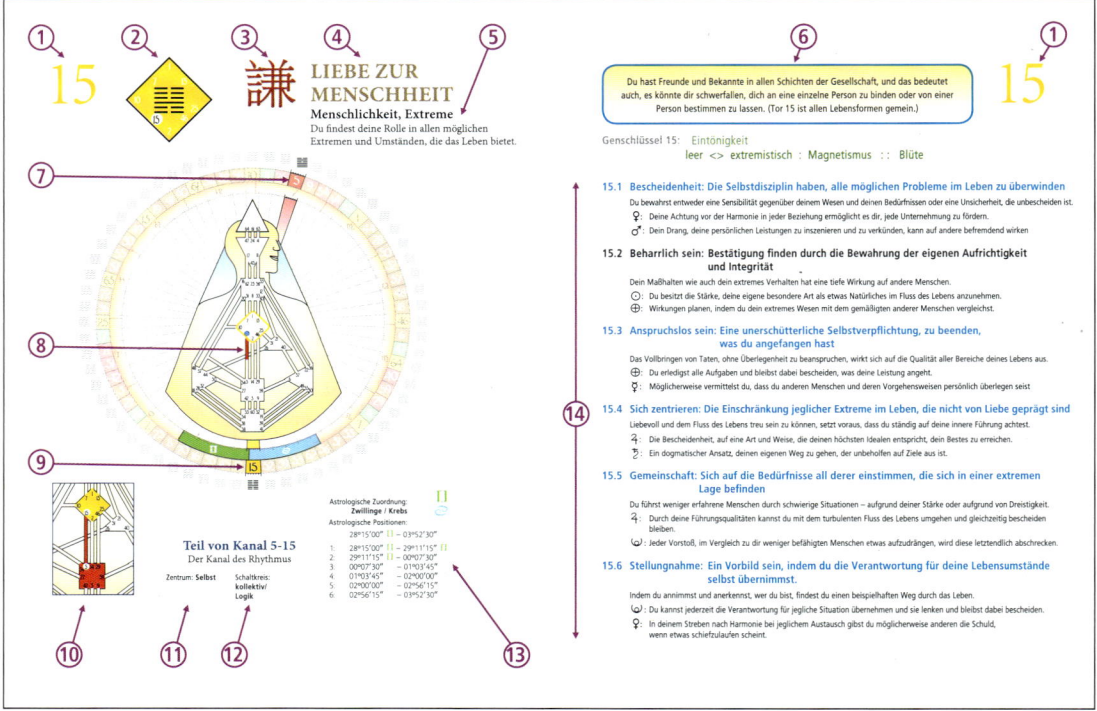

① Die Nummer des Tores

② Das entsprechende Hexagramm

③ Das entsprechende chinesische Schriftzeichen

④ Der Name des Tores

⑤ Die Bedeutung des Tores

⑥ Kommentar

⑦ Das ergänzende Hexagramm im Kanal

⑧ Die Position des Tores im Life Chart

⑨ Die Position des Hexagramms im Rad

⑩ Das Tor als Teil des Kanals

⑪ Das dazugehörige Zentrum

⑫ Der dazugehörige Schaltkreis

⑬ Die astrologischen Grade der 6 Linien

⑭ Die Linien von 1 bis 6

Jedes Tor hat eine Nummer (1) und ein dazugehöriges Hexagramm (2), das aus sechs Strichen besteht. Diese Striche sind entweder durchgezogen —— und werden als „Yang", männliche, nach außen gehende, schöpferische Energie beschrieben, oder sie sind unterbrochen - - - - und werden als „Yin", weibliche, nach innen gerichtete oder empfangende Energie beschrieben.

Zu jedem Hexagramm gehört ein chinesisches Schriftzeichen oder Piktogramm (3).

Jedes Tor hat eine Bezeichnung (4), eine Bedeutung (5), d.h. eine kurze Beschreibung, wofür es steht, und einen Kommentar (6), der seine umfassendere Wirkung in der Welt umreißt.

Jedes Tor hat einen bestimmten Platz im Life Chart (8).

Jedes Hexagramm hat einen bestimmten Platz im Rad (9) und steht in potenzieller Verbindung mit einem anderen Hexagramm (7). Wenn beide Hexagramme in einem Life Chart aktiviert sind, bilden sie einen definierten Kanal (10).

Jedes Tor liegt in einem der neun Zentren (11) und gehört zu einem der sogenannten Schaltkreise, die sich durch das Life Chart ziehen (12).

Jedes Tor entspricht einem Hexagramm und einer bestimmten Position am Himmel bzw. im Sternenfeld um uns herum, die sich in astrologischen Begriffen als exakte Bogengrade, -minuten und -sekunden erfassen lässt (13).

Jedes Tor hat 6 Linien, zu jeder dieser Linien gehört eine spezielle Beschreibung; jede Linie umschreibt eine bestimmte Rolle im Leben (14).

Letztendlich bezieht sich jede Linie eines Tores auch auf das Hexagramm, die Position im Sternenfeld und das genetische Codon innerhalb unserer Anlagen als Bewusstsein in der Form.

Wie man die Beschreibungen der Tore und Linien auf ein Life Chart anwendet

Jedes Life Chart enthält jeweils zwei Positionen am Himmel für die Sonne, den Mond, die Mondknoten und jeden der Planeten unseres Sonnensystems. Die Berechnungen werden in Form von Hexagramm- und Linien-Nummer angegeben. Es folgt ein Beispiel für die „bewusste" und „unbewusste" Sonne ☉ und Erde ⊕:

unbewusst   bewusst

41^1 ☉ 3^5

31^1 ⊕ 50^5

Die eine Berechnung bezieht sich auf den Moment der Geburt und die Hexagramm- und Linienzahlen sind in **Schwarz** wiedergegeben; damit wird angezeigt, dass es sich um „bewusste" Aspekte unserer selbst handelt, d.h. solche, die wir auch von uns kennen.

Die zweite Berechnung bezieht sich auf einen Zeitpunkt 88 Grad des Sonnenumlaufs bzw. etwa drei Monate vor unserer Geburt, zu dem wir uns also noch im Mutterleib befinden. Diese Hexagramm- und Linienzahlen sind in Rosa (oder Rot) wiedergegeben; sie zeigen „unbewusste" Teile unserer Anlagen an. Diese Berechnung gilt auch bei Frühgeburten oder späten Geburten.

„Traditionellerweise" wird diese „unbewusste" Seite durch Psychoanalyse, Hypnose oder andere Formen von Therapie erforscht. Die Bedeutung der „unbewussten", rosa oder rot gedruckten Information liegt darin, dass sie sich auf unser genetisches Erbe von den Eltern, deren Eltern und mindestens vier Generationen zurück bezieht und dass dieses durch Human Design sofort ersichtlich wird. Sich mit Human Design zu befassen, ermöglicht es also, dass wir direkten Zugang zu diesem „genetischen Erbe" bekommen. Damit soll nicht gesagt werden, dass irgendwelche Gaben oder auch persönliche Unzulänglichkeiten „an den Ahnen liegen", aber wir werden durchaus in die Lage versetzt, Gewohnheiten oder Muster, die sich auf unser Leben und das unserer Umgebung auswirken, zu erkennen und einen bewussteren Umgang damit zu entwickeln.

Die Tore und Linien lesen

In dem obigen Beispiel für die bewusste Sonne in ☉ **3⁵** würden wir **Tor 3 und dann Linie 5** lesen. Die folgenden Passagen sind aus dem vorliegenden Buch, zuerst die Bedeutung des Tores und der Kommentar dazu, dann Linie 5:

Tor 3. Neuordnung – **das Neue einrichten:** Beim Bruch mit dem Alten sind eine klare Perspektive, Beharrlichkeit und einige Organisationsprinzipien vonnöten. Die Tradition weicht dem Neuen, Unbekannten und Unerprobten nicht leicht.

Diese Beschreibung der allgemeinen Bedeutung von **Tor 3** besagt also, dass Sie ein Leben führen, in dem Sie mit Traditionen brechen und neue und zuvor noch nicht erprobte Wege gangbar machen. Es folgt der ganze Text für Tor 3, Linie 5, von dem vielleicht nicht alles auf Ihr Leben zutrifft.

3.5 **Auslegung: Sich von erwarteten Ergebnissen lösen, wenn man eine neue Ordnung errichtet.**
Beim Organisieren von etwas Neuem kann es sein, dass deine Absichten missverstanden werden.
Mars ♂: Dein selbstsicherer eigener Standpunkt hält Meinungsverschiedenheiten aus und schafft Ordnung.
Erde ⊕: Du lässt dich leicht verwirren in dem Versuch, die Probleme anderer zu schlichten.

Da diese Linie hier durch die Sonne ☉ aktiviert wird, lesen wir die ersten beiden Zeilen und nicht die, die sich speziell auf Mars ♂ beziehungsweise die Erde ⊕ beziehen – also nur:

3.5 **Auslegung: Sich von erwarteten Ergebnissen lösen, wenn man eine neue Ordnung errichtet.**
Beim Organisieren von etwas Neuem kann es sein, dass deine Absichten missverstanden werden.

Diese Beschreibung von **Tor 3, Linie 5** besagt, dass Sie nicht genau wissen können, wie sich die Dinge entwickeln werden, wenn Sie Ihre neuen Ansätze im Leben verfolgen, und Sie können auch nicht erwarten, dass jeder gerade das schätzt, was Sie tun. Möglicherweise stellen Sie fest, dass Sie die Dinge so machen, „wie es Ihnen gerade einfällt", und hoffen, damit „durchzukommen".

*****

In demselben Beispiel lesen wir zur bewussten Erde ⊕ im vorliegenden Buch die Beschreibung von **Tor 50, Linie 5**.

Zuerst:

Tor 50: Werte – Stabilität: Die Weisheit von Werten achten und Verantwortung für Werte zeigen, die sowohl die lokale Gemeinschaft als auch die Gesellschaft als Ganzes bereichern.

Spirituelle und irdische Kräfte verbinden sich, wenn man die Verantwortung übernimmt, Wertvorstellungen zu bewahren und zu fördern, die traditionell oder neu sein können, aber immer den wesentlichen Erfordernissen jeglicher Angelegenheit entsprechen.

Diese Beschreibung der Bedeutung von **Tor 50** besagt, dass Sie dafür verantwortlich sind, Werte für die Menschen um Sie herum hochzuhalten, entsprechend den Bedürfnissen des jeweiligen Moments.

Dann:

50.5 Verstärken: Wachsam bleiben und erkennen, welche Werte am förderlichsten sind

Du erkennst, dass ein Zusammenhang besteht zwischen den Wertvorstellungen und den Taten, die allen nützen – oder du lässt das außer Acht.

Saturn ♄: Du entwickelst genug Klugheit, um angemessene Werte beizubehalten, wenn man dich unter Druck setzt, etwas daran zu ändern.

Mars ♂: In deiner Eile, im Leben voranzukommen, kannst du die wirklichen Werte, wie sie dir und anderen dienlich sind, außer Acht lassen.

Da diese Linie hier von der Erde ⊕ aktiviert wird, lesen wir die ersten beiden Zeilen und nicht die, die sich auf Saturn ♄ oder Mars ♂ beziehen.

Die Beschreibung der Bedeutung von **Tor 50, Linie 5** besagt, dass Sie wachsam sind, was die Veränderung von Werten angeht, und dass Sie möglicherweise wechseln müssen von dem, was Sie als „richtige" Werte betrachten, hin zu solchen, die den Menschen im jeweiligen speziellen Fall dienlich sind.

*****

Zur unbewussten Sonne ☉ lesen wir **Tor 41, Linie 1**.

Zuerst:

Tor 41: Fantasie – Potenziale einschätzen: Sich innerhalb eingeschränkter Mittel zu bewegen, lässt Träume und Fantasien entstehen. Auf der Suche nach Erfüllung schaust du dir jede potenzielle Erfahrung an, die dich durch einen Zyklus von der Leere hin zur Vollbringung führen könnte. Träumen öffnet das Tor zu Erfahrungen, die Befriedigung und Vollendung bringen – oder zu endlosen Fantasien, die sich selbst aufrechterhalten. Die Existenz entstand, als wir uns in die Leere verliebten.

Dann:

41.1 Mäßigung: Das Gleichgewicht zwischen Geben und Empfangen finden
Im Umgang mit deinen Energien entweder zentriert und klar oder eigensinnig sein.
Neptun ♆: Mit deiner kreativen Vorstellungskraft lenkst du die Mittel so, dass sie dir selbst und anderen zugutekommen.
Merkur ☿: Verwirrung hinsichtlich deiner Rolle und deiner Mittel bringt dich beim Start von Unternehmungen in Schwierigkeiten.

Die Beschreibung des **unbewussten Tores 41** zeigt an, dass Sie unterschwellig eine lebhafte Fantasie haben, die viele Möglichkeiten im Leben erforscht... von denen manche Wirklichkeit werden könnten und andere eine bloße Fantasie bleiben.

Die Beschreibung der **Linie 1 des unbewussten Tores 41** zeigt an, dass Sie unterschwellig vor der Aufgabe stehen, die glückliche Mitte zu finden zwischen dem, was Sie dem Leben realistischerweise darbringen und was Sie empfangen können.

*****

Und zur unbewussten Erde ⊕ lesen wir **Tor 31, Linie 1**:

Zuerst:

Tor 31: Einfluss – Ich führe... weil...: Gegenseitige Anziehung und deine Bereitschaft zum Zusammenwirken ermöglichen es dir, deinen natürlichen Einfluss zur Geltung zu bringen.
Das Potenzial, Führung und Anleitung zu geben, richtet dich und andere auf Zukunftsperspektiven aus. Es ist wichtig, von deiner eigenen unabhängigen Vision der Realität aus in die Verbindung zu gehen.

Dann:

31.1 Möglichkeiten eröffnen: Die Aufrichtigkeit finden, mit der du dir erlauben kannst, einflussreich zu sein

Du bietest deine Ideale auf einfache Art an – oder auf gekünstelte Weise.

Sonne ☉: Du gibst deiner Fähigkeit, zu führen, Ausdruck, indem du dich klar auf deine eigenen, inneren Ziele ausrichtest.

Erde ⊕: In dem Versuch, einflussreiche Rollen zu etablieren, richtest du dich möglicherweise eher auf Status als auf Ideale aus.

Die Beschreibung des **unbewussten Tores 31** zeigt an, dass Sie unterschwellig eine Aura um sich haben, die andere dazu bewegt, Ihnen zuzuhören ... wenn Sie das zulassen und wenn Sie sich selbst treu bleiben.

Die Beschreibung von **Linie 1 des unbewussten Tores 31** hat einen Teil, der sich speziell auf die Erde ⊕, bezieht, daher lesen wir die obere Zeile (in Blau) und dann die Zeile neben dem Symbol für die Erde ⊕.

Die obere (blaue) Zeile deutet an, dass Sie unterschwellig eine unbewusste Fähigkeit in sich tragen, die im Lauf der Zeit wächst, indem Sie immer mehr erkennen, dass jeder Ihnen zuhört, weil das, was Sie sagen und tun, eine Wirkung auf ihn hat.

Die Zeile, die sich auf die Erde ⊕ bezieht, besagt, dass Sie tendenziell und unterschwellig die Ordnung in Ihrer Umgebung so beeinflussen bzw. aufrechterhalten möchten, dass es gesellschaftliche Unterschiede gibt.

... und so gehen Sie weiter alle Tore und Linien in Ihrem Life Chart durch, eins nach dem anderen, langsam und mit der Aufmerksamkeit auf dem Sinn, den jeder Satz oder Ausdruck Ihnen vermittelt, sowohl auf der bewussten als auch der unbewussten Seite.

Wenn die erste Zeile der Linienbeschreibung blau gedruckt ist, zeigt das an, dass die potenzielle Weisheit, die dieser Linie innewohnt, sich im Lauf des Lebens entwickelt und wächst.

Wenn die erste Zeile der Linienbeschreibung schwarz gedruckt ist, zeigt das an, dass die betreffende Eigenschaft schon von Geburt an vorhanden ist.

Manche Linienbeschreibungen sind rosa unterlegt. Sie betreffen Pluto ♇ oder Neptun ♆, die beiden Planeten mit den längsten Umlaufzeiten, und die Farbe zeigt an, dass derzeit, 2012, (eine normale Lebensdauer vorausgesetzt) kein lebender Mensch diese spezielle Aktivierung in seinem Chart aufweist. Diese Aktivierungen betreffen also vergangene oder zukünftige Generationen und auf entsprechende Zeiten bezogene Generationseinflüsse.

Manche Linienbeschreibungen sind ==gelb== unterlegt. Damit wird angezeigt, dass entweder Neptun oder Pluto diese Linie kürzlich zum ersten Mal nach ewig langer Zeit (248 Jahre bei Pluto, 165 Jahre bei Neptun) aktiviert hat oder dass dies demnächst der Fall sein wird.

Weitergehende Informationen

Die grün gedruckten Begriffe unter dem Kommentar zu dem Tor stammen aus dem Buch von Richard Rudd: *GeneKeys. Unlocking the Higher Purpose Hidden in Your DNA* (deutscher Titel: *Die 64 Genschlüssel. Das Öffnen der verborgenen höheren Bestimmung in unserer DNA*) (**www. Genekeys.co.uk**).

Richard untersucht die von ihm so genannten „Gaben"... und beschreibt für jedes Hexagramm bzw. jeden Genschlüssel die Spanne des Bewusstseins von einer niedrigen Frequenz (**introvertiert <> extrovertiert**) zu einer höheren (**: Gabe : : Verwirklichung.**)

Die „Gabe" oder auslösende Erkenntnis, die uns von der niedrigen Frequenzstufe hin zur „Verwirklichung" führt, entspricht dem dritten Wort in der betreffenden Wortreihe.

Bei jedem Genschlüssel schwebt über der niedrigen Frequenzstufe, die mit **„introvertiert" <> „extrovertiert"** bezeichnet wird, das, was Richard das **„Schatten"**-Element nennt: was uns zurückhält in unserem Wunsch, zu wachsen, und unser Bewusstsein zu entwickeln.

Zum Beispiel:

Tor 2, Empfänglichkeit

Entwurzelung
verloren <> reglementiert : Ausrichtung : : Einssein

Von den niedrigen Frequenzstufen (introvertiert) **verloren** bzw. (extrovertiert) **reglementiert**, denen das Gefühl von Entwurzelung übergeordnet ist, kommt man, indem man die „Gabe" der **Ausrichtung** aktiviert, zur „Verwirklichung" im **Einssein**.

Planetensymbole und energetische Bedeutung

Sie müssen sich nicht mit Astrologie auskennen, achten Sie einfach nur auf die Symbole für die Planeten.

⊙ **Die Sonne** (ein Stern): dynamische Lebenskraft, Identität, Zielstrebigkeit

⊕ **Die Erde:** Erdung, Empfänglichkeit, der Körper

☾ **Der Mond** (ein Satellit): Reflexion, Gefühlsgedächtnis, die Vergangenheit

☊ **Der nördliche Mondknoten:** Ihre neue Richtung und gegenwärtige Lebensaufgabe
(Die Mondknoten sind berechnete Punkte im Raum, keine Planeten.)

☋ **Der südliche Mondknoten:** Ihre Richtung in vergangenen Leben und die Lektionen, die zu integrieren sind
(Es gibt irgendwann im Lebensalter zwischen 38 und 44 – nämlich wenn der Planet Uranus auf seiner Umlaufbahn genau der Position gegenübersteht, die er bei der Geburt innehatte – energetisch eine Bewegung vom südlichen zum nördlichen Mondknoten. Das persönliche Schicksal verlagert sich dann von einer vergangenheitsorientierten Thematik hin zu einer stärker zukunftsorientierten.)

☿ **Merkur:** Verbindung zur Umgebung, Kommunikation

♀ **Venus:** Liebe, Schönheit, Gemütlichkeit, Beziehungen, die „Yin"-Seite, Moral

♂ **Mars:** Aktivität, Krieg, Aggression, Fortschritt, Überlebensdrang, Sex

♃ **Jupiter:** Expansion, höheres Wissen, Philosophie

♄ **Saturn:** die Lektionen im Leben, Struktur, Ursache-Wirkung, die Schattenseite
(Wenn Saturn an die Stelle zurückkehrt, die er bei der Geburt innehatte, findet in dem Menschen ein gewisser „Reifungsprozess" statt, d.h. mit etwa 29 und etwa 58 Jahren.)

♅ **Uranus:** Erwachen, dramatische Veränderung, höheres Bewusstsein

♆ **Neptun:** bedingungslose Liebe/Verwirrung/Enttäuschung, mystische Ebenen

♇ **Pluto:** Transformation, Tod und Wiedergeburt auf höheren Ebenen

Hexagramm
1- 64 mit
den 384 Linien

1

乾 **DAS SCHÖPFERISCHE**

Schöpferischer Selbstausdruck

Kreativität in Verbindung mit der natürlichen
Expansion des Universums.

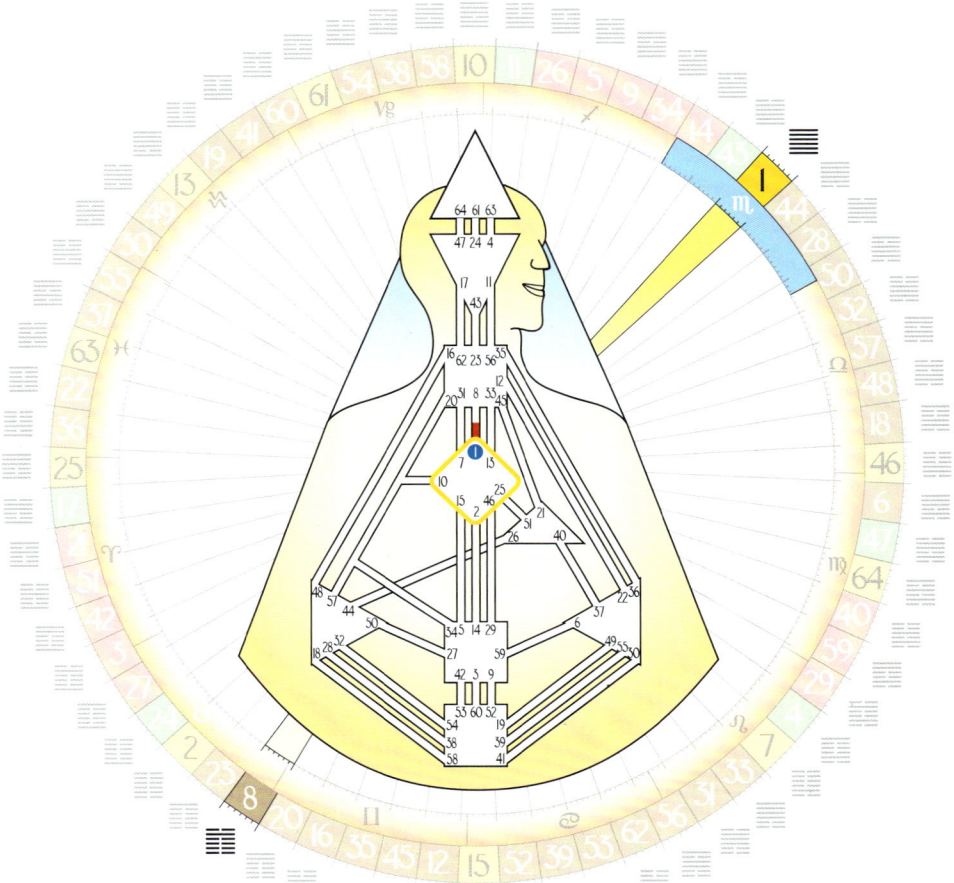

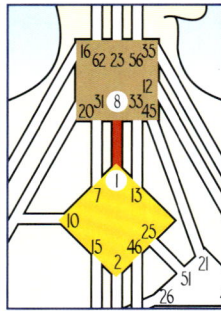

Teil von Kanal 1-8

Inspiration: Das schöpferische
Rollenvorbild

Zentrum: **Selbst**   Schaltkreis:
**Individuell/
Wissen**

Astrologische Zuordnung:
Skorpion   ♏
Astrologische Positionen:

	13°15′00″ ♏ – 18°52′30″ ♏
1:	13°15′00″ ♏ – 14°11′15″ ♏
2:	14°11′15″ ♏ – 15°07′30″ ♏
3:	15°07′30″ ♏ – 16°03′45″ ♏
4:	16°03′45″ ♏ – 17°00′00″ ♏
5:	17°00′00″ ♏ – 17°56′15″ ♏
6:	17°56′15″ ♏ – 18°52′30″ ♏

Du öffnest dich und erweiterst dich schöpferisch in weltlichen Ausdrucksformen, durch diese und über diese hinaus, in die Bereiche des Außergewöhnlichen hinein. Eine innovative Ausrichtung auf neue Formen der Co-Kreation, die alles einbeziehen, was das Leben bietet.

Entropie

Genschlüssel 1:   depressiv ⬦ frenetisch : Frische :: Schönheit

1.1   Reine Schöpferkraft ohne Motiv: Mit Kreativität begabt

Dein Selbstausdruck ist oft impulsiv und überdies förderlich, solange er mühelos ist.

☾: Wie der Mond mit seinen Phasen findet dein Selbstausdruck sein natürliches Timing.

☌: Schöpferische Brillanz lässt sich schwer zügeln. Geduld zu lernen ist für dich von entscheidender Bedeutung.

1.2   Im Einklang sein: Ausrichtung auf universelle Wahrheiten

Kreativität ist ein natürlicher Ausdruck, der immer deiner persönlichen Zielsetzung unterliegt und von ihr verändert wird.

♀: Dein schöpferischer Selbstausdruck intensiviert sich, wenn du deine Zielsetzungen und Werte mit einbringst.

♂: Dein volles kreatives Potenzial kann dich einschränken, wenn du nur Sehnsüchte und Leidenschaften ausdrückst.

1.3   Schöpferischer Drang: Dich einsetzen, so gut du nur kannst

Deine Kreativität ist schwer im Zaum zu halten und zu lenken und wird von etwaigen materiellen Überlegungen beeinflusst.

♂: Du drängst nach Selbstausdruck in allen Bereichen des Lebens, ungeachtet irgendwelcher Einschränkungen.

⊕: Die Qualität deiner Kreativität wird immer von materiellen Interessen beeinflusst. Fleiß ist wichtig.

1.4   Der Künstler allein: Dich selbst finden inmitten des kreativen Prozesses

Der Fluss persönlicher Kreativität bringt dich in intimen Kontakt mit der Existenz.

⊕: Deine Kreativität entwickelt sich – und gedeiht – am besten fern von äußeren Einflüssen.

♃: Wenn du versuchst, andere direkt mit deiner Kreativität zu beeinflussen, wird das dein Potenzial einschränken.

1.5   Magnetische Kreativität: Ein Mittel, um Menschen mit deinem schöpferischen Tun zu faszinieren

Andere können deine Kreativität kaum ignorieren, auch wenn niemand begreift, was da geschieht!

♂: Du strahlst in jedem Aspekt deines Lebens Kreativität aus und faszinierst damit die Menschen auf natürliche Weise.

☌: Exzentrizität mag zwar anziehend wirken, beschränkt aber letztendlich dein wahres kreatives Potenzial.

1.6 „Das hohle Bambusrohr": Der Künstler als Medium, durch den die Existenz ihr Lied spielt

Ob du das annehmen kannst oder nicht: Kreativität entsteht aus sich selbst und der Künstler ist ihr Werkzeug.

⊕: Durch Meditation und eine distanzierte Haltung verleihst du dem freiesten schöpferischen Ausdruck Gestalt.

☽: Persönliche Unsicherheit sowie Ernsthaftigkeit können dazu führen, dass du in deinen schöpferischen Bestrebungen Frustration erlebst.

2

坤 EMPFÄNGLICHKEIT

Führung

Es besteht eine natürliche Verbindung zu einer unsichtbaren und manchmal unerklärlichen inneren Führung.

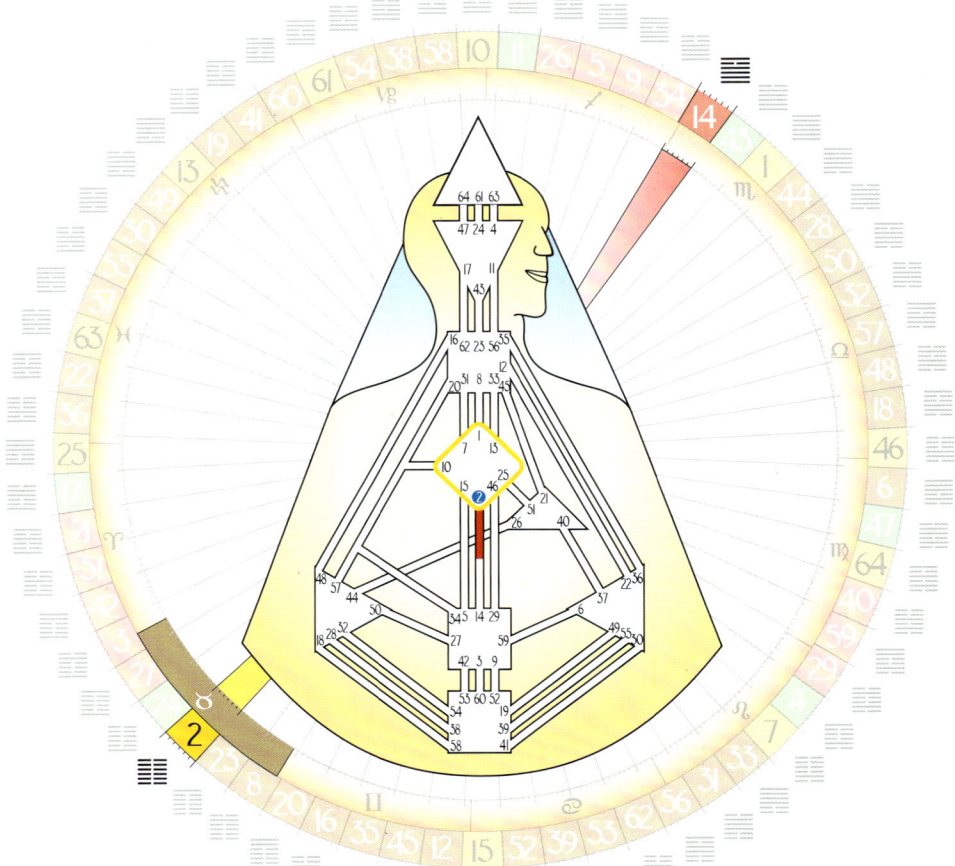

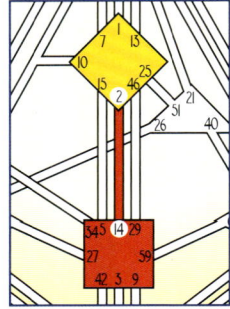

Teil von Kanal 2-14
Der Kanal des Alchemisten

Zentrum: **Selbst**

Schaltkreis:
Individuell/ Wissen

Astrologische Zuordnung: ♉
Stier

Astrologische Positionen:

13°15′00″ ♉ – 18°52′30″ ♉

1:	13°15′00″ ♉ – 14°11′15″ ♉
2:	14°11′15″ ♉ – 15°07′30″ ♉
3:	15°07′30″ ♉ – 16°03′45″ ♉
4:	16°03′45″ ♉ – 17°00′00″ ♉
5:	17°00′00″ ♉ – 17°56′15″ ♉
6:	17°56′15″ ♉ – 18°52′30″ ♉

Empfänglichkeit liefert die Mittel, um einen Weg durchs Leben zu finden, der in Übereinstimmung mit dem Höheren Selbst ist und von ihm geleitet wird. Empfänglich zu sein, macht den deutlichen Unterschied zwischen Wissensanhäufung und wirklichem Wissen aus.

2

Entwurzelung

Genschlüssel 2: verloren <> reglementiert : Ausrichtung :: Einheit

2.1 Glasklare Wahrnehmung: Empfänglich für Führung, die im Einklang ist mit der Schönheit der Existenz

Dein inneres Wissen kommt aus der Würdigung der Schönheit und Zerbrechlichkeit des Lebens.

♀ : Durch deine Empfindsamkeit dem Leben gegenüber richtest du dich auf hohe Ideale aus.

♂ : Entgegen deinem angeborenen Wissen versuchst du, vorher festgelegte Ergebnisse zu erzwingen.

2.2 Begabung: Natürlicher Zugang zu einer Intelligenz, die sich oft logischer Erklärung entzieht

Du hast Zugang zu einem inneren Gefühl von Wissen jenseits des Bereichs von angesammelten Kenntnissen.

♄ : Deine natürliche Begabung für Wissen muss früher oder später anerkannt werden.

♂ : Mit der Fähigkeit herauszuragen neigst du dazu, durch dein Wissen Macht anzustreben.

2.3 Geduld: Anerkennen, dass das Leben nie aufhört, dich zu lehren

Dich auf deine eigene, besondere Art und Weise einzustimmen bringt besondere Belohnungen zum für dich perfekten Zeitpunkt.

♃ : Indem du empfänglich bist, lernst du dich jeder denkbaren Erfahrung anzupassen, die das Leben dir bietet.

♅ : Deine Inspiration und dein starkes Gefühl, zu wissen, sind impulsiv und verlangen oft nach Ausdruck.

2.4 Verbergen: Viel wissen, aber nur das Wesentliche offenbaren

Es gibt allgemeines und erlernbares Wissen, aber manches kann unmöglich klar vermittelt werden.

♀ : Manchmal muss im höchsten Interesse der Harmonie dein Wissen gar nicht ausgedrückt werden.

♂ : Deine Tendenz, nicht schweigen zu können, bringt die Wahrscheinlichkeit mit sich, Ärger auszulösen.

2.5 Strategie: Abwarten, bis Handeln belohnt wird

Du verbindest dich mit jedem positiven Aspekt, den das Leben bietet, ob andere einbezogen werden können (beziehungsweise müssen) oder nicht.

☿ : Wenn du bereit bist, Anleitung zu geben, kommunizierst du klar und nutzt alle vorhandenen Mittel weise.

⊕ : Ein selbstbezogenes Vorgehen führt dazu, dass du andere und deren mögliche Mitwirkung übersiehst.

2.6 Beschäftigt sein: Dein Tunnelblick schränkt deine Fähigkeit zu voller Expansion ein

Sich von Ängsten und Zweifeln zu lösen, ist von wesentlicher Bedeutung, um Zugang zu innerer Klarheit zu bekommen.

☿ : Dein Verstand ist sich nie sicher, daher ist es von wesentlicher Bedeutung, in deine eigentliche Autorität zu entspannen.

♄ : „Sicherheit" kann zu einem Vorwand oder „Grund" für alles werden, selbst dafür, deine eigenen Ideale zu verraten.

3

NEUORDNUNG
Das Neue einrichten

Beim Bruch mit dem Alten sind eine klare Perspektive, Beharrlichkeit und einige organisatorische Prinzipien vonnöten.

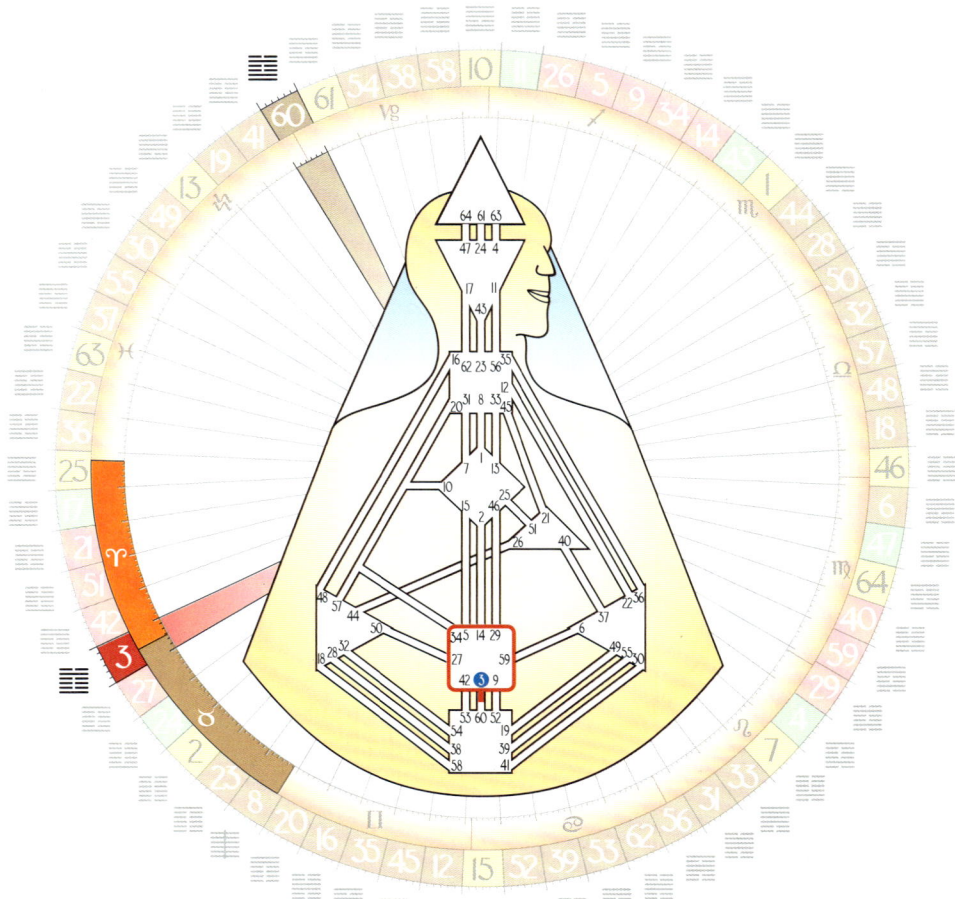

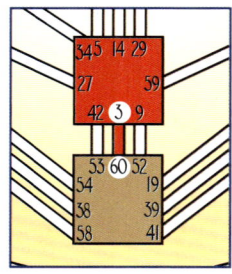

Teil von Kanal 3-60
Der Kanal der Mutation

Zentrum: **Sakral**

Schaltkreis: **Individuell/ Wissen**

Astrologische Zuordnung: ♈
Widder, Stier ♉

Astrologische Positionen:

	26°22'30" ♈ – 02°00'00" ♉
1:	26°22'30" ♈ – 27°18'45" ♈
2:	27°18'45" ♈ – 28°15'00" ♈
3:	28°15'00" ♈ – 29°11'15" ♈
4:	29°11'15" ♈ – 00°07'30" ♉
5:	00°07'30" ♉ – 01°03'45" ♉
6:	01°03'45" ♉ – 02°00'00" ♉

Die Tradition weicht dem Neuen, Unbekannten und Unerprobten nicht leicht.

Chaos

Genschlüssel 3:   zwanghaft ⟨⟩ durcheinander : Innovation :: Unschuld

3.1   Organisiert sein: Das ganze Bild vor dir erfassen und annehmen

Die Verwirrung klärt sich durch deine sachliche Überprüfung, nicht durch Unruhe und Besorgnis.

⊕: Im Vertrauen darauf, dass aus dem Durcheinander Klarheit entsteht, behältst du alle möglichen Ergebnisse im Blick.

☿: Mentales Durcheinander zwingt dich, viele schlecht organisierte, zerstreute Unternehmungen zu versuchen.

3.2   Reifen: Sorgfältige Anwendung

Du vertraust auf deine eigene Entwicklung, oder du neigst dazu, dich auf den Rat und das Vorgehen von anderen zu verlassen.

♂: Du hast das Potenzial zu persönlichem Wachstum und persönlicher Reifung, wenn du auf dein eigenes Vorgehen vertraust.

☌: Den Rat anderer nach Belieben mal zu beherzigen, mal zu missachten, führt zu persönlicher Instabilität.

3.3   Genaue Überprüfung: Herausfinden, was funktioniert und was nicht

Das Gedeihen kommt dadurch in dein Leben, dass du die Gesetze der Evolution und ihre zeitliche Abstimmung verstehst.

♀: Neue Vorgehensweisen lassen sich einfacher einführen, wenn du dir die fähigste und bereitwilligste Unterstützung suchst.

☿: Wenn du das Gesetz vom „Überleben der Tüchtigsten" missachtest, werden deine Ideale schließlich leiden.

3.4   Sich verbinden: Neuausrichtung auf dein wirkliches Gefühl von Lebenssinn

Deine Selbstsicherheit und dein Vertrauen – beziehungsweise der Mangel daran – lassen wertvolle Führung und Begleitung zu beziehungsweise schlagen sie diese aus.

♆: Dein vom Herzen kommendes Eingestimmtsein auf andere zieht Ermutigung an und stellt eine neue Ordnung sicher.

♂: Wenn du bei der Suche nach Unterstützung und Führung ungeduldig bist, wirst du häufig zurückgewiesen.

3.5   Auslegung: Sich von erwarteten Ergebnissen lösen, wenn man eine neue Ordnung errichtet

Beim Organisieren von etwas Neuem kann es sein, dass deine Absichten missverstanden werden.

♂: Dein selbstsicherer eigener Standpunkt hält Meinungsverschiedenheiten aus und schafft Ordnung.

⊕: Du lässt dich leicht verwirren in dem Versuch, die Probleme anderer zu schlichten.

3.6   Erneuerung: Bei allen neuen Bestrebungen solltest du daran denken, dich immer wieder auf deine Vision auszurichten

Es besteht immer die Gefahr, sich von Ängsten und Verzweiflung erfassen zu lassen, wo die Ordnung in Vergessenheit gerät.

☉: Im Inneren erkennst du an, dass das Ordnen ein Prozess ist, der sich auf seine eigene Weise entfaltet.

☿: Wenn du deine klaren Absichten vergisst, kann dich das in die Verwirrung oder sogar in die Depression führen.

4

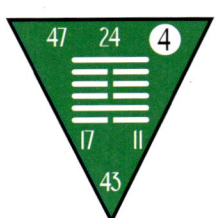

MENTALE LÖSUNGEN

Die Suche nach Antworten

Unerfahrenheit mit einer Fragestellung zuzugeben eröffnet die Möglichkeit, richtige Lösungen dafür zu finden.

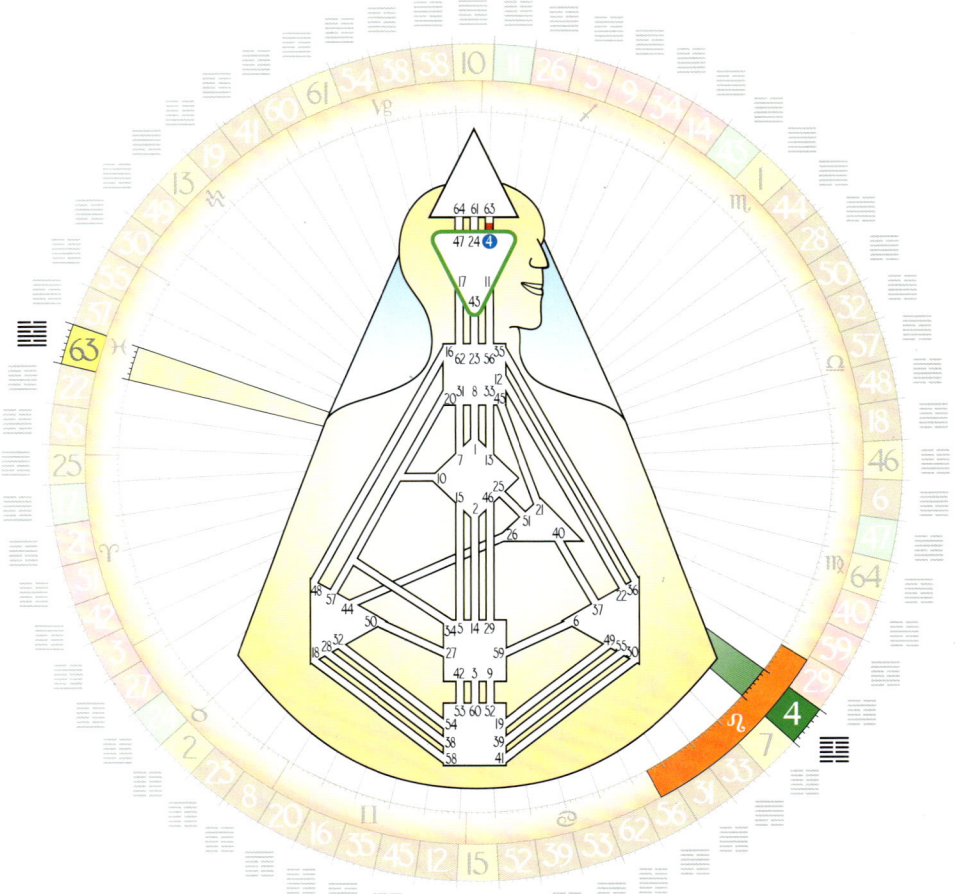

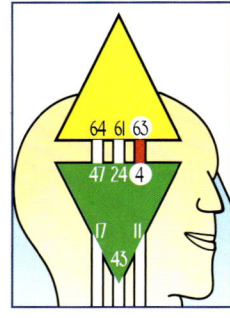

Teil von Kanal 63-4

Der Kanal des logischen Verstandes

Zentrum: **Verstand** Schaltkreis: **Kollektiv/ Logik**

Astrologische Zuordnung:
Löwe ♌

Astrologische Positionen:

18°52'30" ♌ – 24°30'00" ♌

1:	18°52'30" ♌	– 19°48'15" ♌
2:	19°48'45" ♌	– 20°45'30" ♌
3:	20°45'00" ♌	– 21°41'45" ♌
4:	21°41'15" ♌	– 22°37'00" ♌
5:	22°37'30" ♌	– 23°33'15" ♌
6:	23°33'45" ♌	– 24°30'00" ♌

> Schnell zu sein mit Antworten, löst Probleme nicht unbedingt oder führt zu bleibender Zufriedenheit, denn die meisten Verstandeslösungen sind bestenfalls Teillösungen und nur vorübergehend gültig.

4

Intoleranz

Genschlüssel 4: apathisch <> pingelig : Verstehen : : Vergebung

4.1 Lernen: Gutes Timing ist eine Gabe, die die Lösung aller Probleme unterstützt

Immer mehr lernst du die Kunst, zu erkennen, wann und wo Verstandeslösungen angezeigt sind.

☾: Du stellst fest, dass tiefgreifende Lösungen zur Verfügung stehen, wenn sie wirklich gebraucht werden.

⊕: Du neigst dazu, Entschlüsse umzusetzen, die das natürliche Timing beim Problemlösen ignorieren.

4.2 Freundlichkeit: Anerkennen, dass jeder seine eigenen Stärken und Schwächen hat

Logik kann auf vielerlei Weise eingesetzt werden, und du kannst andere in dein Verstehen einbeziehen oder nicht.

☾: Schließlich erkennst du an, dass nicht jeder deine Ansichten verstehen wird.

♂: In der Eile machst du dir manchmal vielleicht die Langsamkeit und Verwirrung anderer zunutze.

4.3 Sorglosigkeit: die Liebe zu Antworten, die möglicherweise nicht wirklich Probleme lösen

Wenn du es zulässt, wird dein bequemer Verstand sich mit der leichtesten Lösung zufriedengeben, statt mit einer relevanten.

♀: Möglicherweise setzt du Lösungen um der Optik willen ein und nicht um der Wirksamkeit willen.

♇: Jegliche Tendenz zu verminderter Verantwortung wird dich zu mageren Leistungen führen.

4.4 Rechtfertigung: Ein reger Geist, der für alles irgendwie eine Antwort finden wird

Du kannst Lösungen für jedes Szenario für gültig erklären und gehst dabei manchmal über jedes normale Level der Logik hinaus.

☉: Du findest mentale Formeln, ob sie realistisch sind oder nicht, für jede vorstellbare Situation im Leben.

♄: Wenn du versuchst, mentale Lösungen für alles anzuwenden, wirst du frustriert feststellen, dass sie nicht funktionieren.

4.5 Aufgeschlossenheit: Schwierigkeiten lösen, indem man für jegliche Mittel offen ist

Mit deinem Talent zur Problemlösung verringerst du manchmal den Mangel an Verständnis bei anderen.

♃: Du verfügst über eine Schlauheit beim Problemlösen, die anderen vermittelt werden kann.

♇: Du neigst zu Zynismus, wenn du deine Lösungen zurechtschneiden musst, um die Zustimmung anderer zu erlangen.

4.6 Schlauheit: „Schlauer, als es dir selbst gut tut", wenn du meinst, deine mentalen Lösungen hätten ewig Bestand!

Wenn dein Verstand nicht diszipliniert wird, versucht er immer, mit seinen Lösungsmechanismen das Leben zu dominieren.

☿: Mentale Disziplin kommt aus deiner Geduld, Achtsamkeit und aus praktischen Versuchen.

♂: Du kannst arrogant sein, auch wenn dir die Mängel deiner mentalen Lösungen bewusst sind.

5

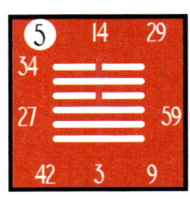

WARTEN
Im Fluss mit der universellen Zeit

Alle Aspekte des Lebens sind geprägt von Ritualen, regelmäßigen Abläufen und zeitlicher Einordnung, die sowohl natürlich als auch auferlegt sein können.

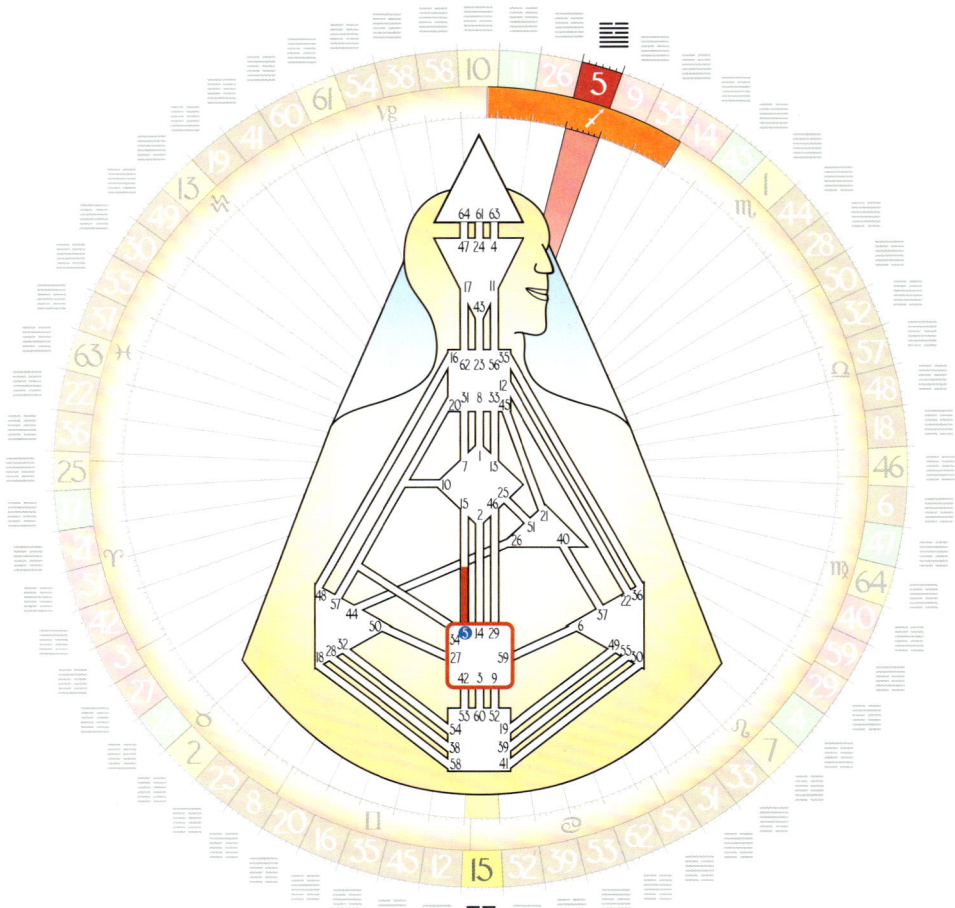

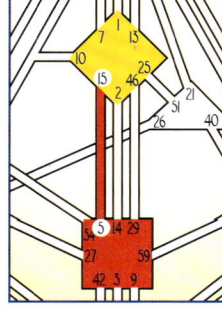

Teil von Kanal 5-15
Der Kanal des Rhythmus

Zentrum: **Sakral**

Schaltkreis:
**Kollektiv/
Logik**

Astrologische Zuordnung:
Schütze ♐

Astrologische Positionen:
11°22'30" ♐ – 17°00'00" ♐

1: 11°22'30" ♐ – 12°18'45" ♐
2: 12°18'45" ♐ – 13°15'00" ♐
3: 13°15'00" ♐ – 14°01'15" ♐
4: 14°01'15" ♐ – 15°07'30" ♐
5: 15°07'30" ♐ – 16°03'45" ♐
6: 16°03'45" ♐ – 17°00'00" ♐

Der Gärtner findet in jeglicher Situation seine Ruhe, indem er sich auf die natürlichen Wachstums- und Wandlungsphasen einstellt. Die mögliche Schwierigkeit, sich in einem von anderen vorgegebenen Zeitrahmen zu bewegen.

Ungeduld

Genschlüssel 5: pessimistisch ⬦ aufdringlich : Geduld : : Zeitlosigkeit

5.1   Einstimmung: Beharrlich auf das eigene innere Zeitgefühl achten

Das Leben ist voller Ablenkungen, die dich von deinem angeborenen natürlichen Zeitgefühl abbringen können.

♂: Du bist darauf bedacht, dich an deine eigenen festen Rhythmen zu halten, unabhängig von irgendwelchen Ablenkungen.

⊕: Wenn du es versäumst, dein eigenes Zeitgefühl zu beachten, und stattdessen Forderungen von außen nachgibst, führt das zu Erschöpfung.

5.2   Ruhe finden: Wachsam sein und das eigene Gefühl für den richtigen Zeitpunkt abwarten

Für alles Handeln gibt es einen richtigen Zeitpunkt, und du kannst gut abwarten – oder auch nicht.

♀ : Du vertraust auf deine eigene Natur und fühlst dich in allen Lebensbereichen mit deinem eigenen Tempo wohl.

☽: Bei deinem Streben nach Veränderung machen dich feste Rhythmen unruhig und du bewirkst Störungen.

5.3   Nervosität: Potenzielle Besorgnis, wenn es so aussieht, als würde nichts passieren

Alles Warten bringt eine gewisse Hilflosigkeit mit sich, die dich veranlassen kann, ohne klare Motivation tätig zu werden.

♆ : Deine Fantasie bringt dir Erleichterung bei der Monotonie langweiliger Routinen und verringert die Last des Wartens.

☾: Eine stets wechselhafte Unruhe bringt dein inneres Zeitgefühl durcheinander und macht dich geneigt, unvorsichtig zu sein.

5.4   Abwarten: Eine Geduld, durch die du offen bist für die Entdeckung lohnender Gelegenheiten

Die Beobachtung der herrschenden Umstände und das Abwägen deiner Möglichkeiten, bis sich Gelegenheiten auftun.

⚷: Du bist Zeiten von Unruhe gewachsen und reagierst schöpferisch auf jede Situation im Leben.

☉: Dem Leben ein anderes Tempo aufzwingen zu wollen, führt dazu, dass du in vorhersehbarer Folge Gelegenheiten verpasst.

5.5   Inneres Gleichgewicht: Die Rhythmen des Lebens in aller Unschuld anzunehmen, ist ein wesentlicher Aspekt des Seins

Zu sehen, was das Leben bietet, kann eine Freude sein – oder, wenn du darauf bestehst, dass es mehr bieten sollte, eine Herausforderung.

♀ : Mit deiner inneren Ruhe und Zuversicht akzeptierst du alles, was die Existenz dir bietet.

☽: Du kannst die Freude, die in einfachen Dingen zu finden ist, übersehen und stattdessen Forderungen nach einer Veränderung erheben.

5.6   Nachgeben: Das Loslassen jeglichen Drucks, der im Warten liegen kann, indem man auf die universelle Ordnung vertraut

Jedes Wachstum ist mit Druck verbunden. Das Respektieren natürlicher Rhythmen ermöglicht dir die Bereitschaft, entsprechend zu reagieren.

♆ : Indem du dein natürliches Zeitgefühl akzeptierst, trotz allen Drucks, kommt Wachstum oft durch die Kraft der Gnade!

♀ : Du findest es eher schwierig, alte Annehmlichkeiten, Lebensweisen und Beziehungen loszulassen.

6

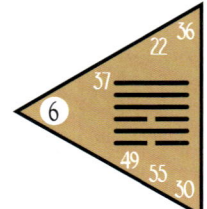

KONFLIKTLÖSUNG
Emotionales Gleichgewicht

Indem man sich verändernde Gefühle leidenschaftslos beobachtet, erkennt man die wirklichen Erfordernisse jedes Moments oder jeder Situation. Der bildliche oder buchstäbliche tiefe Atemzug, den man nimmt.

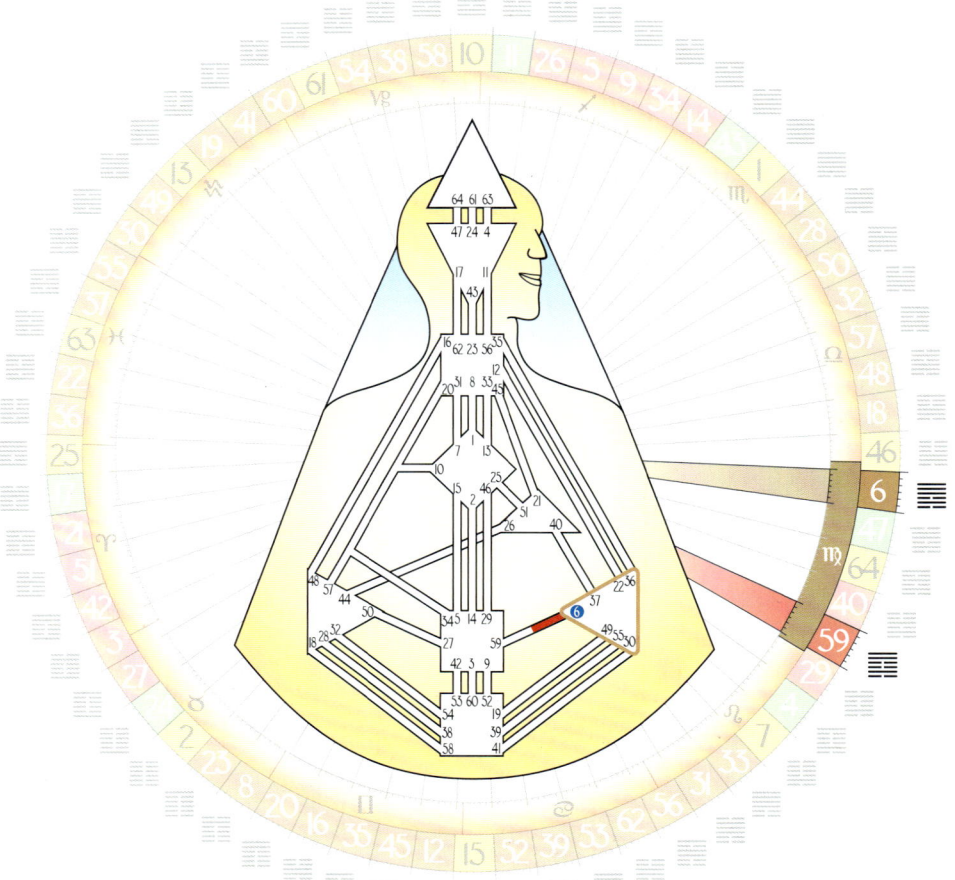

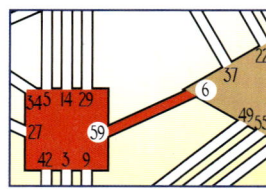

Teil von Kanal 59-6
Der Kanal der Nähe

Zentrum: **Emotionen** Schaltkreis:
**Stamm/
Schützen**

Astrologische Zuordnung:
Jungfrau ♍

Astrologische Positionen:

22°37'30" ♍ – 28°15'00" ♍

1:	22°37'30" ♍ – 23°33'45" ♍
2:	23°33'45" ♍ – 24°30'00" ♍
3:	24°30'00" ♍ – 25°26'15" ♍
4:	25°26'15" ♍ – 26°22'30" ♍
5:	26°22'30" ♍ – 27°18'45" ♍
6:	27°18'45" ♍ – 28°15'00" ♍

Emotionen sind mit der intimen Verbindung zu allen Aspekten des Lebens verflochten und wachsen darin an Weisheit.
Der pH-Wert des Körpers: die innere Balance von sauer und basisch.

Konflikt

Genschlüssel 6:   über-achtsam ⬦ taktlos : Diplomatie :: Frieden

6.1   Verhandeln: Die Zeit, in der ein Streit am leichtesten gelöst werden kann, ist die, bevor er überhaupt ausbricht

Bei jeder eventuellen emotionalen Unstimmigkeit ist es oft die intelligenteste Lösung, den richtigen Augenblick abzuwarten.

☿ : Du hast die emotionale Kraft und die wachsende Reife, in allen Lebensphasen Intimität und Nähe zulassen zu können.

☿ : Emotionale Unsicherheit in Zeiten von Nähe und Intimität bringt dich dazu, Gefühle gern zu intellektualisieren.

6.2   Sensibilität: Konflikte entstehen leicht aus persönlicher Unausgeglichenheit

In allen emotional aufgeladenen Situationen findest du eine Lösung – durch Konfrontation oder ohne.

♀ : Indem du auf dein natürliches Feingefühl vertraust, erreichst du eine innere Harmonie, die Lösungen ermöglicht.

♂ : Mit deinem empfindlichen Wesen versuchst du Konflikte oft durch emotionale Ausbrüche zu lösen.

6.3   Bedenken haben: Lösungen ergeben sich oft, indem man eine passive Rolle einnimmt

Das Erreichen emotionaler Klarheit vollzieht sich, indem man Verpflichtungen mit Wachheit eingeht oder bricht.

♆ : Durch die Tiefe und Qualität deiner Gefühle werden Leidenschaft, Verbindung und Intimität verstärkt und bereichert.

☿ : Aufgrund deiner Empfindlichkeit gegenüber allen Machtkämpfen bist du möglicherweise versucht, Intimität und Nähe komplett abzulehnen.

6.4   Sich für den Frieden einsetzen: Eine emotional stark präsente Natur bringt dauerhafte Lösungen voran

Bei jeder emotionalen Auseinandersetzung kannst du leicht Lösungen zu deinen Bedingungen voranbringen, ob das klug ist oder nicht.

☉: Du bist in Beziehungen leicht dominant und unterstützt emotionales Wachstum und dessen Vorteile.

☿ : Persönliche Besserung ist das einzige Mittel angesichts der Tendenz, in Beziehungen destruktiv zu sein.

6.5   Diplomatisch vorgehen: Emotionale Klarheit mit Objektivität verbinden

Du förderst durch deine Neutralität die Eintracht, findest es aber schwer, selbst wirklich nahbar zu sein.

♀ : Deine Sensibilität gegenüber allen Facetten emotionalen Unmuts bringt dich dazu, in deiner Umgebung Harmonie zu befürworten.

☾: Wenn du nicht als derjenige gesehen wirst, der „Recht" hat, kannst du gegenüber den emotionalen Bedürfnissen anderer unsensibel sein.

6.6   Streitbar sein: eine Fähigkeit, bei Auseinandersetzungen zu gewinnen... und neue anzuziehen

Du bist geschickt darin, emotionale Unstimmigkeiten beizulegen, ob das anderen direkt zugute kommt oder nicht.

☿ : Du hast die emotionale Beweglichkeit, Konflikte zu lösen, indem du alle Faktoren berücksichtigst.

♀ : Du beendest emotionalen Streit, beachtest dabei aber oft nur deine eigenen Bedürfnisse nach Harmonie.

7

師 GESCHLOSSENHEIT

Ein gemeinsames Ziel finden

Übereinstimmung zu finden und bei den
Beteiligten für gemeinsame Interessen
einzutreten, ermöglicht Fortschritt im Leben.

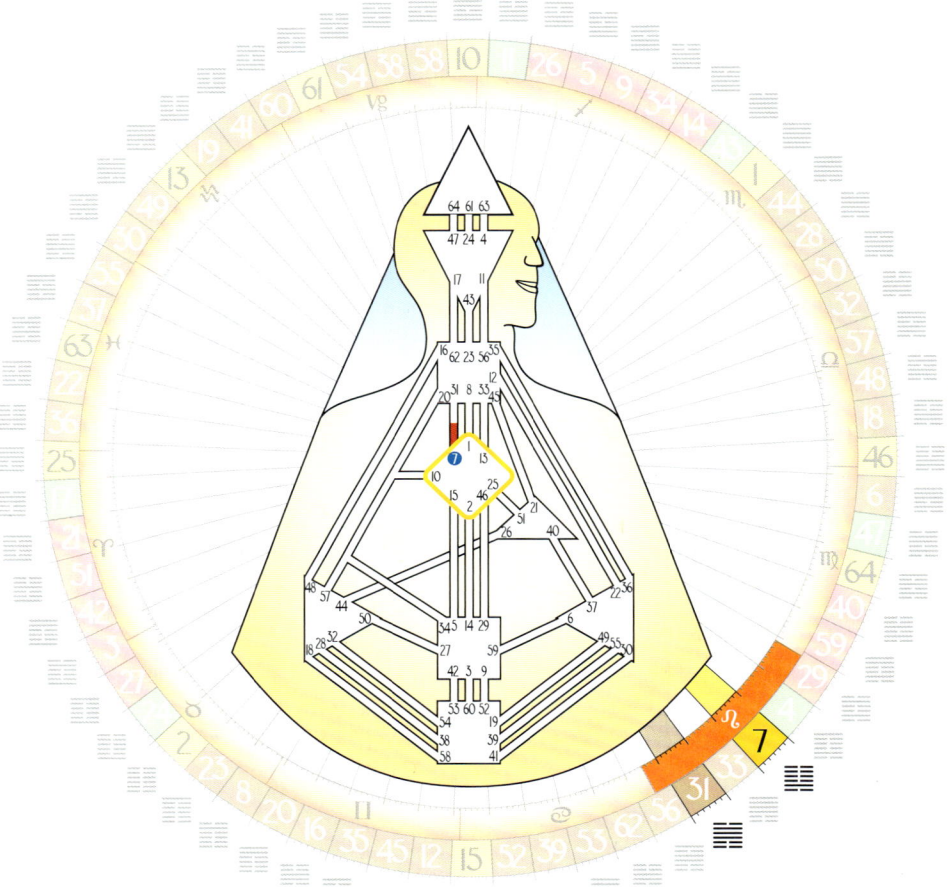

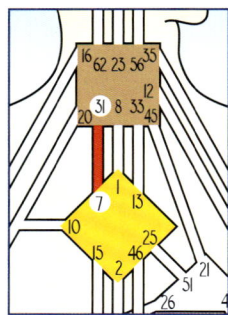

Teil von Kanal 7-31

Der Kanal des Alphatiers

Zentrum: **Selbst**

Schaltkreis:
**Kollektiv/
Logik**

Astrologische Zuordnung:
Löwe ♌

Astrologische Positionen:

13°15′00″ ♌ – 18°52′30″ ♌

1:	13°15′00″ ♌ –	14°11′15″ ♌
2:	14°11′15″ ♌ –	15°07′30″ ♌
3:	15°07′30″ ♌ –	16°03′45″ ♌
4:	16°03′45″ ♌ –	17°00′00″ ♌
5:	17°00′00″ ♌ –	17°56′15″ ♌
6:	17°56′15″ ♌ –	18°52′30″ ♌

In logischer Folge weicht Autokratie, Alleinherrschaft, schließlich der Demokratie, der Herrschaft des Volkes, und Demokratie führt letztendlich zur Meritokratie, zur gesellschaftlichen Vorrangstellung aufgrund von Leistung.

Spaltung

Genschlüssel 7:   versteckt ⟨⟩ diktatorisch : Anleitung :: Tugend

7.1   Diszipliniertes Vorgehen: Eine effektive Koordination beruht auf der Tiefe der gemeinsamen Verpflichtung

Gute Führung wird erreicht, indem man seine Absichten deutlich macht und damit Ordnung herstellt.

♀ :   Du förderst Koordination und Kooperation, indem du freundlich, aber diszipliniert deinen Kurs einschlägst.

☿ :   Indem du dich leicht ablenken lässt, verlierst du den Bezug zu den wirklichen Erfordernissen einer Situation.

7.2   Gleichmut: Belohnt wird das Nutzen jedes natürlichen Vorteils

Deine Führerschaft hat Bestand durch das Ausrichten auf diejenigen, die du führst, oder deren Ausnutzung.

♆ :   Durch deine natürliche Fähigkeit, Menschen zu begeistern, bestätigst du diejenigen, die Führung suchen.

☿ :   Möglicherweise gehst du, sobald du gewählt wurdest, vor allen anderen Belangen deinem eigenen Nutzen nach.

7.3   In Unordnung bringen: Die Abneigung, irgendwelche Hierarchien anzuerkennen oder sich in sie hineinziehen zu lassen

Du findest Ordnung im Chaos, indem du viele, häufig auch ablenkende oder widersprüchliche Rollen spielst.

☾ :   Du spielst viele verschiedene Rollen, ohne unbedingt jemals eine beständige zu finden.

☿ :   Du kannst dir Gründe zurechtlegen, um eine Verpflichtung zu vermeiden, indem du den Sinn und Zweck einer Sache untergräbst.

7.4   Sich zurückziehen: Eine Führerschaft in der höchsten Integrität weiß, wann und wie sie sich zurückziehen sollte

Du bist entweder realistisch oder nicht, wenn es um die Frage geht, wie deine Führerschaft anderen am besten dienen kann.

☉ :   Eine deiner Stärken beim Führen liegt darin, die Situationen zu erkennen, in denen ein Rückzug das Beste ist.

♇ :   Dein Unwillen, jemals mit dem Voranschreiten aufzuhören, wird schließlich dazu führen, dass man sich von dir abwendet.

7.5   Führen: Das Selbstvertrauen und die Fähigkeit, anderen aus den Erfordernissen des Augenblicks heraus Anweisungen geben zu können

In der Position dessen, der das Kommando über alles hat, ist es unabdingbar, in Worten und Taten klar zu kommunizieren.

♀ :   Du hast die Fähigkeit, Loyalität anzuziehen und dauerhaft zu erhalten, indem du die Geführten achtest.

♆ :   Du isolierst dich und hast keinen Erfolg mehr, wenn du es versäumst, dich auf die wirklichen, gegenwärtigen Erfordernisse zu fokussieren.

7.6   Belohnung für Leistung: Verantwortung und Leitungspositionen für diejenigen, die sie verdienen

Du bleibst flexibel beim sinnvollen Einsatz der Mittel, oder du bist unwillig, auf die persönliche Kontrolle zu verzichten.

☿ :   Du vermittelst Verantwortung so, dass alle sich eingeschlossen und geschätzt fühlen.

♇ :   Wenn du Verantwortung jemals als Schuldzuweisung vermittelst, bringst du das gemeinsame Ziel in Gefahr.

8

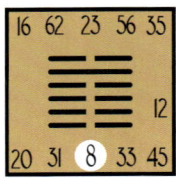

BEITRAGEN
Zusammenbringen

Denjenigen Menschen, die neuartige
Vorstellungen hegen und kreative Ansätze
hervorbringen, Vertrauen vermitteln und
Raum zur Anwendung bieten.

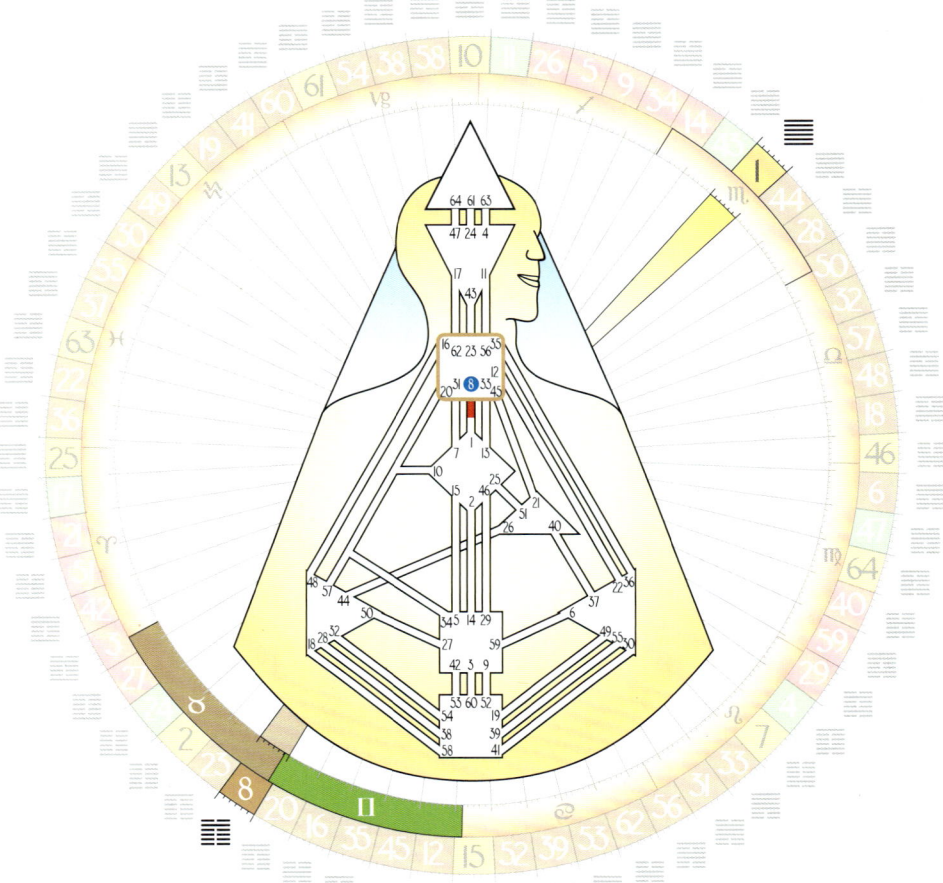

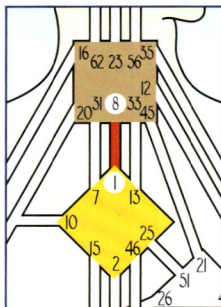

Teil von Kanal 1-8

Inspiration:
Das schöpferische Rollenvorbild

Zentrum: **Kehle**

Schaltkreis:
**Individuell/
Wissen**

Astrologische Zuordnung:
Stier / Gemini

Astrologische Positionen:

24°30′00″ ♉ – 00°07′30″ Ⅱ

1:	24°30′00″ ♉ – 25°26′15″ ♉
2:	25°26′15″ ♉ – 26°22′30″ ♉
3:	26°22′30″ ♉ – 27°18′45″ ♉
4:	27°18′45″ ♉ – 28°15′00″ ♉
5:	28°15′00″ ♉ – 29°11′15″ ♉
6:	29°11′15″ ♉ – 00°07′30″ ♉

Gemeinsames Erschaffen und Gestalten kommt durch die Beiträge Einzelner zustande und fördert die individuelle Stärke eines jeden. Ein Agent ist jemand, der andere häufig darin unterstützt, ihre Kreativität zu erweitern.

8

Mittelmäßigkeit

Genschlüssel 8: hölzern <> künstlich : Stil :: Vorzüglichkeit

8.1 Authentisch sein: Aufrichtigkeit wird alle diejenigen anziehen, die einen Beitrag leisten möchten

Deine direkte Art zieht jeden an, der sich engagieren und mit seinen Gaben etwas schaffen und mitgestalten möchte.

♆: Du weißt, dass deine Bemühungen ohne den Gedanken an eine erkennbare Belohnung dargebracht werden müssen.

☿: Du gefährdest deine Integrität, indem du dich wahllos anbietest, und wirst ausgenutzt oder abgewiesen.

8.2 Der Freund sein: Freundschaftlichkeit ist ein Ausdruck des höchsten menschlichen Ideals

Durch deine Gegenwart, deine Ermutigung und deine Beiträge gibst du anderen auf selbstverständliche Art Kraft.

☉: Der Ausdruck von Freundschaftlichkeit ist dir von Haus aus gegeben.

⊕: Deiner Bereitschaft, etwas beizutragen, liegt das Anliegen zugrunde, anerkannt und geschätzt zu werden.

8.3 Inkonsequent sein: Leidenschaftliche Gleichgültigkeit beim Beitragen

Du solltest regelmäßig überprüfen, was die Grundlage deines Engagements ist und welche Gesellschaft du anziehst.

☾: Du zeigst dich augenscheinlich interessiert, häufig jedoch, ohne dich jemals wirklich zu engagieren.

♄: Du verlässt dich auf Techniken, die andere beeindrucken, und vermeidest damit, dich auf sie einzulassen.

8.4 Staatsmännisch sein: Zusammenarbeit fördern, indem alle Beiträge willkommen geheißen werden

Es ist dir ein Anliegen, jeden Einzelnen zu ermutigen, dass er auf seine eigene, einzigartige Weise beiträgt.

♃: Durch deine Beiträge und dein Beispiel bewegst du alle dazu, ihre Maßstäbe zu erhöhen.

☿: Da du unkonventionell arbeitest, können deine Beiträge bei anderen Menschen Anklang finden oder auch nicht.

8.5 Wohlwollen: sich darauf einstimmen, wie, wann und was mitgestaltet werden soll

Dein Zeitgefühl und deine Haltung bestimmen darüber, wie wohlwollend irgendein Beitrag aufgenommen wird.

♃: Durch deine großzügige und freundliche Art vermittelst du jedem, der sich zu dir hingezogen fühlt, Ermutigung.

☉: Dein beharrliches Beitragen findet schließlich Anerkennung, ob du das erfährst oder nicht.

8.6 Erneutes Überprüfen: immer wieder für eine harmonische Umgebung sorgen

Du beteiligst dich dann am besten, wenn du die Wichtigkeit aller kraftvollen Beiträge anerkennst.

♀: Du erfasst das Wesen kreativer Beiträge, die allen Menschen Nutzen bringen.

♇: Du kannst dich in dramatische persönliche Auseinandersetzungen verwickeln, die zu Bedauern führen.

9 小畜 DETAILS IN DER ANWENDUNG

Achtsamkeit

Eine angeborene Faszination für die Untersuchung von allem und jedem – ob das letztendlich befriedigend ist oder nicht.

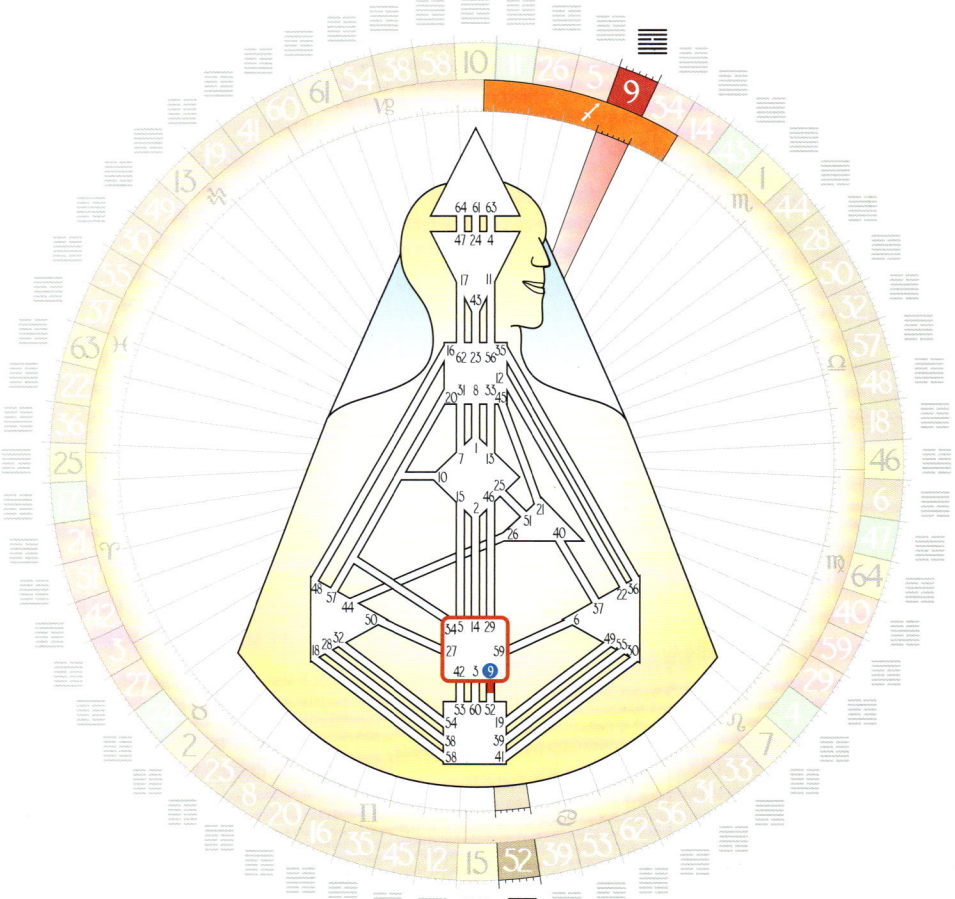

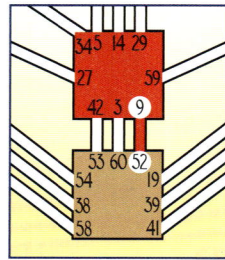

Teil von Kanal 9-52
Der Kanal der Konzentration

Zentrum: **Sakral**

Schaltkreis:
**Kollektiv/
Logik**

Astrologische Zuordnung:
Schütze ♐

Astrologische Positionen:
05°45'00" ♐ – 11°22'30" ♐

1:	05°45'00" ♐	– 06°41'15" ♐
2:	06°41'15" ♐	– 07°37'30" ♐
3:	07°37'30" ♐	– 08°33'45" ♐
4:	08°33'45" ♐	– 09°30'00" ♐
5:	09°30'00" ♐	– 10°26'15" ♐
6:	10°26'15" ♐	– 11°22'30" ♐

Fokussierte Aufmerksamkeit, damit alle relevanten Gegebenheiten des Lebens bei allen unseren Unternehmungen zu jeder Zeit beachtet werden.

Trägheit

Genschlüssel 9: zögerlich ⬦ abgelenkt : Zielstrebigkeit :: Unbesiegbarkeit

9.1 Erneut beginnen: sich aus einem Gefühl der Sicherheit heraus immer wieder auf das Leben einlassen

Du nimmst die wesentlichen Details im Leben entweder an oder wirst frustriert, indem du sie als Probleme behandelst.

☽: Dein intensiver Fokus gibt dir die Kraft, Schlüssel zur Umwandlung von Situationen zu finden.

♂: Du kannst Probleme eilig übergehen, deinen Fokus verlieren und dich schließlich verwirren lassen.

9.2 Einbeziehen: die Energie, andere einzubeziehen und sich selbst einbeziehen zu lassen

Dein Drang zur Zusammenarbeit wird dich im Erreichen deiner Ziele unterstützen oder dich davon ablenken.

☽: Beim Erkennen grundlegender Details arbeitest du erfolgreich mit anderen zusammen.

♃: Wenn du routinemäßig andere Menschen in dein Leben holst, bedauerst du schließlich deren Gegenwart und Beiträge.

9.3 Die Übersicht verlieren: Das eine, winzige, aber wesentliche Detail übersehen. Bleib konzentriert!

Wenn du abgelenkt bist, kannst du die Konzentration für relevante Details verlieren – oder du kannst auf Belanglosigkeiten fixiert sein.

⊕: Verbissen weitermachen, wenn es besser wäre, alles neu zu sortieren und nochmal zu durchdenken.

☉: Wenn du dauernd wie besessen an der Konzentration auf Details festhältst, werden deine Bemühungen nur wenig einbringen.

9.4 Verlässlich sein: Trotz Ablenkungen gegenwärtig und fokussiert bleiben

Deiner Absicht treu zu bleiben – oder wichtige Details zu übergehen – entscheidet über deinen Einfluss im Leben.

☾: Es erfordert Entschlossenheit, in allen Phasen des Vorgehens die relevanten Details zu beachten.

♂: In deiner Gewohnheit, wesentliche Details eilig zu übergehen, wirst du schließlich äußerem Druck unterliegen.

9.5 Bedingungslosigkeit: Etwas zu erreichen erfordert Vertrauen und die Beachtung der Einzelheiten

Die Fülle des Lebens anzunehmen – oder Zweifel zu hegen, ob deine Bedürfnisse erfüllt werden – beeinflusst deine Fähigkeit zur Erfüllung im Leben.

♃: Deine ansteckende Kraft der Fokussierung trägt dazu bei, Aufmerksamkeit auf die wesentlichen Details im Leben zu lenken.

⊕: Eine mangelnde Stärke, auf dich selbst zu vertrauen, lenkt dich in die Richtung wachsender Unzufriedenheit mit dem Leben.

9.6 Dankbar sein: Die Freude und Intelligenz, bei jeder Gelegenheit zu feiern

Nach und nach werden alle dringenden Angelegenheiten erledigt und du bekommst Raum für Erholung und Entspannung.

☾: Feiern, wann auch immer die Gelegenheit dazu besteht, und besonders, wenn etwas gut gelungen ist!

☽: Durch Feiern wird alles gefördert, besonders wenn es darum geht, das Beste aus einer schwierigen Situation zu machen.

10

履 **DAS VERHALTEN**

Den eigenen Platz und das eigene Tempo finden

Bestärkende Verhaltensweisen und eine Haltung der Selbstliebe triumphieren inmitten all der Herausforderungen des Lebens und der Launen des Schicksals

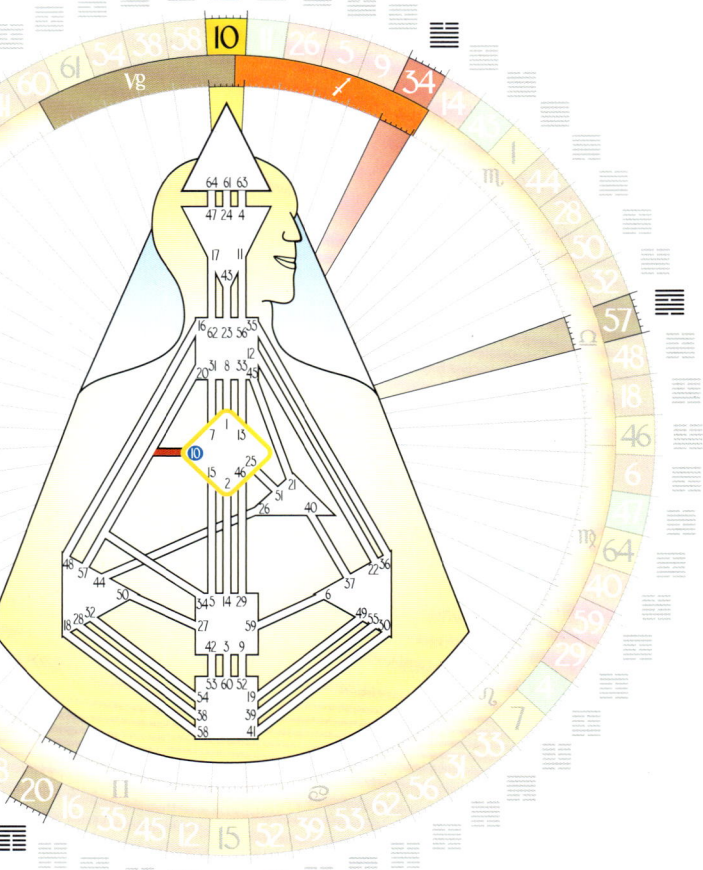

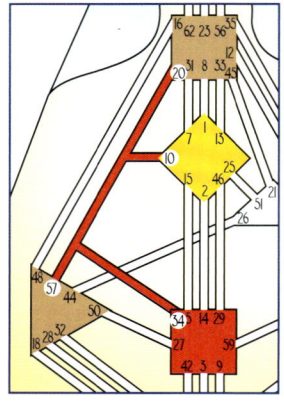

Teil von Kanal 10-20
Der Kanal des Erwachens

Teil von Kanal 10-34
Der Kanal der Erforschung

Teil von Kanal 10-57
Der Kanal des Überlebens

Zentrum: **Selbst**   Schaltkreis: **Individuell/ Integration/Zentrieren**

Astrologische Zuordnung:
Schütze/Steinbock ♐ ♑

Astrologische Positionen:

28°15'00" ♐ – 03°52'30" ♑

1:	28°15'00" ♐ – 29°11'15" ♐
2:	29°11'15" ♐ – 00°07'30" ♑
3:	00°07'30" ♑ – 01°03'45" ♑
4:	01°03'45" ♑ – 02°00'00" ♑
5:	02°00'00" ♑ – 02°56'15" ♑
6:	02°56'15" ♑ – 03°52'30" ♑

Wenn es Erfüllung bringen soll, ist dein Tun in Übereinstimmung mit deiner Wertschätzung und Liebe gegenüber dem Leben und gegenüber deiner einzigartigen, kostbaren Lebensreise.

10

Selbstbesessenheit

Genschlüssel 10: selbstverleugnend <> narzisstisch : Natürlichkeit :: Sein

10.1 Erforschen: In jeder Situation deinen Platz finden und dich einfügen

Steter Fortschritt im Leben erfordert deine Sensibilität gegenüber allem, was dir unterwegs begegnet.

☉: Dein achtbares Verhalten in jeder Situation kommt deinem Wachstum zugute.

☽: Ein Gefühl von Überempfindlichkeit oder von Verpflichtung anderen gegenüber kann dich veranlassen, Abenteuer im Leben zu vermeiden.

10.2 Zuflucht finden: Zufriedenheit entsteht daraus, sich unmöglichen Dramen im Leben nicht zu stellen

Äußere Streitigkeiten können leicht zu inneren werden, wenn du nicht die Konflikte anderer Menschen völlig umgehst.

☿: Dein reger Verstand liefert dir eine schnelle Lösung oder einen einfachen Ausweg aus äußeren Problemen.

♂: Du neigst dazu, dir viel Mühe zu machen, um jegliche Menschen zu meiden, die dir das Leben verkomplizieren könnten.

10.3 Hingabe: Das Prinzip, sich mit den persönlich passenden Angelegenheiten zu verbinden

Vorsicht ist erforderlich, um sicherzustellen, dass du deiner eigenen Realität gerecht wirst und nicht der irgendeines anderen.

⊕: Ein anhaltend gemäßigtes, aber stetiges Vorgehen beim Umgang mit Herausforderungen bringt dir große Belohnung.

☽: Du neigst dazu, Aufmerksamkeit und Anerkennung von anderen Menschen zu suchen und deine eigenen, wahren Ideale außer Acht zu lassen.

10.4 Auskundschaften: Bei jeder Interaktion möglichst viel Nutzen und Transformation suchen

Bereit sein, wenn eine Gelegenheit auftaucht, und wertschätzen, was sie für dich bedeutet.

⚷: Du kannst ausharren, bis die glänzende Gelegenheit kommt, die alles transformiert.

☿: Indem du dein Verhalten im Geist anpasst, schnitzt du dir aus jeder Möglichkeit einen potenziellen Vorteil zurecht.

10.5 Neu betrachten: Die Freude am Konfrontieren, die sich dem Gewöhnlichen gern widersetzt

Du forderst die Tradition gern heraus und stellst fest, dass es dazu viele Möglichkeiten gibt – liebevolle oder nicht liebevolle.

♃: Dein prinzipientreues Verhalten fordert die etablierte Tradition direkt dazu heraus, sich in Frage zu stellen.

♂: Deine Neigung, alles und jeden herauszufordern, kann persönliche Vergeltungsmaßnahmen auf sich ziehen.

10.6 Ausrichtung bringen: ein persönliches Vorbild, das andere unmöglich ignorieren können

Erfolgreiche Schritte bringen fruchtbare Ergebnisse mit sich, solange du dich selbst und deine Reise achtest.

♇: Deine wohlüberlegten Handlungen sind oft hochgradig effektiv, was das Bewirken von Transformation angeht.

♄: Wenn du dich selbst zu ernst nimmst, wirst du viel von dem Spaß verpassen, den das Leben bietet.

11

HARMONIE
Frieden und Ideen
Harmonie kommt von innen und strahlt nach draußen in die Welt. Kleine Bemühungen können große Belohnungen bringen.

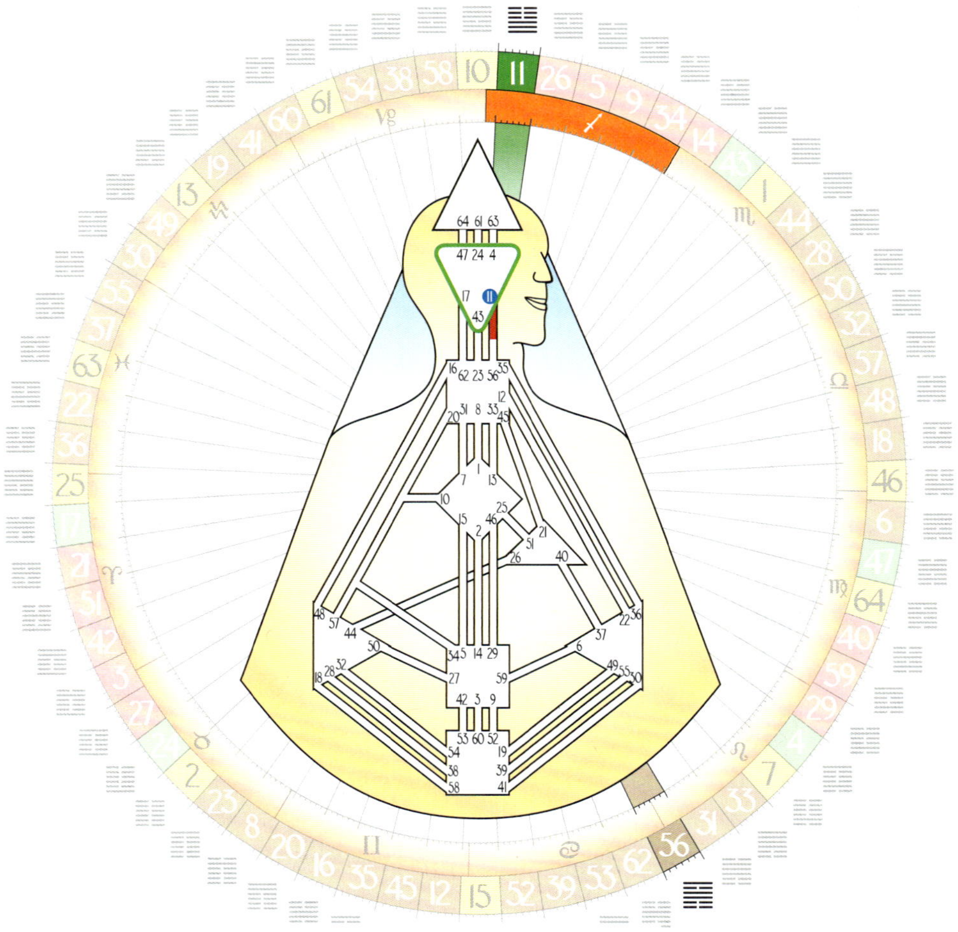

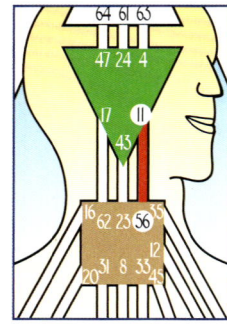

Teil von Kanal 11-56
Der Kanal der Neugier

Zentrum: **Verstand** Schaltkreis:
**Kollektiv/
Sinnfinden**

Astrologische Zuordnung:
Schütze ↗

Astrologische Positionen:

22°37′30″ ↗ – 28°15′00″ ↗

1:	22°37′30″ ↗ – 23°33′45″ ↗
2:	23°33′45″ ↗ – 24°30′00″ ↗
3:	24°30′00″ ↗ – 25°26′15″ ↗
4:	25°26′15″ ↗ – 26°22′30″ ↗
5:	26°22′30″ ↗ – 27°18′45″ ↗
6:	27°18′45″ ↗ – 28°15′00″ ↗

Du schwankst zwischen einem Eintreten für Ideen, die gesellschaftliche Harmonie fördern, und einer Übernahme von Überzeugungen, die sich auf deiner gegenwärtigen Realität gründen.
Das linke Auge.

11

Dunkelheit
Genschlüssel 11: fantasierend <> verblendet : Idealismus :: Licht

11.1 Schmeichelhaftes Anerkennen: Voranschreiten, indem du mit deiner unmittelbaren Umgebung im Einklang bist

Deine Ideen kommen und gehen; es ist wichtig, die passende Gesellschaft zu finden, mit der du sie teilen kannst.

☾: Leicht findest du Menschen, die deine Ideen schätzen und voranbringen helfen.

♂: Du kannst dir manchmal im Übermaß Sorgen machen, dass nie jemand da ist, der deine Ideen schätzt.

11.2 Unabhängig sein. Friedlichkeit wird dadurch sichergestellt, dass du wachsam bist

Toleranz, Entschlossenheit und Weitblick sind erforderlich, um den Frieden aufrechtzuerhalten und deine schöpferischen Ideen zu fördern.

♆: Deine weitreichende Vorstellungskraft überprüft ständig alle Möglichkeiten für ein harmonisches Leben.

♂: In Konfrontationen geraten, weil du deinen provozierenden Ideen nachgibst, nur um der Langeweile zu entkommen.

11.3 Wandel zulassen: Die Aufrechterhaltung des Friedens erfordert entsprechende neue Ideen

Du musst einen Unterschied erkennen können zwischen wertvollen Ideen und solchen, die einfach nur idealistisch sind.

☋: Du schätzt jeden Moment und erkennst an, dass die Zeiten des Friedens kommen und gehen.

♀: Du hast die Tendenz, dich durch ein unrealistisches Festhalten an Harmonie einlullen zu lassen.

11.4 Ideale verbreiten: Eine Fähigkeit, über wertvolle Ideen nachzudenken und sie anderen zu vermitteln

Manches ist offensichtlich, manches kann gelehrt werden, und manches muss übertragen werden.

☾: Du hast die Gabe, fast jedem etwas beibringen und begriffliche Vorstellungen vermitteln zu können.

♀: Du vertrittst einen Sinn für Harmonie, der schließlich sogar diejenigen anspricht, die desillusioniert sind.

☉: Du gibst Ideale weiter, die nur wenigen Auserwählten übermittelt werden können.

11.5 Der Herrscher, der auch Diener ist: Durch weitreichende Ideale Perspektive vermitteln

Vor nützlichen Ideen überfließen, die entweder aus deinem Sinn für das Dienen weitergegeben werden oder aus deiner Unsicherheit heraus.

☾: Dein Gespür für gute Konzepte und deren Weitergabe kommt der Menschheit in allen ihren Aspekten zugute.

☿: Du neigst dazu, deine Ideen zu verbreiten, ungeachtet der Wirkung, die sie auf die Zuhörer haben.

11.6 Flexibel sein: Das innere Gleichgewicht beibehalten, auch wenn sich Glaubensmuster ändern

Erneuerung folgt aus widrigen Umständen, indem du deine Überzeugungen je nach den vorherrschenden Gegebenheiten abwandelst.

♆: Indem du dir neue Überzeugungen aneignest, kannst du dein Gefühl von innerem Gleichgewicht auch in Zeiten der Veränderung aufrechterhalten.

♃: Du machst dir Ideen zu eigen, die für jegliche Situation passen, aber manchmal auf Kosten anderer Menschen gehen.

12

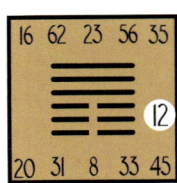

 **STOCKUNG**
Behinderung, Stillstand;
Bestandsaufnahme
In Worten und Taten stillhalten, bis der richtige
Augenblick da ist, um sich auszudrücken.

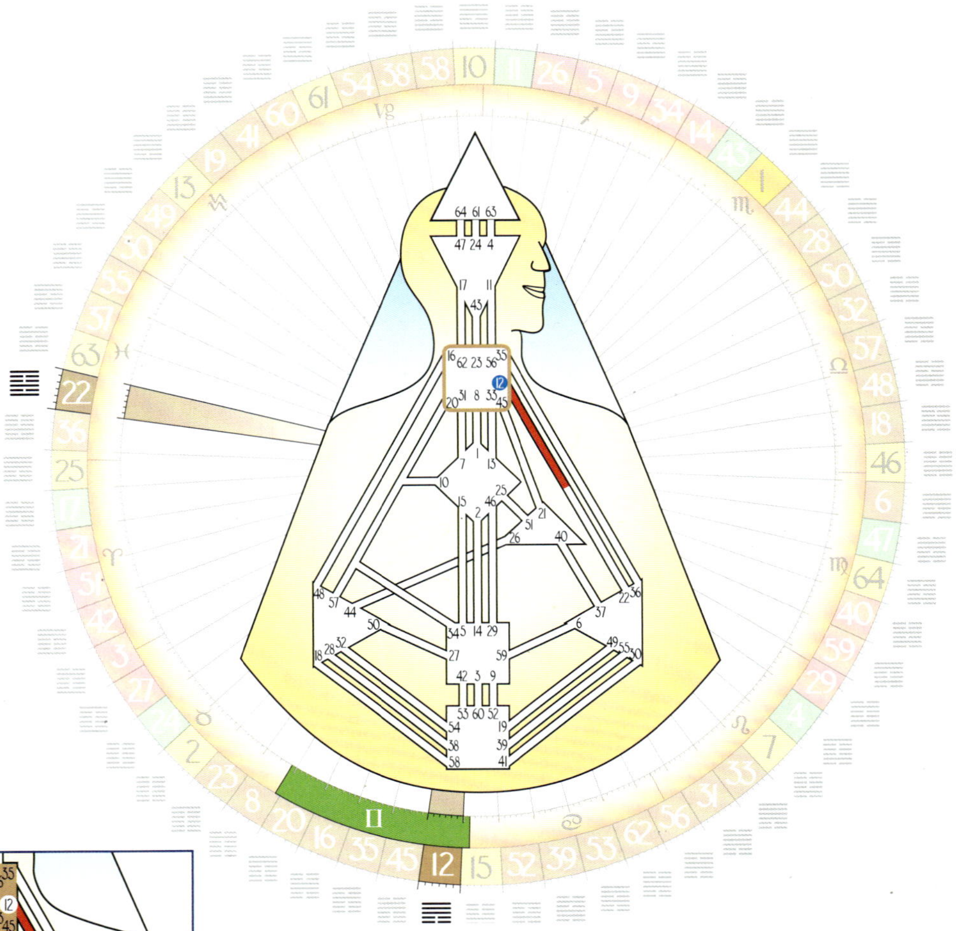

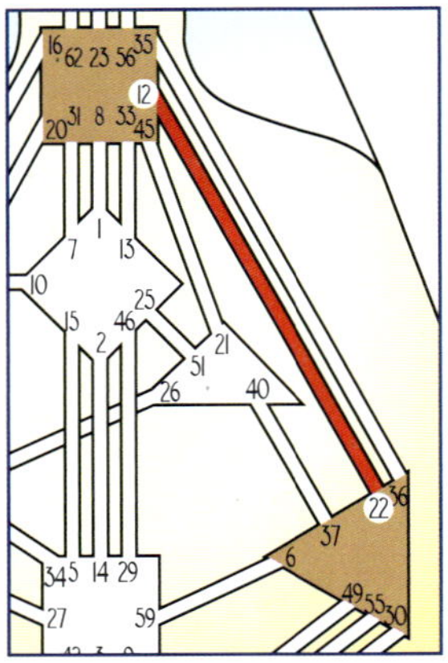

Teil von Kanal 12-22
Der Kanal der Offenheit

Zentrum: **Kehle**   Schaltkreis:
Individuell/
Wissen

Astrologische Zuordnung:
Zwillinge ♊

Astrologische Positionen:

22°37′30″ ♊ – 28°15′00″ ♊

1:	22°37′30″ ♊ –	23°33′45″ ♊
2:	23°33′45″ ♊ –	24°30′00″ ♊
3:	24°30′00″ ♊ –	25°26′15″ ♊
4:	25°26′15″ ♊ –	26°22′30″ ♊
5:	26°22′30″ ♊ –	27°18′45″ ♊
6:	27°18′45″ ♊ –	28°15′00″ ♊

Sich auf jeden Moment einstellen und innehalten, um mögliche Zukunftsszenarien ins Auge zu fassen und zu umreißen, die sich möglicherweise über die bisher allgemein akzeptierten, etablierten Vorgehensweisen hinwegsetzen.

Eitelkeit

Genschlüssel 12: elitär ⬠ bösartig : Unterscheidung :: Reinheit

12.1 Stillstehen: Zu schätzen wissen, wie eine raue Welt dein inneres Freiheitsgefühl unterstützt

Du ziehst dich von der Masse zurück und verbindest dich mit den Menschen, die deine individuellen Bedürfnisse würdigen.

☿: Indem du gesellschaftlichen Umgang häufig meidest, findest du Harmonie in deiner eigenen Welt.

♃: Du neigst dazu, auch unbegründete Isolation ungeachtet ihrer Auswirkung auf andere Menschen zu rechtfertigen.

12.2 Standpunkt: Bei deiner eigenen Wahrheit zu bleiben, verbindet dich mit deiner inneren Zufriedenheit

Du bist entweder diszipliniert in deinen Verpflichtungen, oder du begehst Fehltritte und wirst unruhig, wenn du warten musst.

♄: Indem du bei den Grundsätzen bleibst, die für dich natürlich und naheliegend sind, verhinderst du, dass andere dich aus dem Gleichgewicht bringen können.

☿: Wenn du unruhig bist, vergisst du deine natürliche Vorsicht gegenüber der Gesellschaft und sprichst und handelst zur Unzeit.

12.3 Wieder aufleben: Über irgendwelche früheren Fehltritte hinauszugehen, ermöglicht dir ein Weitergehen in Würde

Jeder macht Fehler – die größte Lektion im Leben besteht darin, sich davon freizusprechen und sie nicht zu wiederholen!

♆: Sich durch Wachsamkeit auf die Verletzlichkeit einstellen, der wir im Umgang miteinander alle unterliegen.

♂: Ein quälendes Gefühl der Hoffnungslosigkeit, dass du jemals „normale" Beziehungen wirst haben können.

12.4 Vorhersehen: Die Fähigkeit zu wissen, wann eine Veränderung kommt, und die Notwendigkeit der Vorbereitung

Um die Zukunft zu wissen und zu wissen, wie du davon erzählen kannst, können zwei völlig verschiedene Dinge sein.

⊕: Durch deine innere Einstimmung auf das Wirken der Natur kannst du Veränderung vorhersehen und ausdrücken.

☿: Du siehst vielleicht in die Zukunft, es fällt dir aber schwer, davon zu erzählen und zu wissen, was praktisch zu tun ist.

12.5 Aufbauen: Dich auf die bestärkenden Aspekte deines Wesens ausrichten

Du weißt, durch wen, wodurch oder woher du Kraft bekommst, und nutzt diese Gabe entweder oder missachtest sie.

☉: Du hast die Fähigkeit, Schwierigkeiten zu überwinden, indem du in deiner Vorstellung weit über sie hinausgehst.

♂: Du wirst gesellschaftlich unsicher sein, solange deine emotionalen Verwirrungen nicht gelöst sind.

12.6 Umwandeln. Aus Phasen des Stillstands können erstaunliche Veränderungen entstehen

Indem du deine eigenen Regeln erfindest, stehst du abseits von den normalen Ausdrucksformen sozialen Verhaltens.

☉: Du hast die Mittel, völlig neuen und Kraft vermittelnden gesellschaftlichen Formen Ausdruck zu verleihen.

⊕: Du verlierst deine Vision und dein eigentliches Ziel leicht aus den Augen und bleibst in alten, abgenutzten Ausdrucksformen stecken.

13

ZUHÖREN
Gemeinschaft mit Menschen

Unser gemeinsames Ziel in diesen Zeiten liegt in der Verfolgung gemeinsamer Ziele, nämlich der Erweiterung aller möglichen Ebenen und Spielarten menschlicher Erfahrung.

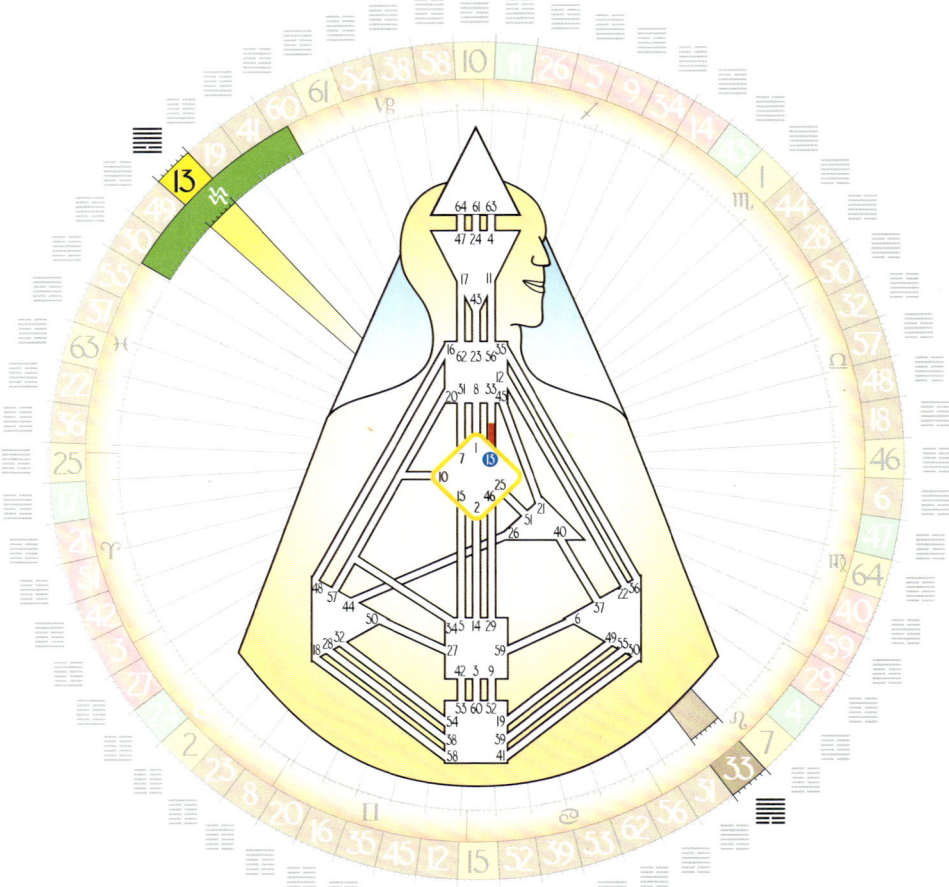

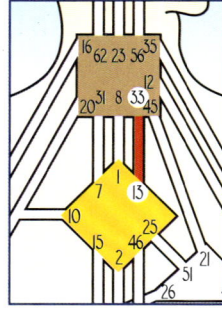

Teil von Kanal 13-33
Der Kanal des verlorenes Sohnes

Zentrum: **Selbst**

Schaltkreis:
**Kollektiv/
Sinnfinden**

Astrologische Zuordnung:
Wassermann ♒

Astrologische Positionen:

13°15'00" ♒ – 18°52'30" ♒

1:	13°15'00" ♒ – 14°11'15" ♒
2:	14°11'15" ♒ – 15°07'30" ♒
3:	15°07'30" ♒ – 16°03'45" ♒
4:	16°03'45" ♒ – 17°00'00" ♒
5:	17°00'00" ♒ – 17°56'15" ♒
6:	17°56'15" ♒ – 18°52'30" ♒

Auf seinem Weg durch das Leben braucht jeder Mensch die Erfahrung von Annahme, Anerkennung und Wertschätzung. Ein Magnet sein für diejenigen, die sich abgeschnitten fühlen und jemanden brauchen, der sich ihre Geschichte anhört.

13

Missklang

Genschlüssel 13: nachgiebig <> engstirnig : Urteilsvermögen :: Empathie

13.1 Offen sein: Mit jedem gleichermaßen in Verbindung treten und kommunizieren können

Deine Freundlichkeit gegenüber anderen richtet deine Umgebung auf dich aus.

♀: Deine Sensibilität verbreitet ein Gefühl von Harmonie und Verbundenheit bei allen.

☾: Du hast möglicherweise persönliche Interessen, die sich hinter deinen Äußerungen von Besorgtheit verstecken.

13.2 Fair sein: Bei jeder Geschichte beide Seiten sehen und unparteiisch bleiben

Es ist dir möglich, bei allen Interaktionen nachgebend, klärend oder auch spaltend zu wirken.

☾: In deiner Toleranz und Rücksichtnahme spiegelt sich eine moralische Überlegenheit.

☉: Deine Unnachgiebigkeit lässt dich zur Intoleranz gegenüber den Standpunkten oder Wertvorstellungen aller anderen Menschen neigen.

13.3 Eigenständig sein: Misstrauen und Fehlschläge wiederholen sich durch die blinde Annahme von Führung durch andere

Du musst deinen eigenen Weg finden, nachdem du möglicherweise die aller anderen versucht hast und desillusioniert wurdest.

⊕: Dein von Natur aus misstrauisches Wesen beruhigt sich, wenn greifbare Beweise vorliegen. „Zeig's mir schwarz auf weiß!"

♀ : Es kann ein Gefühl von Hilflosigkeit auftauchen, nachdem du niemanden findest, dem du vertrauen kannst (außer dir selbst).

13.4 Der Flüsterer: Die Möglichkeit, auf einer sehr tiefen Ebene zu hören

Deine Sensibilität, sehr tief innerlich zu hören, erschöpft sich, wenn sie einfach nur Lärm ausgesetzt ist.

☋: Dich eindeutig an die Menschen halten, die dein Wesen achten, oder gezielt Einsamkeit und Stille suchen.

♀: Durch übermäßigen Einsatz erschöpft, sehnst du dich schließlich nach Zeiten und Orten des Alleinseins.

13.5 Die Symphonie des Lebens: In und bei allem und jedem eine Aufgabe erkennen

Du achtest, entlastest, schätzt und verherrlichst jeden als wichtigen Mitspieler in der Erfahrung des Menschseins.

♆: Du hast die Gabe, jedes persönliche Hindernis auf dem Weg zu Harmonie und Sinn im Leben aufzulösen.

♃: Du übernimmst Lasten für andere, wo es diesen gut tun könnte, selbst eine Lösung dafür zu finden.

13.6 Universelle Gemeinschaft: In jedem und allem überall das Beste suchen

Ob es realistisch erscheint oder nicht, hältst du mit deiner Freundlichkeit Ausschau nach den bestmöglichen Entwicklungen im Leben jedes Menschen.

♂: Du verbindest dich entschieden mit anderen Menschen und erwartest dabei, Verbesserungen in deren Leben bewirken zu können.

☿: Du glaubst, dass du durch das Teilen deiner Interessen mit anderen jede Erfahrung vervollkommnen wirst.

14

大有

VERMÖGEN

Ernten

Es gehört Talent dazu, echte Leichtigkeit verkörpern zu lernen, wenn es um die Quellen von Besitz, Reichtum und Überfluss geht.

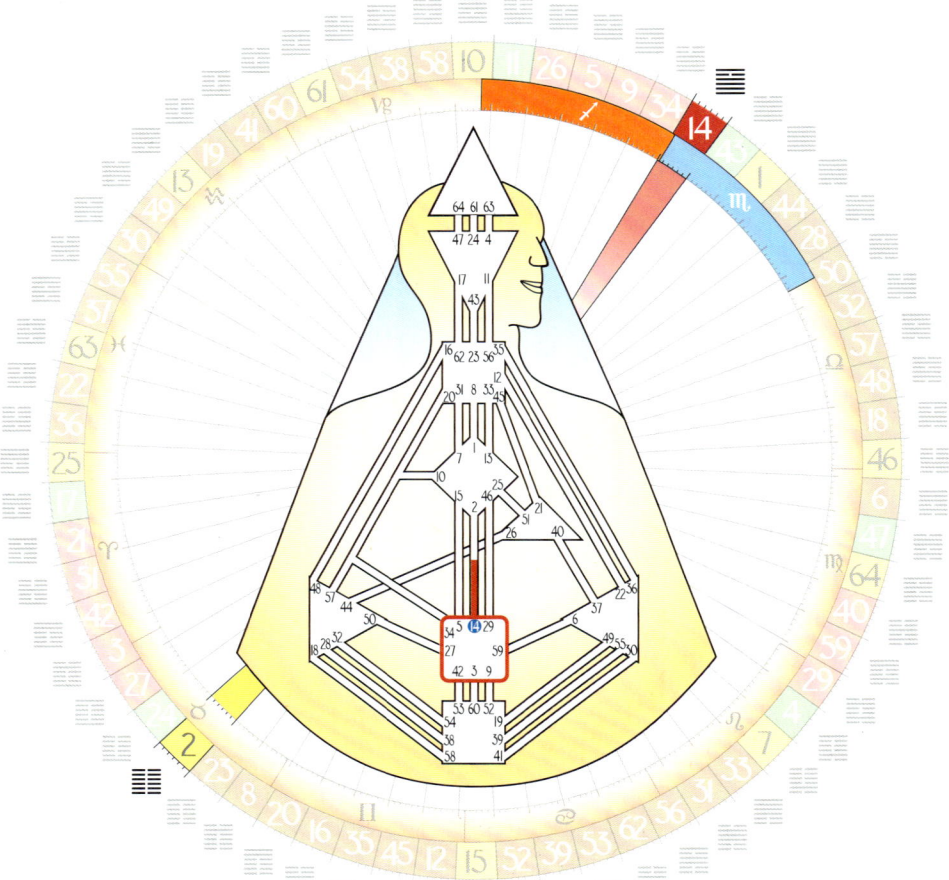

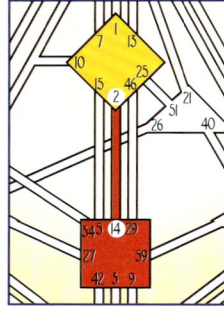

Teil von Kanal 2-14
Der Kanal des Alchemisten

Zentrum: **Sakral**   Schaltkreis:
**Individuell/
Wissen**

Astrologische Zuordnung:
Skorpion / Schütze

Astrologische Positionen:

24°30'00" ♏ – 00°07'30" ♐

1:	24°30'00" ♏ – 25°26'15" ♏
2:	25°26'15" ♏ – 26°22'30" ♏
3:	26°22'30" ♏ – 27°18'45" ♏
4:	27°18'45" ♏ – 28°15'00" ♏
5:	28°15'00" ♏ – 29°11'15" ♏
6:	29°11'15" ♏ – 00°07'30" ♐

> Klarheit im persönlichen Einsatz, innere Stärke, innerer Abstand sowie Beharrlichkeit stellen erhebliche Transformation und Bestärkung sicher.

Kompromiss

Genschlüssel 14: impotent ⬦ versklavt : Kompetenz :: Freigiebigkeit

14.1 Befriedigung finden: Genau prüfen, was dich wirklich motiviert

Eine Abhängigkeit von irgendetwas außerhalb deiner selbst, das dich glücklich machen soll, wird sich als unangebracht erweisen.

♃: Du hast einen prinzipienorientierten Ansatz, was das Erlangen und Einsetzen materieller Ressourcen angeht.

☿: Der Versuch, den Fluss der Ressourcen im Leben zu steuern, setzt voraus, dass du großes Vertrauen hast.

14.2 Gesundes Vorgehen: Die Fähigkeit entwickeln, dein ganzes Vermögen geschickt zu verwalten

Du maximierst deine Mittel, indem du dir fähige Unterstützung verschaffst, oder im Alleingang.

♃: Der Schlüssel zur Vergrößerung von Reichtum liegt für dich darin, Hilfe von willigen und fähigen Unterstützern zu erhalten.

♂: Wenn du nur auf deine eigene Fähigkeit vertraust, alles zu tragen, wirst du bald überlastet sein.

14.3 Opfern: Deine Talente und Ressourcen für das Wohl aller einsetzen

Zum Nutzen aller (auch zu deinem eigenen) geben – oder aus einem Gefühl der Verpflichtung heraus wohltätig sein.

⊕: Andere selbstlos zu beschenken, bringt dir die größtmögliche persönliche Befriedigung.

♆: Die Täuschung, dass das Festhalten an persönlichen Extra-Mitteln dir Befriedigung bringen wird.

14.4 Sicher sein: Persönliche Sicherheit besteht darin, dass du hast, was du brauchst

Du stellst deine Handlungsfähigkeit sicher, indem du weißt, was dir Sicherheit gibt, und das in deinem Leben hast.

☾: An deinen Fähigkeiten feilen, um bei all den Veränderungen, die das Leben bringt, ein persönliches Gefühl von Sicherheit zu gewährleisten.

♂: Umsicht walten zu lassen, ermöglicht dir die Entwicklung der persönlichen Fähigkeiten, die du für ein gedeihliches Leben brauchst.

14.5 Aufrichtig sein: Angemessener Umgang mit anderen, wenn es um materielle Angelegenheiten geht

Dein Talent zum Umgang mit der materiellen Welt erfordert besonderes Geschick, wenn du mit den betroffenen Menschen in Verbindung kommst.

☉: Deine würdevolle Art stellt bei allen materiellen Interaktionen die Wertschätzung durch alle Beteiligten sicher.

♀: Übermäßige Freundlichkeit in materiellen Angelegenheiten führt zwangsläufig zu Missverständnissen.

14.6 Etwas wert sein: Die Existenz verteilt Mittel und Segen nach eigener Wahl!

Ein spiritueller und/oder materieller Ansatz zu den Verantwortlichkeiten, die mit Reichtum verbunden sind.

☉: Dein selbstverständliches Eingestimmtsein auf Reichtum verleiht dir die Demut, großzügig und dankbar zu sein.

⊕: Dein praktischer Ansatz ermöglicht es dir, ein Gleichgewicht zwischen dem Materiellen und dem Spirituellen zu finden.

15

LIEBE ZUR MENSCHHEIT

Menschlichkeit, Extreme

Du findest deine Rolle in allen möglichen
Extremen und Umständen, die das Leben bietet.

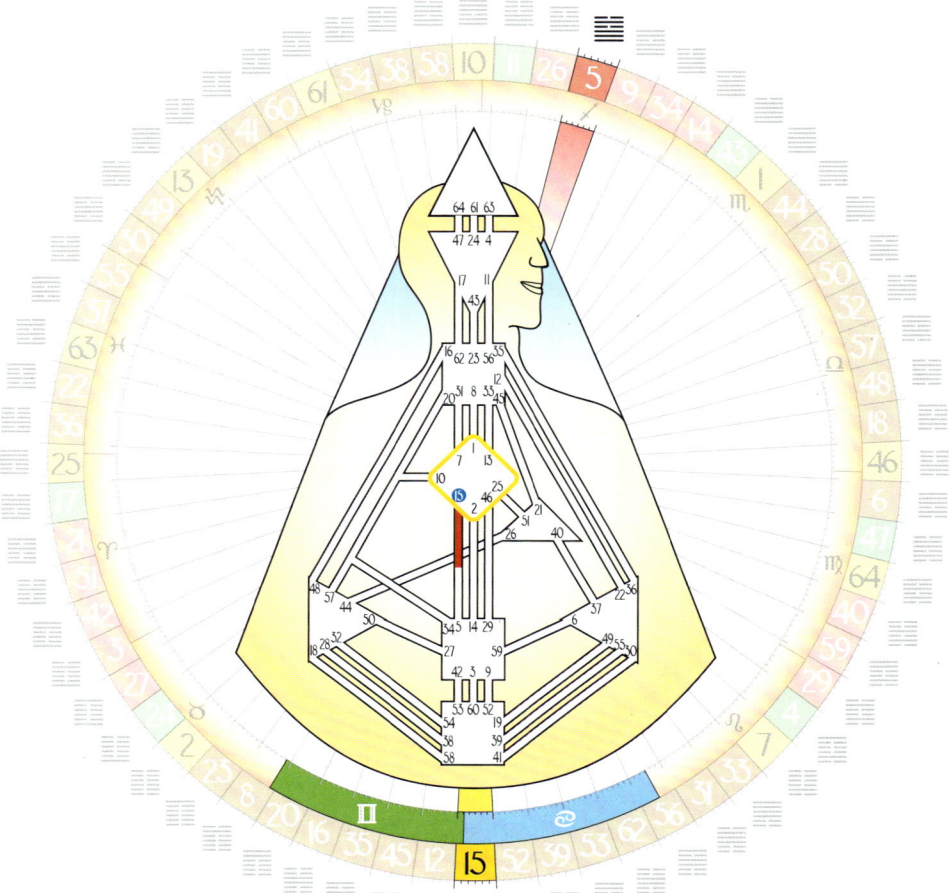

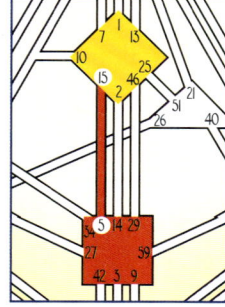

Teil von Kanal 5-15
Der Kanal des Rhythmus

Zentrum: **Selbst**

Schaltkreis:
**Kollektiv/
Logik**

Astrologische Zuordnung:
Zwillinge / Krebs

Astrologische Positionen:

	28°15′00″ ♊ – 03°52′30″ ♋
1:	28°15′00″ ♊ – 29°11′15″ ♊
2:	29°11′15″ ♊ – 00°07′30″ ♋
3:	00°07′30″ – 01°03′45″
4:	01°03′45″ – 02°00′00″
5:	02°00′00″ – 02°56′15″
6:	02°56′15″ – 03°52′30″

Du hast Freunde und Bekannte in allen Schichten der Gesellschaft, und das bedeutet auch, es könnte dir schwerfallen, dich an eine einzelne Person zu binden oder dich von einer Person bestimmen zu lassen. (Tor 15 ist allen Lebensformen gemein.)

15

Eintönigkeit

Genschlüssel 15: leer <> extremistisch : Magnetismus :: Blüte

15.1 Bescheidenheit: Die Selbstdisziplin haben, alle möglichen Probleme im Leben zu überwinden

Du bewahrst entweder eine Sensibilität gegenüber deinem Wesen und deinen Bedürfnissen oder eine Unsicherheit, die unbescheiden ist.

♀: Deine Achtung vor der Harmonie in jeder Beziehung ermöglicht es dir, jede Unternehmung zu fördern.

♂: Dein Drang, deine persönlichen Leistungen zu inszenieren und zu verkünden, kann auf andere befremdend wirken.

15.2 Beharrlich sein: Bestätigung finden durch die Bewahrung der eigenen Aufrichtigkeit und Integrität

Dein Maßhalten wie auch dein extremes Verhalten hat eine tiefe Wirkung auf andere Menschen.

☉: Du besitzt die Stärke, deine eigene, besondere Art als etwas Natürliches im Fluss des Lebens anzunehmen.

⊕: Wirkungen planen, indem du dein extremes Wesen mit dem gemäßigten anderer Menschen vergleichst.

15.3 Anspruchslos sein: Eine unerschütterliche Selbstverpflichtung, zu beenden, was du angefangen hast

Das Vollbringen von Taten, ohne Überlegenheit zu beanspruchen, wirkt sich auf die Qualität aller Bereiche deines Lebens aus.

⊕: Du erledigst alle Aufgaben und bleibst dabei bescheiden, was deine Leistung angeht.

☿: Möglicherweise vermittelst du, dass du anderen Menschen und deren Vorgehensweisen persönlich überlegen seist.

15.4 Sich zentrieren: Die Einschränkung jeglicher Extreme im Leben, die nicht von Liebe geprägt sind

Liebevoll und dem Fluss des Lebens treu sein zu können, setzt voraus, dass du ständig auf deine innere Führung achtest.

♃: Die Bescheidenheit, auf eine Art und Weise, die deinen höchsten Idealen entspricht, dein Bestes zu erreichen.

♄: Ein dogmatischer Ansatz, deinen eigenen Weg zu gehen, der unbeholfen auf Ziele aus ist.

15.5 Gemeinschaft: Sich auf die Bedürfnisse all derer einstimmen, die sich in einer extremen Lage befinden

Du führst weniger erfahrene Menschen durch schwierige Situationen – aufgrund deiner Stärke oder aufgrund von Dreistigkeit.

♃: Durch deine Führungsqualitäten kannst du mit dem turbulenten Fluss des Lebens umgehen und gleichzeitig bescheiden bleiben.

☊: Jeder Vorstoß, im Vergleich zu dir weniger befähigten Menschen etwas aufzudrängen, wird diese letztendlich abschrecken.

15.6 Stellungnahme: Ein Vorbild sein, indem du die Verantwortung für deine Lebensumstände selbst übernimmst

Indem du annimmst und anerkennst, wer du bist, findest du einen beispielhaften Weg durch das Leben.

☊: Du kannst jederzeit die Verantwortung für jegliche Situation übernehmen und sie lenken und bleibst dabei bescheiden.

♀: In deinem Streben nach Harmonie bei jeglichem Austausch gibst du möglicherweise anderen die Schuld, wenn etwas schiefzulaufen scheint.

16

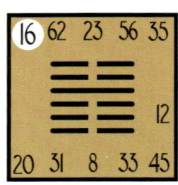

SELEKTIEREN
Begeisterung und Kunstfertigkeiten

Du hast die Fähigkeit, beim Durchsehen aller Arten
von möglichen Unternehmungen und Vorgehensweiser
diejenigen zu erkennen, die tatsächlich von Belang sind
Nutzen bringen und zukunftsträchtig sind.

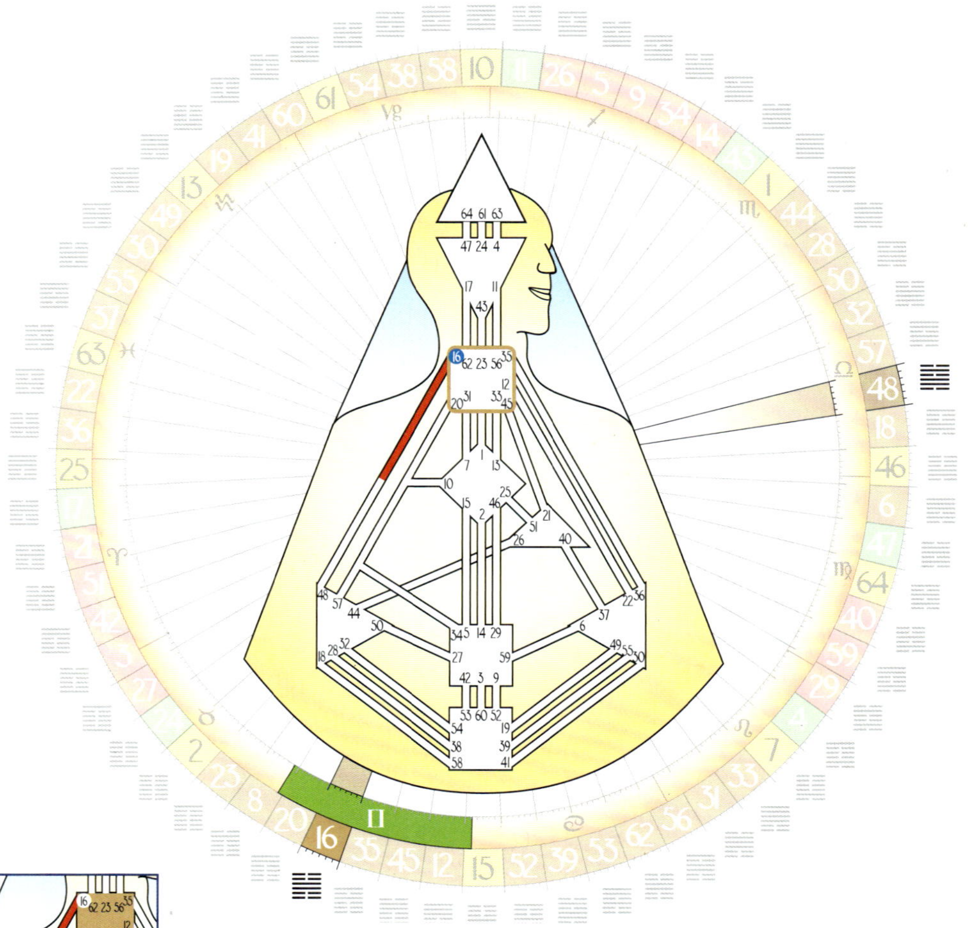

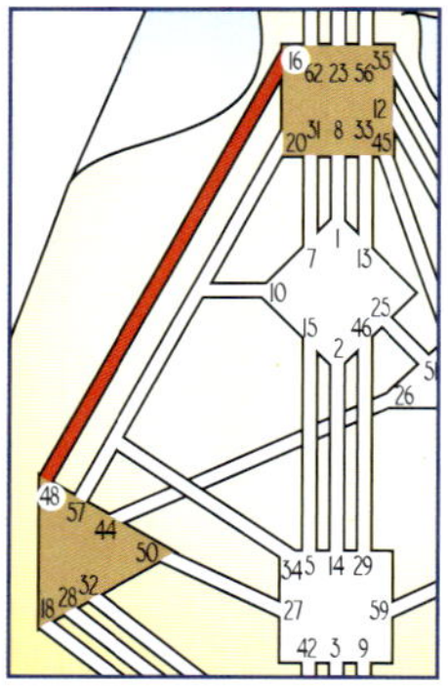

Teil von Kanal 16-48
Der Kanal des Talents

Zentrum: **Kehle** Schaltkreis:
**Kollektiv/
Logik**

Astrologische Zuordnung:
Zwillinge   ♊

Astrologische Positionen:

05°45'00" ♊ − 11°22'30" ♊

1: 05°45'00" ♊ − 06°41'15" ♊
2: 06°41'15" ♊ − 07°37'30" ♊
3: 07°37'30" ♊ − 08°33'45" ♊
4: 08°33'45" ♊ − 09°30'00" ♊
5: 09°30'00" ♊ − 10°26'15" ♊
6: 10°26'15" ♊ − 11°22'30" ♊

Während alles vorbereitet wird, ist es möglich zu entspannen und manchmal mehr Fertigkeiten nutzbar zu machen.

Gleichgültigkeit

Genschlüssel 16: leichtgläubig <> sich selbst täuschend : Vielseitigkeit : : Meisterschaft

16.1 Aufpassen: Begeisterung kann auf die wirklichen Notwendigkeiten des Augenblicks ausgerichtet sein oder nicht

Klares Erfassen dessen, was dir begegnet, setzt Präsenz, Interesse und Abstand voraus.

⊕: Du kannst leicht in Situationen verwickelt werden, ohne immer zu beachten, was da wirklich geschieht.

☿: Du neigst dazu, Erklärungen im Namen anderer abzugeben, die nicht leicht zu belegen sind.

16.2 Achtsam sein: Du betrachtest das Leben objektiv und kommentierst entsprechend

Du hast die Fähigkeit, den Wert jedes Vorhabens neutral und kritisch zu durchleuchten.

☉: Du verfügst über die natürliche Fähigkeit, jede Situation objektiv zu beurteilen, ungeachtet dessen, was andere sagen.

☿: Du gibst einer pointierten Analyse Ausdruck, die die Begeisterung anderer Leute leicht dämpfen könnte.

16.3 Umgestalten: Freude entsteht daraus, selbst etwas zu erlangen

Es ist ein schmaler Grat zwischen dem Bedürfnis nach Ermutigung von außen und einem Handeln im Alleingang.

☾: Indem du dich auf deine eigene Begeisterung einstimmst, kannst du abschätzen, wie du dein Leben durch jede Situation hindurch- und voranbringen kannst.

♂: Das Bedürfnis, dass andere deinen Fähigkeiten und Talenten Ziele, Bestätigung und manchmal auch Finanzmittel geben.

16.4 Führen: Zuversicht im Umgang mit den Problemen des Lebens zieht andere Menschen auf deine Seite

Es fällt dir leicht, anderen Menschen Unterstützung und Anerkennung zu geben – oder du ignorierst ihre Angebote möglicherweise.

♃: Deine Begeisterung für gemeinsame Anstrengungen zur Erreichung hochgesteckter Ziele wird breite Unterstützung finden.

♂: In deinem Drang, voranzukommen, versäumst du es möglicherweise, die Unterstützung, die du bekommst – oder die Notwendigkeit dafür – anzuerkennen.

16.5 Sich sträuben: Der Unwille, dich selbst oder andere dazu zu ermutigen, im Leben voranzuschreiten

Du erkennst Potenziale, vermeidest aber tendenziell deren Unterstützung, wenn du sie für nicht realisierbar hältst.

☍: Du zeigst dich selten offen von irgendetwas oder irgendjemandem begeistert, bevor du keine realen Ergebnisse siehst.

☾: Stimmungsschwankungen können dazu führen, dass du zögerst, überhaupt irgendein Vorhaben zu unterstützen.

16.6 Neu bewerten: Objektive Einschätzung realistischer Ziele

Du siehst die Dinge entweder, wie sie wirklich sind, oder lässt dich verunsichern und verwirren von den Erwartungen anderer.

♆: Indem du dir die Ansichten aller vergegenwärtigst, passt du deine Ziele entsprechend an, ob das praktikabel ist oder nicht.

♃: Indem du jede Vorstellung unabhängig von ihrem möglichen Ergebnis ausbaust, wirst du schließlich Enttäuschung erleben.

17

DIE NACHFOLGE
Meinungen

Durch Auseinandersetzung und Diskussion werden alle Meinungen bis zu dem Punkt gefestigt, an dem sie die Grundlage für Konzepte und Pläne liefern können, die in Übereinstimmung mit dem möglichen zukünftigen Wohl aller stehen.

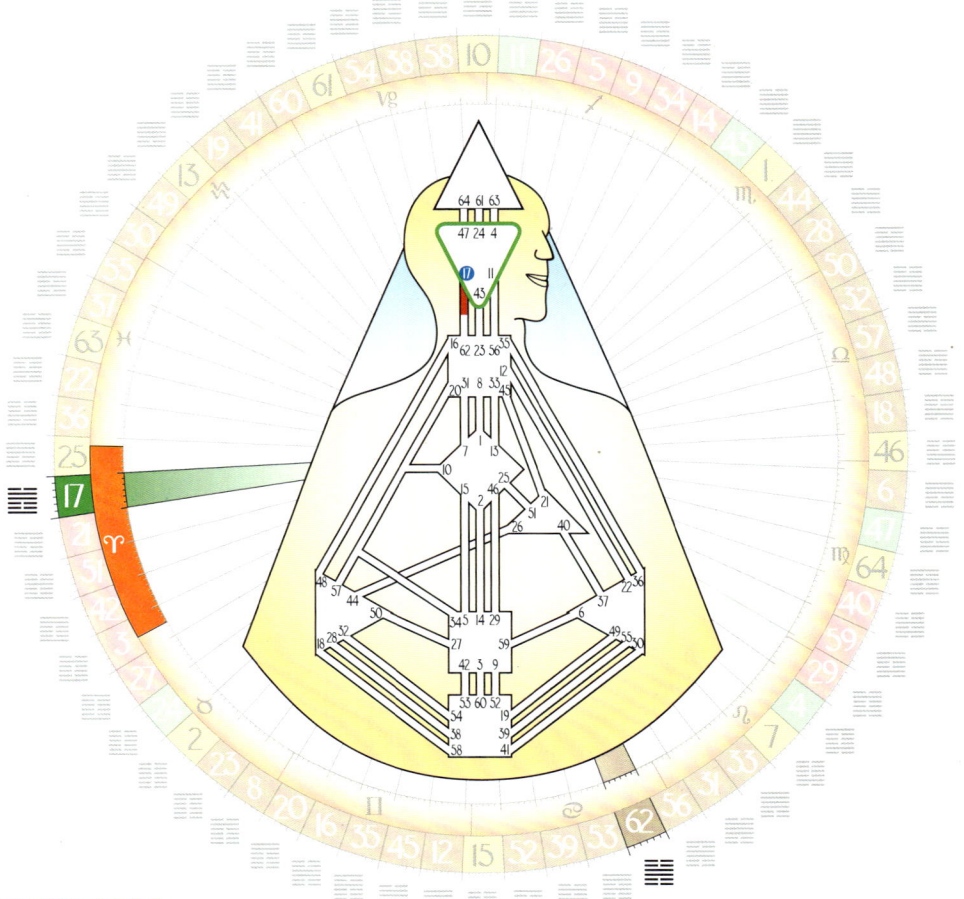

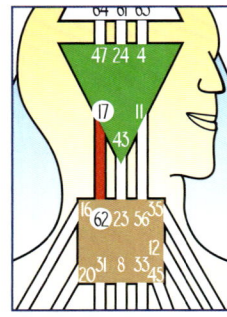

Teil von Kanal 17-62
Der Kanal des Organisierens

Zentrum: **Verstand**

Schaltkreis:
Kollektiv/Logik

Astrologische Zuordnung:
Widder ♈

Astrologische Positionen:

03°52′30″ ♈ – 09°30′00″ ♈

1:	03°52′30″ ♈ – 04°48′15″ ♈
2:	04°48′45″ ♈ – 05°45′30″ ♈
3:	05°45′00″ ♈ – 06°41′45″ ♈
4:	06°41′15″ ♈ – 07°37′00″ ♈
5:	07°37′30″ ♈ – 08°33′15″ ♈
6:	08°33′45″ ♈ – 09°30′00″ ♈

Gedankengängen folgen, um innerhalb der vielen Sichtweisen, worum es im Leben geht oder gehen könnte, eine logische Bilanz zu ziehen. Das rechte Auge.
(Tor 17 ist eine Brücke zwischen den Arten, sie verbindet uns mit Säugetieren.)

Meinung

Genschlüssel 17: selbstkritisch <> rechthaberisch : Weitblick :: Allwissenheit

17.1 Einen offenen Verstand haben: Die potenzielle Dualität in allem erkennen

Du weißt viele verschiedene Lebensanschauungen zu schätzen, von denen keine an sich richtig oder falsch ist.

♂: Du setzt dich für viele verschiedene Meinungen ein und bleibst dabei dennoch deinen inneren Prinzipien treu.

♀: Du kannst deine Prinzipien aus dem Auge verlieren, wenn dein Harmoniegefühl durch die Meinungen anderer gestört wird.

17.2 Einschätzen: Du bevorzugst Gesellschaft, durch die du zu einer höheren Wertschätzung des Lebens kommst

Du findest für cich einen Sinn, indem du dich mit anderen verbindest, egal, ob die Beziehungen Bestand haben oder nicht.

☉: Du entwickelst deine konstruktivsten Meinungen durch deine Aufmerksamkeit gegenüber allen Interaktionen im Leben.

☾: Stimmungsschwankungen können dich dazu bringen, deine Meinungen mehr zu schätzen als deine Freundschaften.

17.3 Auswählen: Sich der besten Einflüsse für inneres Wachstum bewusst sein

Entweder hegst du Meinungen, die zu Reife führen, oder du unterstützt solche ohne bleibende Bedeutung.

☉: Du hast eine dauerhafte und transformierende Wirkung, wenn du dich mit achtbarer Gesellschaft zusammentust.

⊕: Deine Neigung, alle Mittel einzusetzen, um Ergebnisse zu erreichen, wird dich dazu bringen, wesentliche Aspekte auszulassen.

17.4 Selbstlos sein: Offenheit für die besten Maßnahmen, um alle Beteiligten zu fördern

Meinungen können versteckte Motive verbergen, was dir die Gelegenheit bietet, deine inneren Grundsätze auf den Prüfstand zu stellen.

☉: Du hast eine transformierende Wirkung auf andere, wenn deine Motive und Prinzipien klar ausgerichtet sind.

♃: Du gibst Meinungen Ausdruck, die auf alle anziehend wirken, auch auf die Menschen, die du lieber meiden würdest.

17.5 Universelle Verbindung: Die Erkenntnis „Wir sind alle eins"

Du erreichst deine höchsten Ziele durch Vertrauen auf deine Stärke und unter Anerkennung kosmischer Zufälle.

☿: Dein Einfalsreichtum ist auf spirituelle und/oder weltliche Lösungen ausgerichtet.

♂: Dein Drang nach persönlicher Anerkennung kann ein Annehmen von Hilfe aus irgendeiner anderen Quelle ausschließen.

17.6 Der Boddhisattva sein: Sich auf die höheren Ebenen menschlichen Bewusstseins einstimmen

Du verfügst über Weisheit und drückst sie so aus, dass andere für ihr eigenes Leben Achtung und Ausrichtung erfahren.

☾: „Der Finger, der auf den Mond zeigt" – du hast Zugang zur Wahrhaftigkeit und Einfachheit des Lebens.

♃: Indem du ein menschliches Verständnis der Existenz erlangst, wirst du zum Lehrer der Lehrer.

18

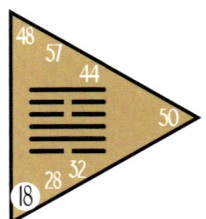

VERBESSERN

Abhilfe finden

(Die Arbeit am Verdorbenen)

Traditionen und Gepflogenheiten bedürfen imme
der regelmäßigen Überprüfung, ob sie zum gegen
wärtigen Zeitpunkt gesund und förderlich sind.

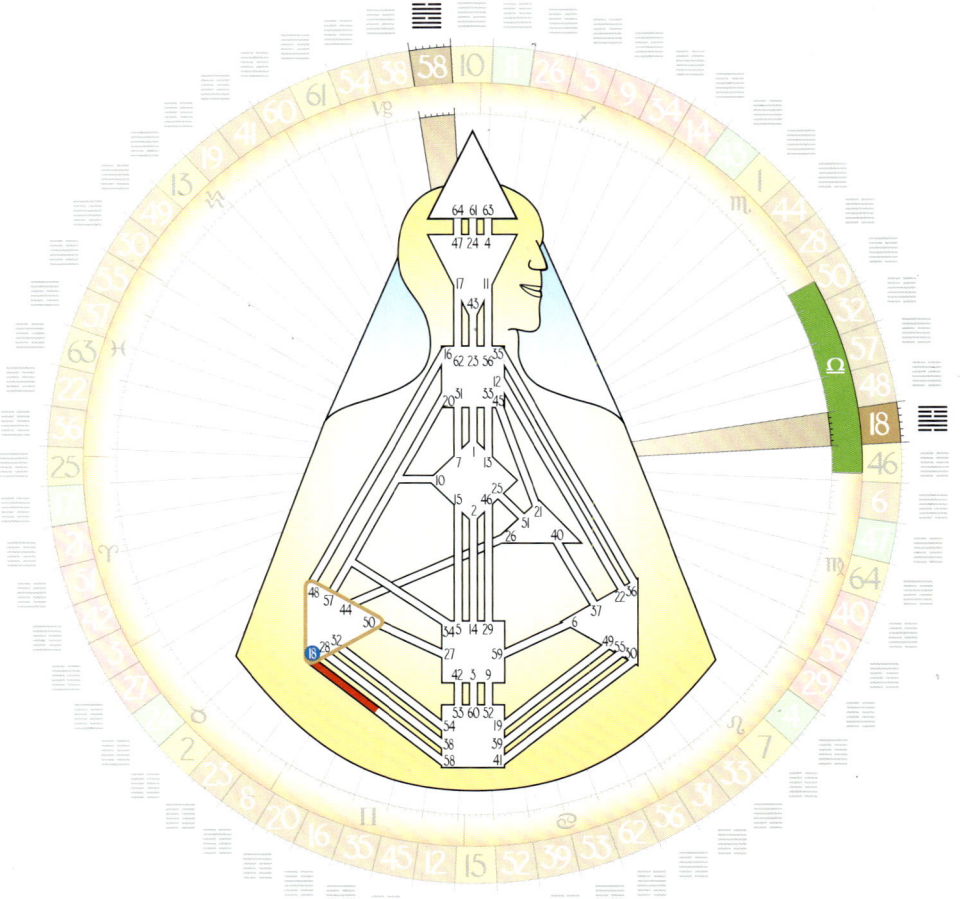

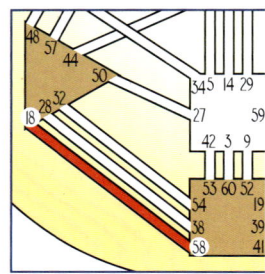

Teil von Kanal 18-58
Der Kanal des Urteilsvermögens

Zentrum: **Milz**

Schaltkreis:
**Kollektiv/
Logik**

Astrologische Zuordnung: **Ω**
Waage

Astrologische Positionen:

03°52'30" Ω – 09°30'00" Ω

1:	03°52'30" Ω – 04°48'15" Ω
2:	04°48'45" Ω – 05°45'30" Ω
3:	05°45'00" Ω – 06°41'45" Ω
4:	06°41'15" Ω – 07°37'00" Ω
5:	07°37'30" Ω – 08°33'15" Ω
6:	08°33'45" Ω – 09°30'00" Ω

18

Objektives Neubewerten unausgewogener Systeme, Verfahren,
Umgangs- und Vorgehensweisen richtet die Menschheit darauf aus,
in eine florierende Zukunft hinein zu wachsen.

Verurteilung

Genschlüssel 18: minderwertig <> überlegen : Integrität : : Vollkommenheit

18.1 Paternalistisch sein: Die Schwierigkeiten, die die Modernisierung männlicher Traditionen mit sich bringt

Patriarchalische Traditionen wurzeln in der männlich geprägten Geschichte und du untersuchst sie auf ihre aktuelle Relevanz hin.

⊕: Du hast die Ausdauer, althergebrachte Beurteilungen schrittweise auf praktische Art zu modifizieren.

♃: Indem du das Leben aus traditionellen Blickwinkeln erklärst, wirst du in der Vergangenheit eines anderen stecken bleiben.

18.2 Die Göttin ehren: Anerzogene Ängste, die mit der Macht des Weiblichen zu tun haben

Jegliche Tendenz, die weibliche Seite deines Wesens zu unterdrücken, erfordert hohe innere Wachsamkeit.

☊: Du hast das Potenzial, deine ererbten Ängste sorgfältig und wachsam zu transformieren.

☾: Sensibel gegenüber denjenigen, die dir die Ängste eingeflößt haben, zögerst du, ihre Gefühle zu verletzen.

18.3 Ungestüm sein: getrieben, mit der Vergangenheit zu brechen und in die Zukunft zu gelangen – jetzt sofort!

Zu prüfen, was in deinem Leben nicht mehr gebraucht wird, gibt dir die Möglichkeit, davon frei zu werden.

♆: Höchst kritisch gegenüber deiner alten Konditionierung findest du fantasievolle Möglichkeiten, sie anzugehen.

♃: Jeder Versuch, deine Konditionierung zu umgehen oder unberücksichtigt zu lassen, verursacht dir schließlich Gewissensbisse.

18.4 Gegebenheiten akzeptieren: Der Versuch, Symptome, und keine Ursachen anzugehen

Indem du zum Kern problematischer Themen vordringst, merkst du, ob du sie nicht eigentlich anziehst. Ein Aufruf zur Meditation.

⊕: Sich darauf fixieren, augenscheinliche Unzulänglichkeiten selbst zu kurieren, oder in deiner eigenen Klarheit Freiheit finden.

☿: Psychische Angst und eine Tendenz zur Verschleppung werden ausgelöst, wenn du Kritik durch andere im Übermaß zulässt.

18.5 Eigen-Korrektur: Die Offenheit, Konditionierungen durch Wachsamkeit aufzulösen

Deine ständige Aufmerksamkeit und Präsenz kann jede Konditionierung klar werden lassen und Erleichterung bringen.

♄: Jegliche Verbesserungen werden durch Beziehungen getragen, die dich in deinen Ängsten bezüglich deines Wertes entspannen lassen.

⛢: Indem du dich mit anderen so verbindest, dass Konditionierungen nicht aufgelöst werden, bewirkst du weitere Unausgewogenheiten.

18.6 Der Buddha sein: Über jegliche Konditionierungen hinausgehen

Du widmest dich universellen Anliegen und spiritueller Entwicklung für alle Wesen.

♂: Du hast die Fähigkeit und den Drang, universelle Wahrheiten darzulegen, wo auch immer du bist.

☾: Du strahlst die Gewissheit aus, zeigen zu können, dass es keine unüberwindlichen Probleme im Leben gibt.

19

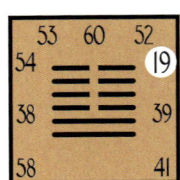

ANNÄHERUNG

Das Bedürfnis, eingebunden zu sein

Auf Menschen zugehen, um herauszufinden,
wie das Leben uns alle verbindet; der Drang,
die Trennung zu beenden und die Einheit
wiederherzustellen.

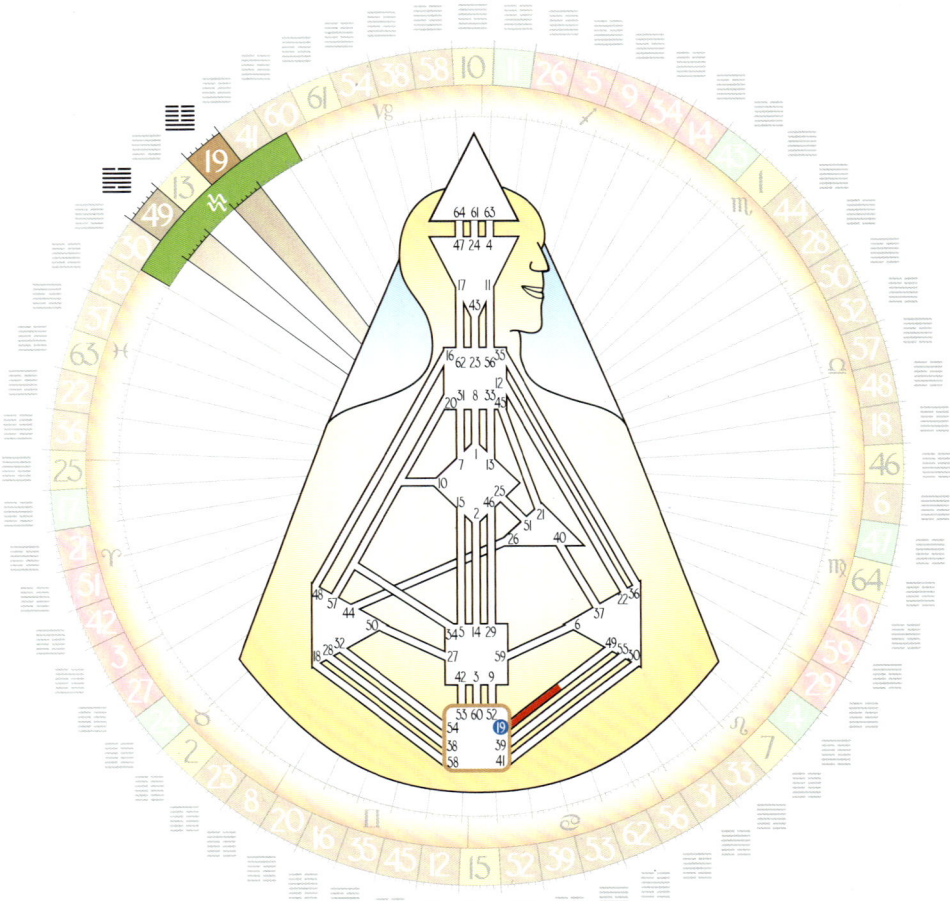

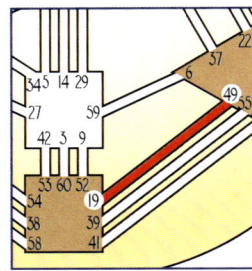

Teil von Kanal 19-49

Der Kanal der Feinfühligkeit

Zentrum: **Wurzel**   Schaltkreis:
**Stamm/
Gemeinschaft**

Astrologische Zuordnung:
Wassermann   ♒

Astrologische Positionen:

07°37'30" ♒ – 13°15'00" ♒

1:	07°37'30" ♒ – 08°33'45" ♒
2:	08°33'45" ♒ – 09°30'00" ♒
3:	09°30'00" ♒ – 10°26'15" ♒
4:	10°26'15" ♒ – 11°22'30" ♒
5:	11°22'30" ♒ – 12°18'45" ♒
6:	12°18'45" ♒ – 13°15'00" ♒

Die Bedürfnisse anderer spüren – oft deutlicher, als diese selbst es tun. Ein innerer Antrieb, spirituelle Reife und die Entwicklung einer Gemeinschaft voranzubringen. Flirten zieht Aufmerksamkeit auf sich.

Abhängigkeit

Genschlüssel 19: bedürftig �⟩ isoliert : Feingefühl :: Hingabe

19.1 Auf der Suche nach Gegenseitigkeit: Verbindung aufnehmen, um unterstützende Gesellschaft zu finden

Deine emotionale Abgeklärtheit und innere Ausgeglichenheit werden durch den Umgang mit anderen auf den Prüfstand gestellt.

☉: Wenn du dich äußeren Einflüssen gegenüber siehst, hast du die Stärke, an deinen Prinzipien festzuhalten.

☾: Indem du die Bedürfnisse anderer beachtest, neigst du dazu, dich von deinen eigenen ablenken zu lassen.

19.2 Zusammenwirken: Eine richtige Herangehensweise schafft Verbündete

Du hast eine natürliche Gabe, anderen zu helfen, indem du Unterstützung aus vielen Quellen holst.

♃: Du überwindest alle Schwierigkeiten, indem du auf deine ungekünstelten, hohen Ideale vertraust.

☿: Für andere „da sein", damit du dich einbezogen fühlst, sie jedoch nicht unbedingt immer unterstützen.

19.3 Sich beteiligen: Es braucht Sorgfalt, die wirklichen Bedürfnisse und Wünsche zu erkennen

Alle deine Beziehungen werden in Mitleidenschaft gezogen, wenn deine Motive in Bedürftigkeit statt in innerer Klarheit liegen.

♀: In deiner Bestätigung für und durch andere erhältst du eine natürliche innere Harmonie aufrecht.

☾: Deine Stimmungsschwankungen können zu einer Bedürftigkeit werden, die jeglichen Austausch mit anderen beherrscht.

19.4 Reifen: Gelassenes Verhalten in Gruppen fördert die Zusammenarbeit

Mit anderen zusammen fühlst du dich meistens wohl und trägst dazu bei, das, was jeder einbringt, zu verknüpfen und zu bündeln.

♂: Durch deine Anstrengungen, dein Beispiel und deine Ermutigung spornst du andere an, sich hervorzutun.

♀: In einer Gruppe neigst du dazu, eher die Harmonie zu unterstützen als das Erreichen von Ergebnissen.

19.5 Delegieren: Persönliche Initiativen zugunsten fähiger Unterstützer opfern

Du unterstützt alle, indem du vieles an fähige Unterstützer delegierst, während du die Gesamtverantwortung behältst.

⊕: Mit deiner inneren Zuversicht und Entschlusskraft freust du dich, wenn deine Verbündeten vorankommen.

♃: Wenn du Autorität delegierst, ohne auf die Fähigkeiten der betroffenen Person zu achten, folgt Chaos daraus.

19.6 Der Weise: Aus der Tiefe deiner eigenen Erfahrung inneres Wachstum lehren

Du kannst anderen beträchtliche Unterstützung geben, indem du Weisheit voller Mitgefühl vermittelst.

♃: Dein großherziges Wesen muss manchmal aus dir herausgelockt werden, damit du dich auf andere einlässt.

♂: Du ziehst es vor, dass man sich dir mit Wertschätzung nähert, dann kannst du deine Weisheit leichter preisgeben.

20

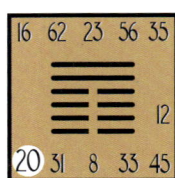

 **DAS „JETZT"**
Betrachtung: Beobachten
Das Tor zum Wissen ist einfach:
Sei im Hier und Jetzt!

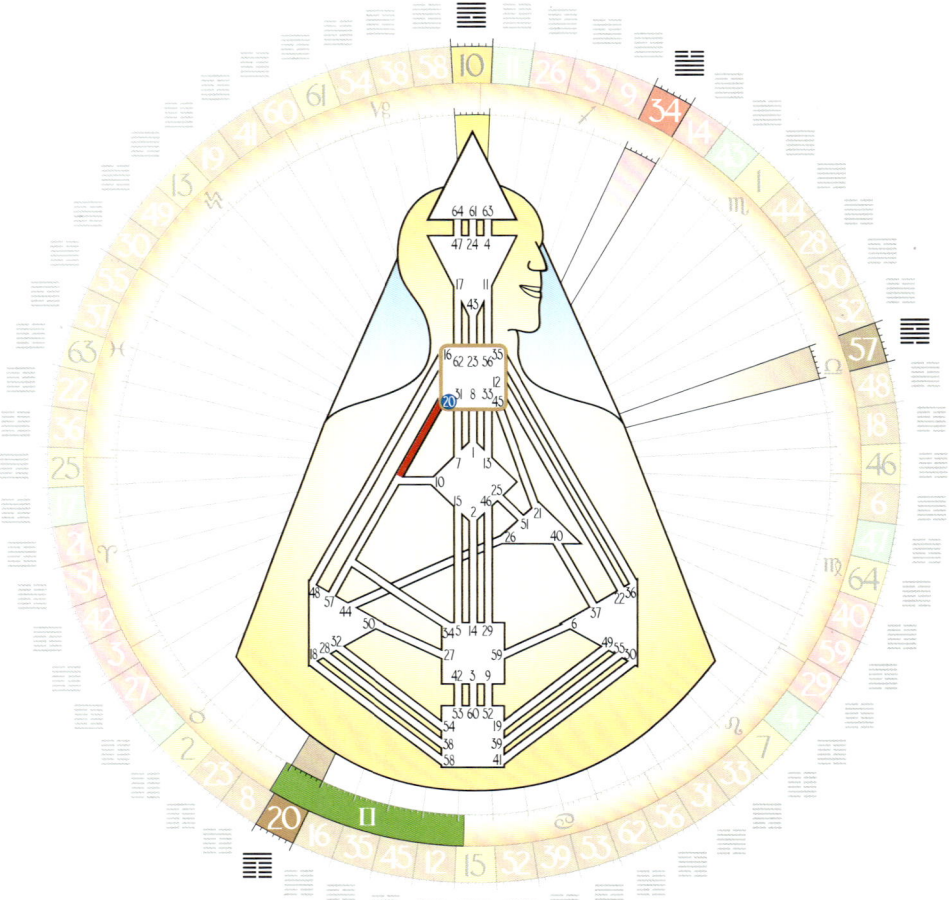

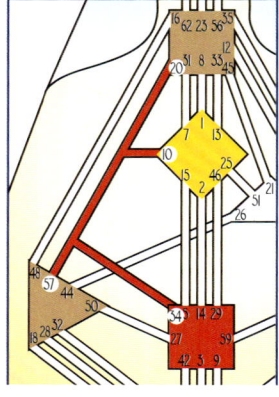

Teil von Kanal 10-20
Der Kanal des Erwachens

Teil von Kanal 20-34
Der Kanal des Beschäftigtseins

Teil von Kanal 20-57
Der Kanal unwillkürlicher Impulse

Zentrum: **Kehle**   Schaltkreis: **Individuell/**
Integration/Wissen

Astrologischer Zuordnung:
Zwillinge   ♊

Astrologische Positionen:

	00°07'30" ♊ – 05°45'00" ♊
1:	00°07'30" ♊ – 01°03'45" ♊
2:	01°03'45" ♊ – 02°00'00" ♊
3:	02°00'00" ♊ – 02°56'15" ♊
4:	02°56'15" ♊ – 03°52'30" ♊
5:	03°52'30" ♊ – 04°48'45" ♊
6:	04°48'45" ♊ – 05°45'00" ♊

> Indem du am Tor zwischen „diesem" und „jenem" sitzt und jeden Aspekt des Lebens nüchtern betrachtest, wirst du zur Klarheit über dein Leben geführt. Konzentration führt zur Kontemplation, Kontemplation führt zur Meditation.

Oberflächlichkeit

Genschlüssel 20: abwesend ⬦ hektisch : Selbstsicherheit : : Präsenz

20.1 Einfachheit ... ist der Schlüssel zur Bewusstheit!

Jedes kleine Ereignis ist Teil eines größeren Ereigniszusammenhangs. Dein eigener Blick auf das Leben ist entscheidend.

♀: Du findest Schönheit und Harmonie in augenscheinlicher Einfachheit. Zum Beispiel: in einem Panoramablick.

☾: Eine stimmungsbedingte zu starke Vereinfachung des Lebens kann dich dazu veranlassen, vor persönlicher Verantwortung zurückzuschrecken.

20.2 Standpunkt: Persönliche Perspektiven gegen die Realität der Welt abwägen

Wenn deine spontanen Beobachtungen nicht geschätzt werden, kannst du dich leicht entmutigt fühlen.

♀: Die Erweiterung deiner Perspektiven, indem du in jedem Moment Harmonie findest.

☾: Wenn du alles ernst nimmst, wirst du enge und potenziell von Launen bestimmte Ansichten entwickeln.

20.3 Objektivität: Die Fähigkeit entwickeln, deine eigenen Gedanken und Handlungen neutral zu beobachten

Richtlinien entwickeln, indem du die Wirkung, die du auf deine Welt hast, leidenschaftslos beobachtest.

☉: Wenn du dein "Beobachter-Bewusstsein" schätzt, wirst du merken, dass es dir hilft, durch das Leben zu schweben.

⊕: Dein Selbstbewusstsein kann ein Hindernis sein für deine Beziehungen mit der Welt

20.4 Beobachten: Die günstigsten Einflüsse in deiner Welt fördern

Einfluss auf Situationen nehmen, indem du die besten Eigenschaften in dir selbst und anderen erkennst und ermöglichst.

♃: Du legst Wissen auf verschiedene Art und Weise dar, je nach den Erfordernissen des Augenblicks.

☿: Du machst Mitteilungen und Bemerkungen, die einen unmittelbar praktischen Wert haben können oder auch nicht.

20.5 Meditieren: Deine tiefsten Gedanken und Gefühle leidenschaftslos beobachten

Du bist offen dafür, die Kommentare der Welt zu deinem Leben anzuhören, und engagierst dich von einem Standpunkt innerer Klarheit aus.

♄: Du hast einen disziplinierten Ansatz, fundierte Ansprüche in der Welt zu fördern.

☋: Aus Unzufriedenheit mit deiner gegenwärtigen Realität neigst du dazu, Drama und Ablenkung zu suchen.

20.6 Reflektieren: Diejenigen Anliegen betrachten, die allen zugute kommen.

Mit deiner abgeklärten Präsenz sammelst du realistisches Wissen an, das von allen genutzt werden kann.

♀: Du hast die Fähigkeit, deine eigene Klarheit zum Nutzen des größeren Ganzen darzulegen.

☿: Deine Fähigkeit zu kommunizieren fördert Wissen aller Art, ob es von Nutzen ist oder nicht.

21

嗌嗑

KONTROLLE
Der Jäger

Der Ausdruck von Willenskraft setzt Strategien ein, um auf der materiellen Ebene Verantwortung zu übernehmen.

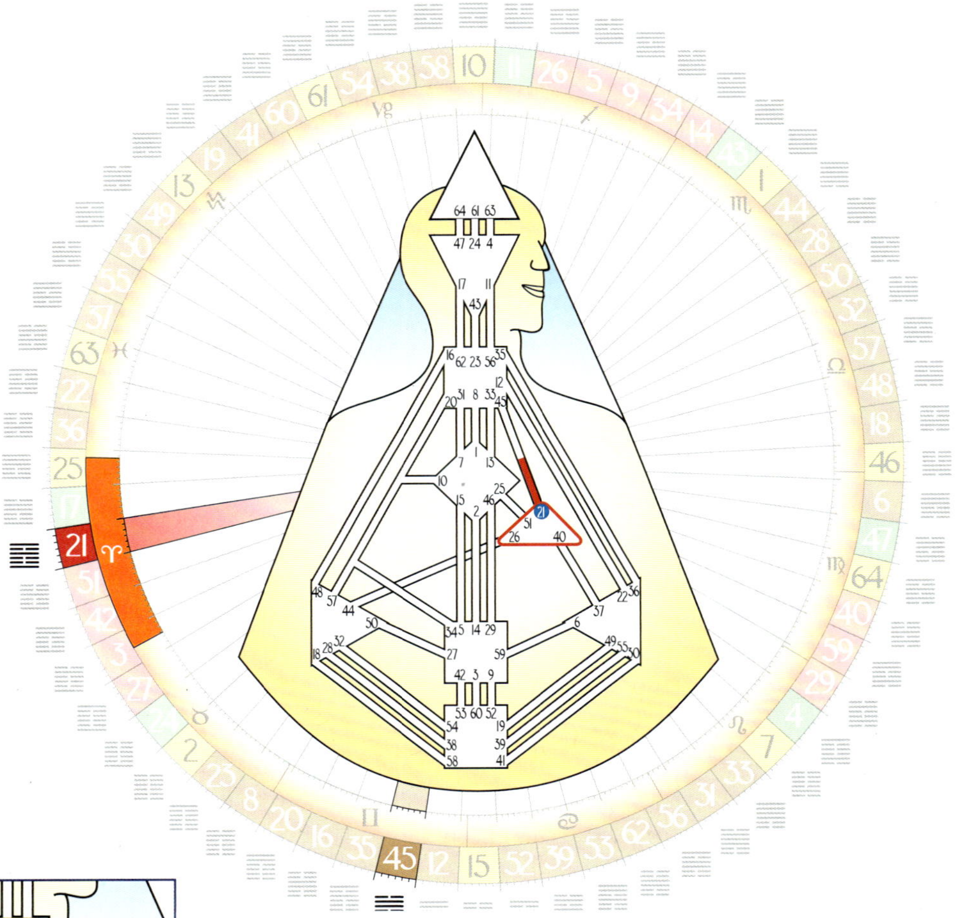

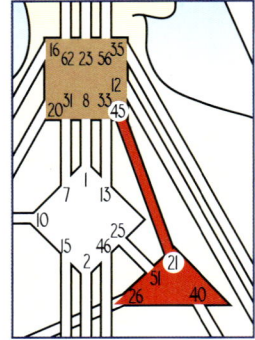

Teil von Kanal 21-45
Der Kanal des Geldes

Zentrum: **Herz**

Schaltkreis:
Stamm/ Unternehmertum

Astrologische Zuordnung:
Widder ♈

Astrologische Positionen:

09°30'00" ♈ – 15°07'30" ♈

1:	09°30'00" ♈ – 10°26'15" ♈
2:	10°26'15" ♈ – 11°22'30" ♈
3:	11°22'30" ♈ – 12°18'45" ♈
4:	12°18'45" ♈ – 13°15'00" ♈
5:	13°15'00" ♈ – 14°11'15" ♈
6:	14°11'15" ♈ – 15°07'30" ♈

Indem man „zum Kern der Materie" vordringt, kommt die volle Willenskraft zum Einsatz – unter Beachtung des allgemeinen Wohls, oder wenn das Ego eingesetzt wird, zum ausschließlich persönlichen Vorteil. Der Jäger/Die Jägerin geht seine/ihre Beute an.

Kontrolle

Genschlüssel 21: unterwürfig ⬦ kontrollierend : Autorität :: Tapferkeit

21.1 Verantwortungsvoll sein: Deine kleinen Fehler zu korrigieren, ermöglicht dir müheloses Wachstum im Leben

Deine Fehler sind etwas Natürliches, sollten aber verantwortungsvoll korrigiert werden, um spätere Probleme zu vermeiden.

♂: Du erlangst Respekt, ohne dir selbst oder anderen gegenüber hart sein zu müssen.

☾: Einem Mangel an Willenskraft nachzugeben und „aufzugeben", vermindert immer mehr deine eigene Überzeugung.

21.2 Mut: Zurechtweisung geben und empfangen, wo Verbesserungen notwendig sind

Deine Bereitschaft, Lebensumstände zu verbessern, erfordert oft starke, aber moralisch einwandfreie Maßnahmen.

♂: Bewusster Einsatz von Ausgleichsmaßnahmen – dir selbst und anderen gegenüber –, wenn es um unverantwortliche Taten geht.

♆: Jeglicher Unwille, was das Erreichen von Verbesserungen angeht, führt mit Sicherheit dazu, dass du dein Verantwortungsbewusstsein verlierst.

21.3 Zögern: Sich potenziell von augenscheinlichen Umständen überwältigt fühlen

Dich in die Ego-Themen anderer Menschen verwickeln zu lassen, wirkt sich immer darauf aus, wie sehr du dich im Leben engagierst.

♆: In den Händen derer, die „die Macht haben", wirst du leiden, solange du nicht deinem eigenen materiellen Weg folgst.

♃: Du neigst zu unnötigen Alleingängen auf Kosten deines eigenen Wohlbefindens.

21.4 „In den sauren Apfel beißen": Mit allen Situationen im Leben fertigwerden durch ausgeprägte Selbstbeherrschung

Du etablierst mit Leichtigkeit deine Autorität, indem du jede Umgebung und die dazugehörigen Menschen abwägst und einschätzt.

♃: Erweiterung im Sinne von materiellem Erfolg stellt sich ein, indem du strategische Züge machst, und nicht Züge durch bedingte Reflexe.

⊕: Wenn du kontinuierlich deine Getrenntheit pflegst, bringt dich das leicht von deinen wirklichen Bedürfnissen ab.

21.5 Galant sein: Überlegen, wer die Anstrengungen wert ist, um die besten Veränderungen zu erzielen

Du behältst die Kontrolle und lenkst materielle Angelegenheiten, indem du deine Willenskraft selbst einsetzt oder indem du delegierst.

♃: Mit Leichtigkeit setzt du deine willensstarke Autorität zum letztendlichen Wohl aller ein.

☊: Wenn du ungeachtet der Folgen auf deinem Vorgehen bestehst, wirst du dich schließlich den anderen entfremden.

21.6 Berichtigen: Eine sanfte Hand kann in jeder Situation die notwendigen Anpassungen vornehmen

Zur Verfügung stehen, um erforderliche Kontrollmaßnahmen einzusetzen, oder den Fokus verlieren und Verwirrung verbreiten.

☊: Indem du in jeder Situation deine Willenskraft entfaltest, wirst du automatisch Veränderungen bewirken.

♀: Wenn du dich für Harmonie um jeden Preis einsetzt, statt den Fakten ins Auge zu sehen, ist Unordnung in deinem Leben zu erwarten.

22

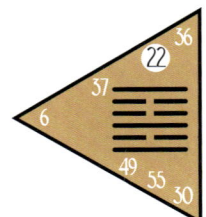

賁

ANMUT UND GNADE

Wohlgefallen

Auf der weltlichen Ebene bereichert die emotionale Energie der Anmut das Leben durch bezaubernde Schönheit und Harmonie.

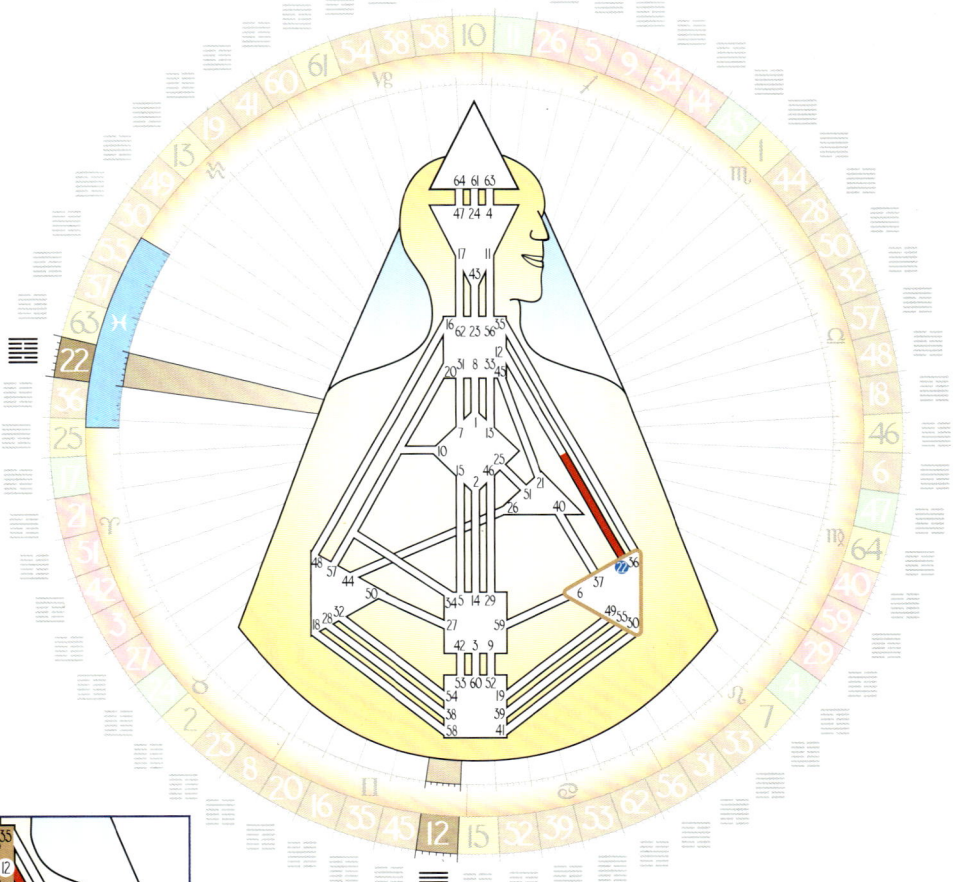

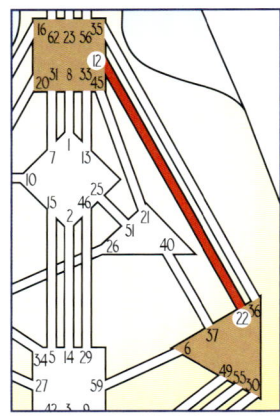

Teil von Kanal 12-22
Der Kanal der Offenheit

Zentrum: **Emotionen**

Schaltkreis:
Individuell/ Wissen

Astrologische Zuordnung:
Fische ♓

Astrologische Positionen:

17°00'00" ♓ – 22°37'30" ♓

1:	17°00'00" ♓	– 17°56'15" ♓
2:	17°56'15" ♓	– 18°52'30" ♓
3:	18°52'30" ♓	– 19°48'45" ♓
4:	19°48'45" ♓	– 20°45'00" ♓
5:	20°45'00" ♓	– 21°41'15" ♓
6:	21°41'15" ♓	– 22°37'30" ♓

Auf der spirituellen Ebene ist Gnade der Segen, der durch eine klare emotionale Ausrichtung auf das Bewusstsein kommt. Bei emotionalen Herausforderungen kann aus Anmut manchmal Unmut werden. (Tor 22 ist eine Brücke zwischen den Arten, sie verbindet uns mit Säugetieren.)

22

Entehrung

Genschlüssel 22: anständig <> unangemessen : Güte :: Gnade

22.1 Liebenswürdig sein: Demut und Anerkennung für alle Aspekte des Lebens zeigen

Das Vertrauen auf deinen eigenen, grundlegenden Wert und die Offenheit, jede Rolle, die das Leben dir bietet, anzunehmen.

☾: Du findest zu emotionaler Bewusstheit, die dich aus dem eigenen Kern heraus bestärkt und führt.

♂: Rollen einzunehmen, die zu dem Zeitpunkt nicht erforderlich oder sinnvoll sind, beschert dir unweigerlich Probleme.

22.2 Bezaubernd: Die natürliche Fähigkeit zur Verschönerung und Verzierung

Du setzt deinen Sinn für Schönheit und Stil ein, um Begeisterung, Faszination und Zerstreuung zu fördern.

☉: Dein natürlicher, emotionaler Stil wirkt anziehend auf andere und bringt Bewegung und Auftrieb in deren Leben.

♃: Wenn du Stil über emotionale Klarheit stellst, wirst du dich schließlich unglücklich fühlen.

22.3 Hinreißend: Anmut in Perfektion. Ein geborgenes Leben. Glück.

Du verkörperst Anmut in den erstaunlichsten Zusammenhängen und richtest dich dabei auf einfache, universelle Wahrheiten aus.

♄: Du verbindest emotionale Energie mit einer Wahrnehmung, die deine innere Ausstrahlung bestärkt.

♂: Schon auf der physischen Ebene verkörperst du in allen deinen Bewegungen und Tätigkeiten Anmut.

22.4 Beeindruckend: Alle Interaktionen mit Kraft versehen, indem man sich auf ihre Erfordernisse ausrichtet

Deine innere Ausstrahlung und äußere Brillanz transformiert die Qualität aller Interaktionen.

♆: Du hast eine ganz besondere Art des Umgangs und lehnst viele Formalitäten ab, die andere sich zu eigen gemacht haben.

♂: Möglicherweise stellst du fest, dass du in dem Versuch, Austausch zu forcieren, die Gegebenheiten manipulierst.

22.5 Innere Schönheit: Die Wichtigkeit deiner eigenen, wahren Natur bedenken

Dir selbst treu bleiben, auch wenn deine Anmut und dein inneres Licht von anderen auf viele verschiedene Arten wahrgenommen wird.

♃: Du verfügst über die Stärke des Individualisten, bei jedem gesellschaftlichen Umgang die emotionale Klarheit zu bekräftigen.

♂: Die Möglichkeit, mit deiner markanten Haltung in gesellschaftlichen Situationen missverstanden zu werden.

22.6 Kultiviert sein: Simple Eleganz ist eines deiner höchsten Attribute

Deine innere Klarheit strahlt durch ruhige Ernsthaftigkeit und Objektivität in jeder Situation Anmut aus.

☉: Deine heitere Präsenz macht es dir leicht möglich, in emotional explosiven Situationen das Heft in die Hand zu nehmen.

♂: Deine innere Brillanz wird immer als einzigartig und provokativ wahrgenommen werden.

23

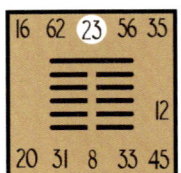

ASSIMILATION
Stabilisieren

Das Abziehen des „Unwesentlichen"
enthüllt das, was von Bedeutung ist.

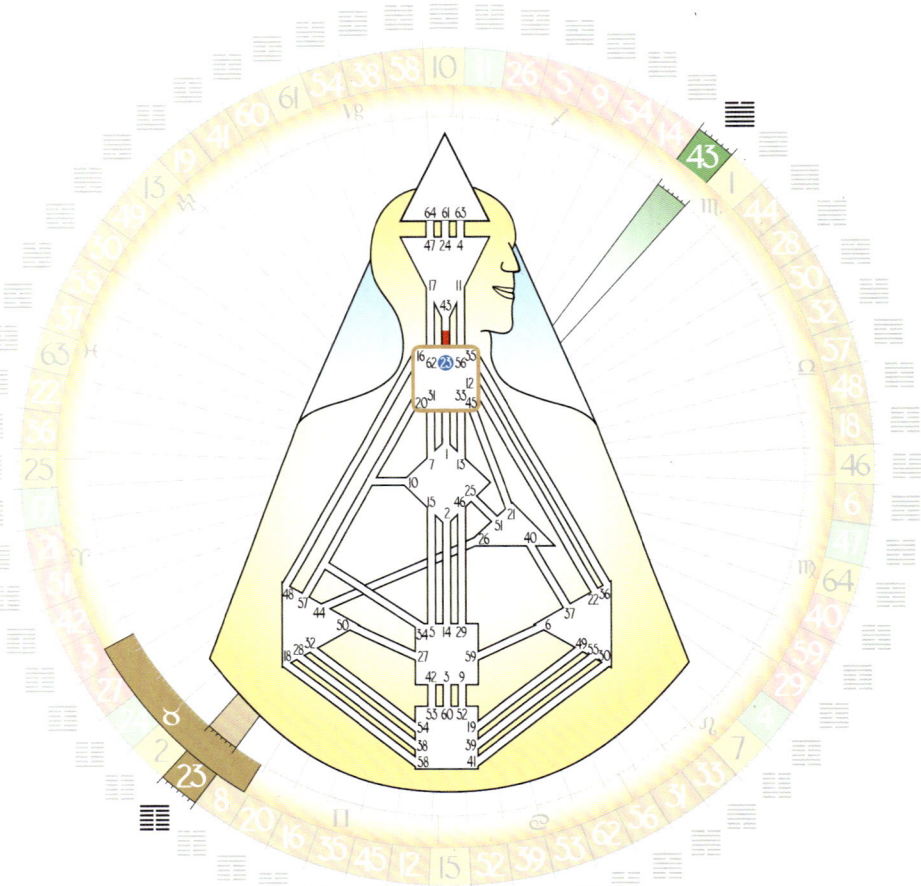

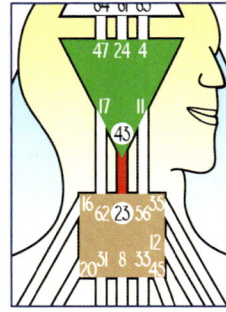

Teil von Kanal 23-43
Der Kanal der Strukturierung

Zentrum: **Kehle**   Schaltkreis:
**Individuell/
Wissen**

Astrologische Zuordnung:
Stier

Astrologische Positionen:

18°52'30" ♉ − 24°30'00" ♉

1:	18°52'30" ♉ − 19°48'15" ♉
2:	19°48'45" ♉ − 20°45'30" ♉
3:	20°45'00" ♉ − 21°41'45" ♉
4:	21°41'15" ♉ − 22°37'00" ♉
5:	22°37'30" ♉ − 23°33'15" ♉
6:	23°33'45" ♉ − 24°30'00" ♉

Auch angesichts von Widrigkeiten für deine Wahrheit eintreten – oder von deinem geraden Weg abweichen und dich verpflichtet fühlen, irgendwie aktiv zu werden.
Die große Notwendigkeit von sprachlichen Fertigkeiten.

Komplexität

Genschlüssel 23: stumm ⟨⟩ zersplittert : Einfachheit : : Quintessenz

23.1 Wichtig nehmen: Die Aufmerksamkeit gezielt auf das richten, was sie auch verdient

Du bemühst dich, eine innere Haltung zu finden, die es dir ermöglicht, mit sich wandelnden Umständen verbunden zu bleiben.

♃: Du gibst persönlichen Erkenntnissen Ausdruck, die im jeweiligen Moment von Belang sind oder auch nicht.

♂: Indem du deine persönlichen Ansichten ausdrückst, wirst du bei anderen oft negative Reaktionen hervorrufen.

23.2 Tolerieren: Von Natur aus mit persönlicher Entschiedenheit auf Umstände reagieren

Selbstgerecht oder distanziert zu sein, hilft dir nicht unbedingt, dich klar auszudrücken.

♃: Ein gutes Mundwerk kann dich in alle Arten von Hindernissen im Leben führen, aber auch durch sie hindurch.

☽: Streitbar zu sein kann zur Lebensweise werden, wird dir aber letztendlich nicht dienen.

23.3 Einzigartigkeit ausdrücken: Dir selbst vertrauen, während du dich anderen verpflichtest

Deiner Eigenart treu bleiben, aber auch merken, wie dich das, was andere tun oder sagen, beeinflusst.

☉: Deine Individualität ausdrücken und dich dabei nach Kräften an deine persönliche Wahrheit halten.

☊: Du sprichst so, dass deine Ausdrucksweise Unruhe, Misstrauen und sogar Bestrafung auslösen kann.

23.4 Differenzieren: Individuelle Stärke überwindet alle Beschwerlichkeiten

Dein individueller, impulsiver Ausdruck bringt allgemein akzeptierte Lebensweisen oft durcheinander.

☉: Die Wirkung dessen, was du sagst, macht es erforderlich, dass du hinterfragst, was du dich selbst sagen hörst.

⊕: Deinen Erkenntnissen freien Ausdruck zu geben, führt zwangsläufig dazu, dass du dich von der Allgemeinheit isolierst.

23.5 Einwilligen: Der gegenseitige Nutzen, wenn abweichende oder sogar gegensätzliche Möglichkeiten zur Wahl gestellt sind

Als Individualist verfügst du über die Mittel, mit anderen so umzugehen, dass ein persönlicher oder beidseitiger Vorteil entsteht.

♃: Du besitzt die Gabe, deine persönlichen Erkenntnisse zur Bereicherung aller mitzuteilen.

☽: Möglicherweise steht bei deinem Bedürfnis nach Zusammenarbeit die persönliche Bequemlichkeit und nicht der gegenseitige Nutzen im Vordergrund.

23.6 Synthesen bilden: Neue Formen schaffen durch die Kombination vieler verschiedener Möglichkeiten

Neutral zu bleiben, auch wenn du durch den Stand der Dinge unter Druck bist, erlaubt dir neue Visionen vorzubringen.

♂: Deine individuelle Art richtet unterschiedliche Standpunkte und Optionen auf eine einzigartige Einheit hin aus.

♃: Dein auf Erweiterung orientiertes Wesen neigt dazu, Vielgestaltigkeit der Einheit vorzuziehen und sie zu fördern.

24

WIEDERKEHR
Rationalisieren

Was einem im Kopf herumgeht, wird schnell zum Karussell – bis aus Zyklen Spiralen werden und Innovation und Transformation geschehen.

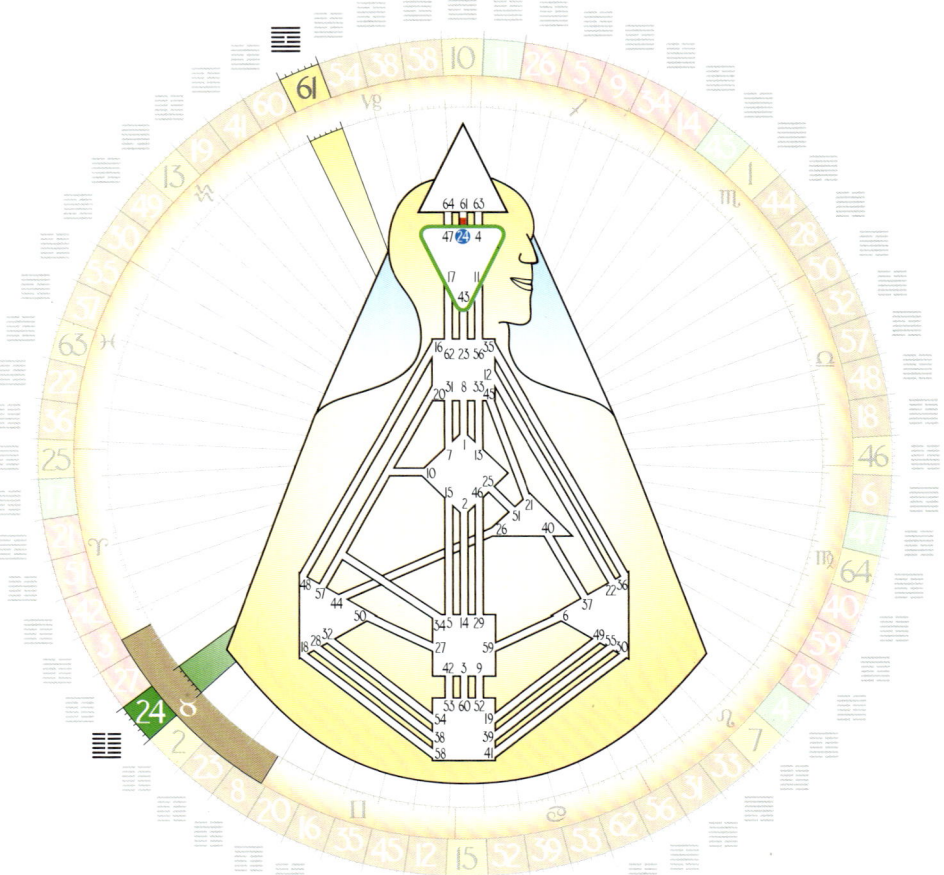

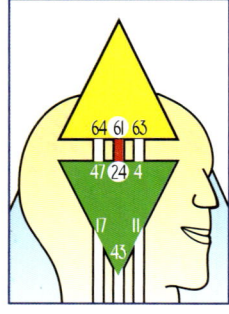

Teil von Kanal 24-61
Der Kanal der Denker

Zentrum: **Verstand**   Schaltkreis:
**Individuell/
Wissen**

Astrologische Zuordnung:
Stier   ♉

Astrologische Positionen:

	07°37′30″ ♉ – 13°15′00″ ♉
1:	07°37′30″ ♉ – 08°33′45″ ♉
2:	08°33′45″ ♉ – 09°30′00″ ♉
3:	09°30′00″ ♉ – 10°26′15″ ♉
4:	10°26′15″ ♉ – 11°22′30″ ♉
5:	11°22′30″ ♉ – 12°18′45″ ♉
6:	12°18′45″ ♉ – 13°15′00″ ♉

Im Kreislauf der Verfeinerung von Lösungen lernst du die Begrenztheit rationalen Denkens kennen. Wahrheit wird in der Stille erfahrbar.

24

Genschlüssel 24: erstarrt <> ängstlich : Erfindungsgabe : : Stille

Sucht

24.1 Prinzipientreu sein: Ein anhaltendes Bedürfnis, zu überprüfen, was persönlich von Bedeutung ist

Deine Denkprozesse können ein Vorwand sein, deine eigene Wahrheit nicht zu leben – mit welcher Begründung auch immer.

☉: Du hast die klare Absicht, im Leben voranzukommen und dich dabei fest auf deine Prinzipien auszurichten.

♆: Du durchdenkst verworrene Gedanken immer wieder und rechtfertigst dabei Tatenlosigkeit und mangelnde Überzeugung.

24.2 Erneuern: Eine liebevolle Umgebung anziehen, wenn du in einer Zwangslage bist

Jegliche Widrigkeit bewirkt Wachstum, wenn du dich darauf besinnst, wer und was dich wirklich unterstützt und inspiriert.

☾: Du stellst dich immer wieder auf kraftvolle, entwicklungsfähige Ideen ein, die einen Nutzen bringen.

♂: Du isolierst dich leicht von gemeinsamen Anliegen, als ob du ganz allein wärst.

24.3 Unschlüssig sein: Der Versuch, den Weg durchs Leben mit Denken zu bestreiten

Wenn du dich auf alte Vorstellungen verlässt, die sich im Kreis drehen, kann dir das Erfolg, aber keine dauerhafte Befriedigung bringen.

♀: Indem du in deinen mentalen Haltungen nachgiebiger wirst, öffnest du dich für andere Möglichkeiten der Führung.

♃: Du schwankst entschlusslos zwischen vielen Möglichkeiten. Der Denk-Süchtige.

24.4 Aufmerksam sein: Mentale Klarheit pflegen in der Gesellschaft von anderen

Du musst abwägen zwischen einem gefälligen Denkmuster und einem persönlich korrekten.

♄: Dein diszipliniertes Überprüfen schließt alle Optionen ein und gleicht sie laufend mit deiner persönlichen Wahrheit ab.

♆: Ein träumerisches Wesen lässt die Reiche der Fantasie verlockend erscheinen, statt dich deiner Realität ins Gesicht sehen zu lassen.

24.5 Zurückkehren: Die Entschlossenheit, falsche Fährten zu verlassen und die Fantasie neu spielen zu lassen

Mit Klarheit und Entschiedenheit ziehst du einen Schlussstrich unter die Vergangenheit und machst einen neuen Anfang.

☾: Neuen Inspirationen Kraft zu geben ist möglich, wenn du beendest, was sich überlebt hat.

♂: Eine starre Rationalisierung alter Vorstellungen blockiert jede Möglichkeit, dass du eine Erneuerung erlebst.

24.6 Nachgeben: Alte Vorstellungen loslassen angesichts neuer Möglichkeiten, die das Leben bietet

Vergangene Fehltritte müssen das Spektrum neuer Möglichkeiten nicht einschränken, wenn du wieder auf deine eigene, klare Autorität zurückkommst.

♃: Mit deiner entspannten, rationalen Art zu denken erkennst und begrüßt du alles, was das Leben dir schenkt.

♇: Sturheit kann zu irrationalen Befürchtungen führen, die persönliche Entwicklung behindern.

25

无妄

UNSCHULD
Die Arglosen

Unschuld ist unser natürlicher Zustand,
losgelöst von möglichen Folgen...

Sie ist geprägt von Vertrauen, Aufrichtigkeit
und Offenheit, die von Natur aus da sind.

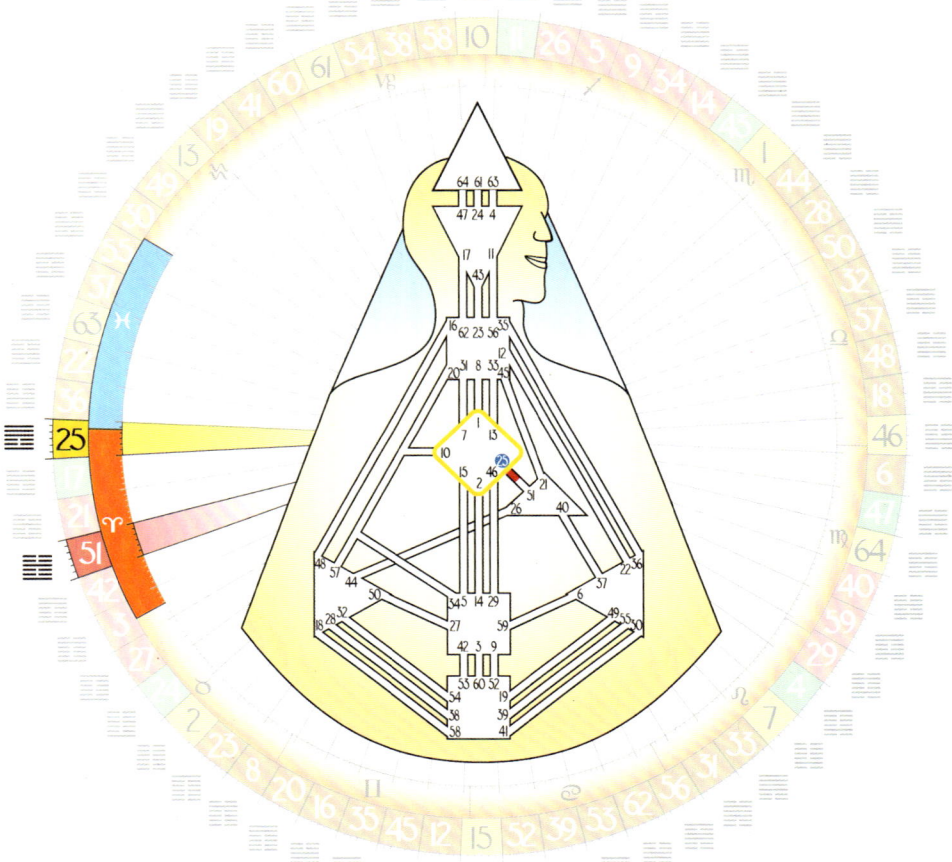

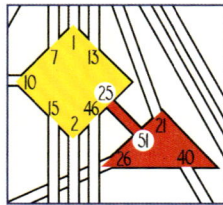

Teil von Kanal 25-51
Der Kanal der Einweihung

Zentrum: **Selbst**

Schaltkreis:
**Individuell/
Zentrieren**

Astrologische Zuordnung:
Fische / Widder

Astrologische Positionen:

	28°15'00" ♓ – 03°52'30" ♈	
1:	28°15'00" ♓ – 29°11'15" ♓	
2:	29°11'15" ♓ – 00°07'30" ♈	
3:	00°07'30" ♈ – 01°03'45" ♈	
4:	01°03'45" ♈ – 02°00'00" ♈	
5:	02°00'00" ♈ – 02°56'15" ♈	
6:	02°56'15" ♈ – 03°52'30" ♈	

> Universelle Liebe strömt aus einer ungekünstelten, freien Wesensart,
> die nichts als gegeben hinnimmt.

Einengung
Genschlüssel 25: ignorant ⬥ hartherzig : Annehmen :: Universelle Liebe

25.1 In Liebe: Ein Leben ohne Hintergedanken

Deine herzliche Spontaneität ist potenziell anfällig für Störungen von außen.

♆: Ein tiefes Eingestimmtsein und Zusammenspiel mit den geheimnisvollen Wegen und Wendungen, die dein Leben nimmt.

☿: Aus innerer Unsicherheit neigst du zu einem Ausdruck, der von dem Bedürfnis, zu vergleichen, geprägt ist.

25.2 Präsent sein: Erwartungen lenken immer die Wahrnehmung und Wertschätzung vom Jetzt ab

Entweder lebst du frei und offen für den Augenblick, oder du versuchst, Ergebnissen vorzugreifen, und bleibst unerfüllt.

☿: Du hast ein Geschick, in jedem Moment präsent zu bleiben und so in Unschuld und Freiheit zu leben.

♂: Forcierst du die Verwirklichung deiner Träume, so verlierst du deine Freude am Leben, wenn die Ergebnisse enttäuschend sind.

25.3 Anpassen: Unerwartete Ereignisse mit Gleichmut annehmen

Wenn etwas schiefzugehen scheint, akzeptierst du entweder das Ergebnis, oder du fühlst dich verlassen und hoffnungslos.

♂: Die Kraft, in Zeiten des Verlusts gelassen zu bleiben, indem du in deiner unschuldigen Liebe zum Leben standhaft bleibst.

☊: Du hast möglicherweise das Gefühl persönlicher Vernichtung, wenn ein Verlust dich erschüttert beziehungsweise dir zugefügt wird.

25.4 Makellos sein: Wahre Unschuld kann man nicht beflecken

Wenn du dich auf deine innere Vision ausrichtest, bleibt deine unschuldige Haltung unbeeindruckt von irgendwelchen Störungen.

♀: Der spirituelle Krieger, der unbeschadet von allen Prüfungen und Katastrophen durch das Leben schreitet.

♃: Die höchsten Ideale aufrechterhalten, auch wenn sich sonst niemand etwas daraus macht.

25.5 Gesund sein: Es gibt kein weltliches Heilmittel für spirituelles Kranksein

Indem du deine Gesundheit durch die richtigen Verbindungen und Haltungen schützt, kannst du anderen eine große Unterstützung sein.

♀: Der Heiler, der geistige Kräfte heranzieht, um zu heilen und geheilt zu werden.

♃: Eine Verkennung deiner spirituellen Natur kann dich dazu verleiten, dich dauernd zu überanstrengen.

25.6 Missverständnis: An bloßem Wissen festzuhalten, untergräbt wahre Unschuld

Letztendlich ist Wissen selten dienlich, besonders wenn du damit die Existenz zu hinterfragen versuchst.

⊕: Du bleibst standfest in deinem Bestreben nach Reinheit, selbst wenn du dich dafür neu erfinden musst.

☿: So genial anders du auch sein magst, verschafft dir Wissen allein selten Zufriedenheit.

26

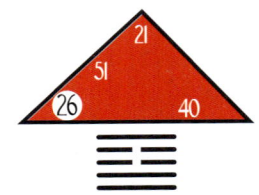

大畜

ANHÄUFUNG

Innere Stärke

Diese direkte Wesensart mobilisiert
Willenskraft und engagiert sich,
um Großes zu vollbringen, mit
beachtlichem materiellem Erfolg.

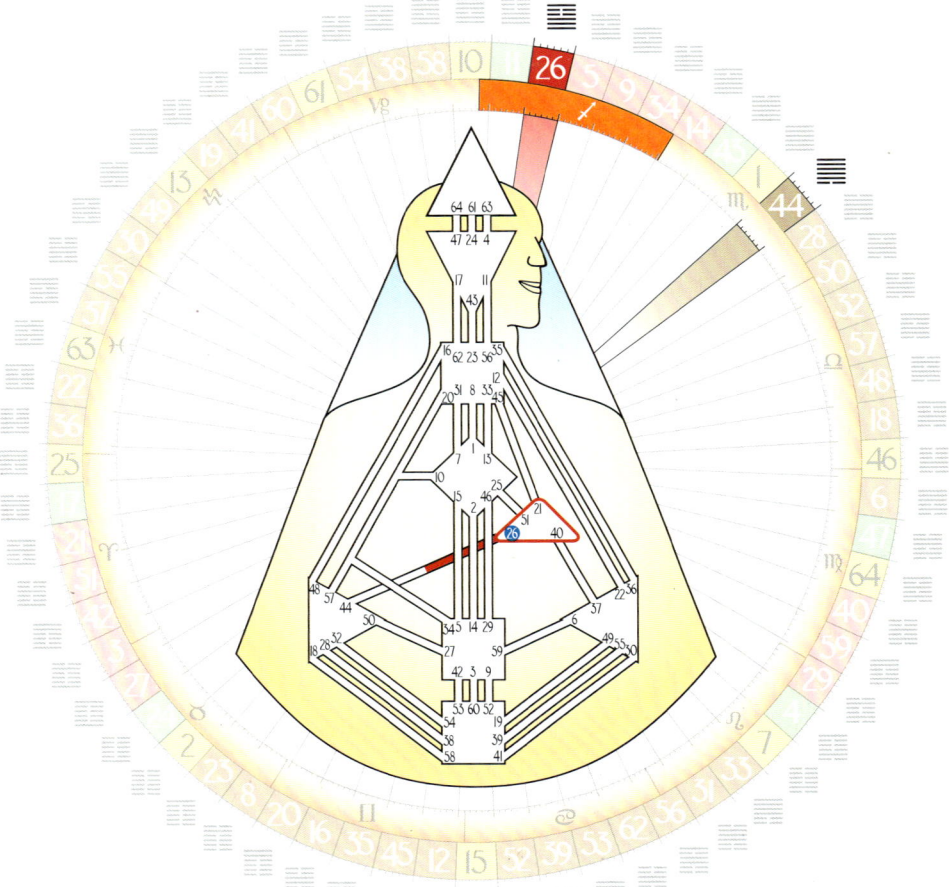

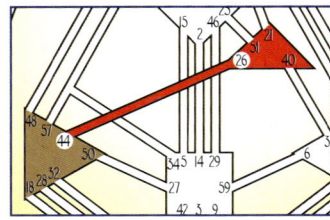

Teil von Kanal 26-44
Der Kanal des Marketings

Zentrum: Herz

Schaltkreis:
Stamm/
Unternehmertum

Astrologische Zuordnung: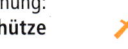
Schütze

Astrologische Positionen:

17°00'00" ♐ – 22°37'30" ♐

1:	17°00'00" ♐	– 17°56'15" ♐
2:	17°56'15" ♐	– 18°52'30" ♐
3:	18°52'30" ♐	– 19°48'45" ♐
4:	19°48'45" ♐	– 20°45'00" ♐
5:	20°45'00" ♐	– 21°41'15" ♐
6:	21°41'15" ♐	– 22°37'30" ♐

Es besteht ein inneres Gleichgewicht zwischen der Erfüllung deiner eigenen Bedürfnisse und der der anderen.

(Tor 26 ist eine Verbindung zum Instinkt-geprägten Bereich der Vögel, Reptilien und Fische.)

Stolz

Genschlüssel 26: manipulativ ⟡ prahlerisch : Raffinesse : : Unsichtbarkeit

26.1 Innehalten: Die richtige Zeit zum Handeln geduldig abwarten

Manchmal kann man sich im Leben nicht weiterbewegen, ohne Probleme anzuziehen und anzuhäufen.

Ψ : Du nutzt deine lebhafte Fantasie, um Schwierigkeiten zu lösen und dadurch unbesonnenes Handeln zu vermeiden.

♂ : Indem du auf deinem Getrenntsein bestehst, treibt es dich immer wieder zu Handlungen, die störend wirken.

26.2 Zurückhaltend sein: Geduld ist eine Tugend, die auf lange Sicht Nutzen bringt

Sofern du von Kräften aufgehalten wirst, die sich deiner Gewalt entziehen, bist du am besten beraten, wenn du Geduld übst.

☉ : Du übst deine Macht aus, indem du immer mehr Erfahrung und Mittel anhäufst.

☿ : Indem du das Tempo gewaltsam erhöhst und über vergangene Erlebnisse hinweggehst, kann dein Weg durch das Leben kostspielig sein.

26.3 Vorbereitet sein: Klar sein in deinen Motivationen und wie du sie am besten umsetzt

Mit oder ohne Unterstützung durch andere hast du Erfolg, wenn du deine Ängste und Zweifel überwindest.

☉ : Deine Willensstärke, dich auf deine Ziele auszurichten, ermöglicht dir, Unterstützung zu gewinnen, um sie auch zu erreichen.

♄ : Du erliegst Hindernissen und Herausforderungen, wenn du ignorierst, was deine Umgebung wirklich will.

26.4 Vorbeugen: Sich von belanglosen und unredlichen Arten des Umgangs fernhalten

Du erhältst aufrecht, was dir recht und ehrenwert erscheint – oder du wendest fragwürdige Maßstäbe an.

☿ : Deine Willensstärke transformiert sogar die erstarrtesten, hartnäckigsten Situationen.

♄ : Du wendest Techniken an, die das „Beugen" der Regeln fördern, um deinen Willen durchzusetzen.

26.5 Nutzbar machen: Deine angesammelten Energien klug einsetzen

Deine eigenwillige Energie muss umsichtig gehandhabt werden, oder sie wird dir immer wieder Konfrontationen einbringen.

♂ : Deine gesammelte Energie umsichtig zu lenken, wird potenziell Belohnung anziehen..

♀ : Du bleibst lieber auf einem bequemen Standpunkt, statt dich auf die wirklichen Gegebenheiten zu beziehen.

26.6 Ausgeglichen sein: Schöpferische Energie wird aus einem inneren Gleichgewicht heraus freigesetzt

Energie anzusammeln und klug einzusetzen, erfordert Ausgeglichenheit, und zwar im Inneren.

☉ : Deine willensgesteuerten Handlungen rechtfertigen sich stets durch ihre bleibende Angemessenheit.

☾ : Du merkst vielleicht, dass deine Stimmungsschwankungen eher symbolisch sind als real.

27

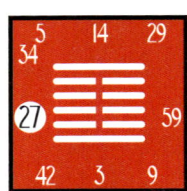

頤 **ERNÄHRUNG**

Nähren

Eine angemessene Versorgung ist entscheidend für Gesundheit und Wohlbefinden in allen Aspekten des Lebens.

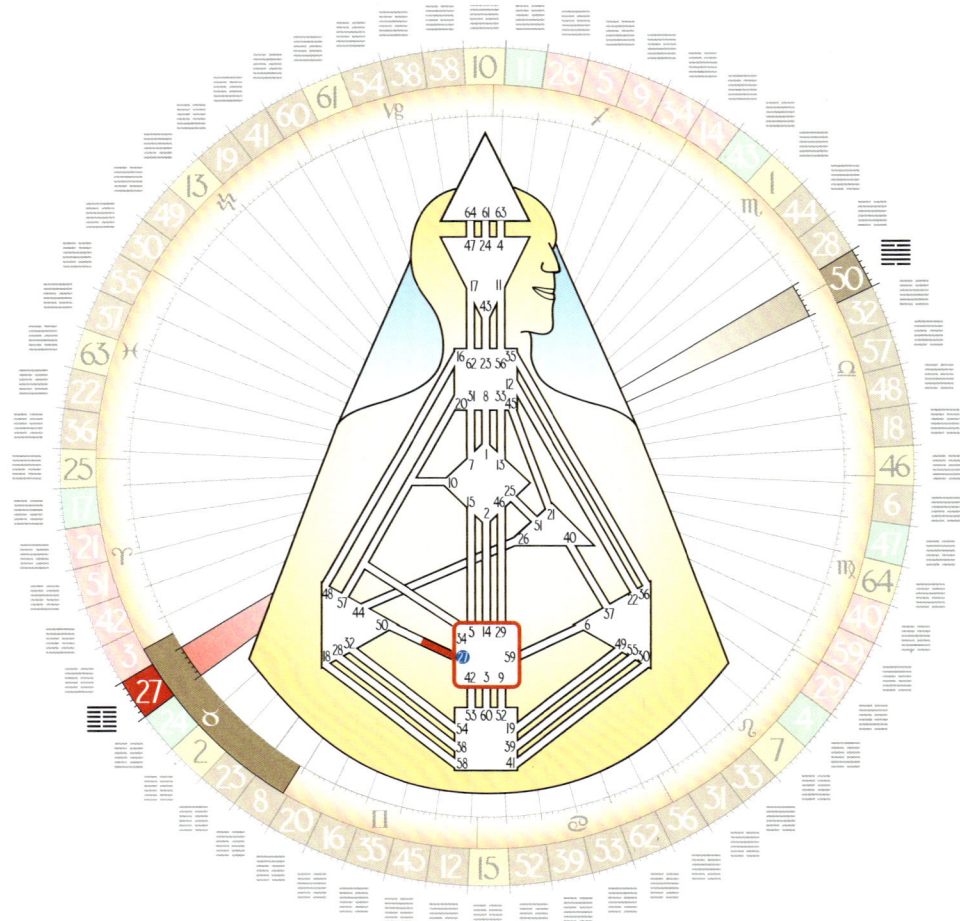

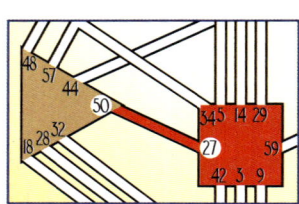

Teil von Kanal 27-50
Der Kanal der Erhaltung

Zentrum: **Sakral**

Schaltkreis:
Stamm/Schützen

Astrologische Zuordnung:
Stier ♉

Astrologische Positionen:

	02°00′00″ ♉ – 07°37′30″ ♉
1:	02°00′00″ ♉ – 02°56′15″ ♉
2:	02°56′15″ ♉ – 03°52′30″ ♉
3:	03°52′30″ ♉ – 04°48′45″ ♉
4:	04°48′45″ ♉ – 05°45′00″ ♉
5:	05°45′00″ ♉ – 06°41′15″ ♉
6:	06°41′15″ ♉ – 07°37′30″ ♉

Nahrung gibt es in einer Vielfalt von Formen, die physische, mentale, emotionale und spirituelle Bedürfnisse abdecken. Den alten Spruch „Heiler, heile dich selbst" beherzigen als Vorstufe, bevor man irgendjemand anderem hilft! Die Balance zwischen Zu-wendung zu sich selbst und zu anderen.

Selbstsucht

Genschlüssel 27: selbstaufopfernd ⬦ selbstbezogen : Nächstenliebe : : Selbstlosigkeit

27.1 Dich selbst nähren: Sich um dem wichtigsten Menschen im Leben kümmern!

Du kümmerst dich um dein eigenes Wohlbefinden – oder du neigst dazu, deine ganze Aufmerksamkeit auf das Wohlbefinden anderer zu richten.

⊙: Deine Kraft, jemanden zu versorgen, sieht so aus, dass du als oberste Priorität einfach die Verantwortung für deine eigenen Bedürfnisse übernimmst.

⊕: Die Versorgung anderer immer wichtiger zu nehmen als deine eigene, ist ein schneller Weg zur Erschöpfung.

27.2 Verantwortung zeigen: Dich gut um dich selbst und deine Bedürfnisse zu kümmern, ist etwas Natürliches

Du versorgst dich entweder selbst oder machst dich davon abhängig, dass andere Menschen dir Mittel zur Verfügung stellen.

☾: Unter allen Lebewesen stehen umfassende, vielfältige Möglichkeiten und Mittel der Versorgung zur Verfügung.

♂: Du neigst zu dem Anspruch, dass andere Menschen einen großen Teil deiner Bedürfnisse im Leben erfüllen sollten.

27.3 Findig sein: In jeder Situation erkennen, wer oder was nährend ist

Deine dauernde Suche nach Nahrung aller Art sucht diese oft ohne Not und an unpassenden Stellen.

☊: Du erfährst Transformation, indem du auf verschiedenen Ebenen deinen persönlichen Wünschen und Bedürfnissen nachgibst.

♂: Du hast möglicherweise den Drang, dich selbst zu verwöhnen – auf eine Art, die selten nährend ist.

27.4 Großzügig sein: Durch Geben und Empfangen jeden unterstützen

Du brauchst manchmal eine objektive Sicht auf die Lebensumstände anderer, um herauszufinden, wie du deine Mittel am besten einsetzt.

♃: Deine großzügige Veranlagung, andere zu nähren, kommt aus deinem inneren Wohlbefinden.

♂: Dein Drang, alle und jeden zu versorgen, kann deine Mittel und die anderer leicht erschöpfen.

27.5 Gerecht verteilen: Mittel zum größten Nutzen einsetzen

Du verteilst Nährendes mit Leichtigkeit zum Nutzen aller – oder du wirst von Forderungen überwältigt.

♃: Du hast die Kraft und es ist dein Grundsatz, mühelos für das Wohlergehen anderer zu sorgen.

♄: Du musst auf dein inneres Gleichgewicht achten angesichts scheinbar endloser Forderungen nach Versorgtwerden.

27.6 Schutz gewähren: Den Gebrauch aller nährenden Mittel genauer bestimmen

Du übernimmst Verantwortung für das Wohlbefinden aller und unterstützt diejenigen, die es wirklich verdienen, genährt zu werden.

☾: Mit deinem ganzheitlichen Ansatz bietest du Betreuung bei allen Aspekten jedes Heilungsprozesses.

☊: Transformation, die aus der Anwendung strenger Regeln für eine Versorgung oder Zuwendung kommt.

28 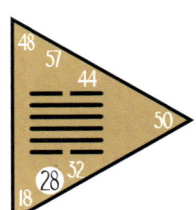 大過 DER SPIELER (DES LEBENSSPIELS)

Beharrlichkeit

Den Mut und die Hartnäckigkeit würdigen, die nötig sind, um den persönlichen Herausforderungen im Leben zu begegnen.

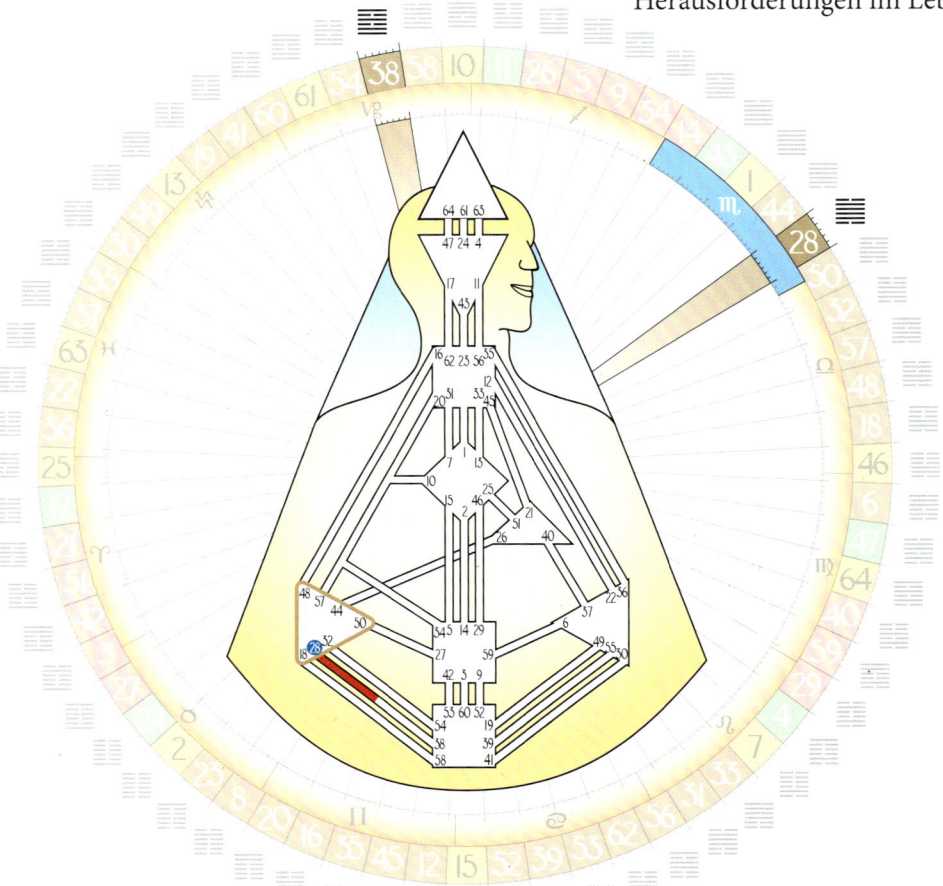

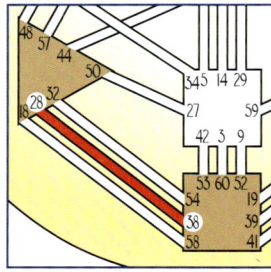

Teil von Kanal 28-38

Der Kanal des Lebenskampfes

Zentrum: **Milz**

Schaltkreis:
**Individuell/
Wissen**

Astrologische Zuordnung:
Skorpion ♏

Astrologische Positionen:

02°00'00" ♏ – 07°37'30" ♏

1: 02°00'00" ♏ – 02°56'15" ♏
2: 02°56'15" ♏ – 03°52'30" ♏
3: 03°52'30" ♏ – 04°48'45" ♏
4: 04°48'45" ♏ – 05°45'00" ♏
5: 05°45'00" ♏ – 06°41'15" ♏
6: 06°41'15" ♏ – 07°37'30" ♏

> Indem du dich zur Angst vor dem Sterben bekennst und dein inneres Gleichgewicht findest, bleibst du bei all den beunruhigenden Kräften der Welt deinen eigenen Ansprüchen treu. Als Spieler im Spiel des Lebens trägst du den Sieg davon, wenn du Präsenz mit Engagement verbindest... Und denke daran: Das Leben ist ein Fest!

28

Sinnlosigkeit
Genschlüssel 28: hohl <> waghalsig : Totalität :: Unsterblichkeit

28.1 Bereit sein: Intuitiv dafür offen sein, mit Herausforderungen umzugehen

Wenn du dich auf die Erfordernisse des Augenblicks einstellst, wendest du dich entweder nützlichen oder wenig hilfreichen Faktoren zu.

♂: Du hast den Drang, alles zu nutzen, was hilfreich sein kann im Umgang mit den Herausforderungen des Lebens.

♀: Du bringst eher dein Bedürfnis nach Harmonie ins Spiel, als den Erfordernissen des Augenblicks direkt zu begegnen.

28.2 Ein Freund in der Not: In harten Zeiten an ungewöhnlichen Stellen Unterstützung finden und anbieten

Du erfüllst alle Anforderungen, indem du dich mit jeglichen Kräften zusammenschließt, die bereit sind, mit dir zusammenzuarbeiten.

☉: Du erfasst intuitiv, wo du die beste Unterstützung findest – ob du dabei eine „naheliegende" Wahl triffst oder nicht.

♃: Durch deine Bereitschaft zur Erweiterung gibst du möglicherweise persönliche Prinzipien auf, wenn du unter Druck bist.

28.3 Unbesonnen vorgehen: Sich auf eine unvorhersehbare Zukunft verlassen

Forsches oder auch furchtsames Verhalten kann dazu führen, dass du die Verbindung zu deiner aktuellen Wirklichkeit verlierst.

♄: Du besitzt die Selbstdisziplin, auf die Führung durch deine Intuition zu hören, besonders in Zeiten des Kampfes.

♃: Dein nach außen gerichtetes Wesen neigt dazu, äußere Realitäten gegenüber deiner persönlichen intuitiven Führung zu bevorzugen.

28.4 Stark sein: Zusätzliche innere Mittel zum Lernen und Wachsen finden

Entweder verbindest du deine Gabe der Intuition mit deiner inneren Stärke, oder du brichst unter Druck zusammen.

♃: Mit der Tiefe deiner Intuition nimmst du Schwierigkeiten an und berührst das Leben anderer Menschen durch dein persönliches Beispiel.

☿: Verwirrung ist geradezu garantiert, wenn du versuchst, Schwierigkeiten mit dem Verstand zu lösen.

28.5 Vertrauen: Dich klar auf deine gegenwärtige Umgebung beziehen

Du kannst deine Realität intuitiv würdigen – oder versuchen, sie umzugestalten, und sie damit zum Einsturz bringen.

♇: Indem du intuitiv erfasst, wie Probleme zu umgehen sind, bringst du Transformation für alle Beteiligten.

☉: Indem du ständig persönlichen Nutzen suchst, erscheinst du anderen als unzuverlässig.

28.6 Großartigkeit: Die Tendenz, „auf Gedeih und Verderb" zu handeln

Da du hohe Ideale hast, magst du dich nicht mit persönlich entwürdigenden Umständen abfinden.

♇: Der tiefe innere, transformative Drang, im Spiel des Lebens unter allen Umständen zu „gewinnen".

♆: Irrationale Ängste können Depressionen auslösen – eine Erinnerung, dich wieder mit deiner beständigen Wahrheit zu verbinden.

29

習坎

DAS JA-SAGEN
Das automatische „Ja!"
Aufrichtige und geduldige Beharrlichkeit
bildet die Grundlage für Erfolg.

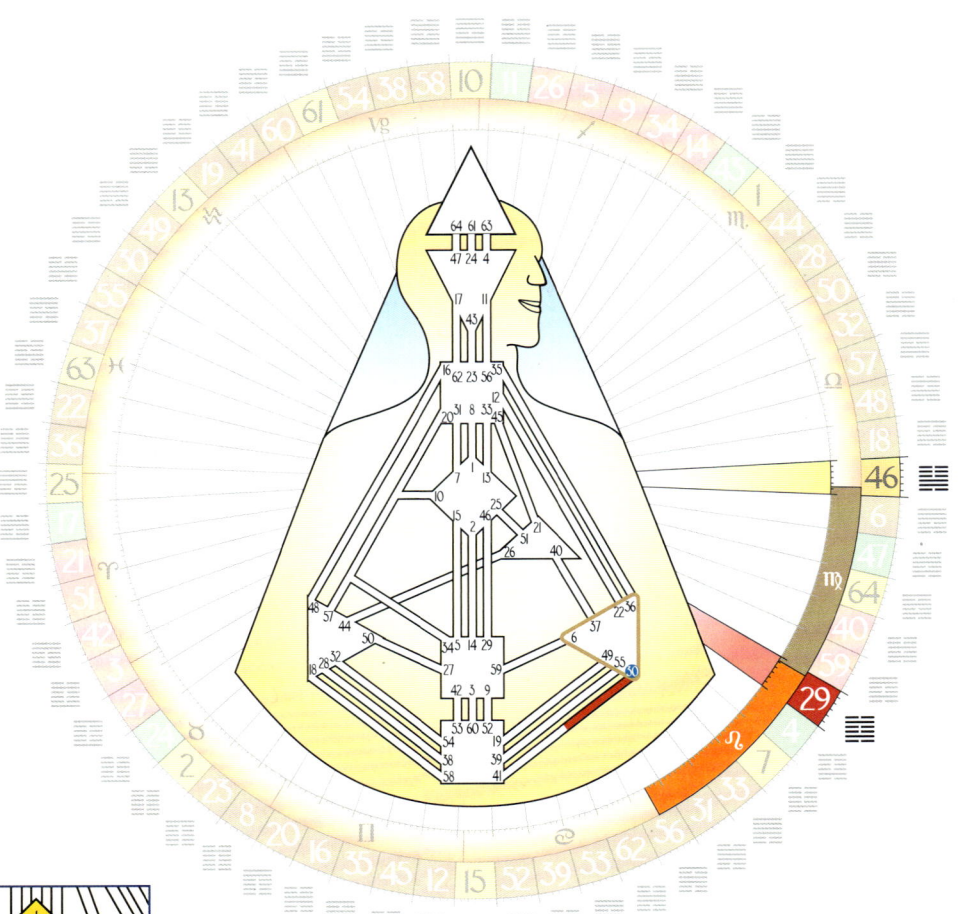

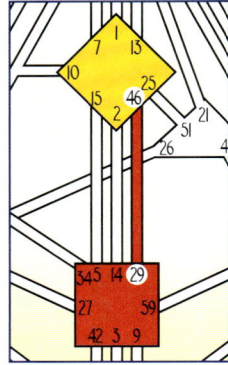

Teil von Kanal 29-46
Der Kanal der Entdeckung

Zentrum: **Sakral**

Schaltkreis:
**Kollektiv/
Sinnfinden**

Astrologische Zuordnung: ♌
Löwe / Jungfrau ♍

Astrologische Positionen:

24°30′00″ ♌ – 00°07′30″ ♍

1: 24°30′00″ ♌ – 25°26′15″ ♌
2: 25°26′15″ ♌ – 26°22′30″ ♌
3: 26°22′30″ ♌ – 27°18′45″ ♌
4: 27°18′45″ ♌ – 28°15′00″ ♌
5: 28°15′00″ ♌ – 29°11′15″ ♌
6: 29°11′15″ ♌ – 00°07′30″ ♍

Wie düster oder gefährlich irgendwelche Bereiche unseres Lebens auch immer erscheinen mögen, es gibt immer einen Weg hindurch. Gib nie auf und lass dich nie manipulieren! Die Erlernung der Kunst, dich in jeder Situation, die dir begegnet, auf das Richtige einzulassen. Vertraue auf deine Autorität!

Halbherzigkeit
Genschlüssel 29: unverbindlich <> unzuverlässig : Verbindlichkeit :: Hingabe

29.1 Vorsichtig sein: An deinem möglichen Erfolg zu zweifeln, wird dich ins Schwanken bringen

Auf Situationen nur entsprechend dem, was wirklich gebraucht wird, reagieren – andernfalls zieht man Probleme an.

♂: Der hast den Antrieb, ausschließlich entsprechend den Erfordernissen der jeweiligen Situation zu handeln.

♆: Dein Zögern, dich einzulassen, das nur in Problemen der Vergangenheit begründet ist, wird noch mehr Schwierigkeiten hervorrufen.

29.2 Langsam vorankommen: Die Zufriedenheit mit schrittweisen Erfolgen

Deine Bestrebungen haben Kraft, wenn du direkt und schrittweise vorgehst, bzw. sie werden zunichte gemacht durch Eile.

☉: Die Wesensart, die „Ja!" sagt und die Kraft hat, unabhängig von den Umständen beharrlich zu bleiben.

♀: Indem du die Augen verschließt, wenn ein wirkliches Engagement gefragt ist, kannst du ein Gefühl von Harmonie aufrechterhalten.

29.3 Ausharren: Zulassen, dass die Entschiedenheit zur Veränderung auf natürliche Weise von selbst kommt

Du merkst, dass eine vorsichtige Haltung irgendwelche Dringlichkeiten in die richtige Perspektive rückt, hast aber dennoch den Impuls, voranzuschreiten.

♂: Erkennen, wie wichtig deine Klarheit ist, um dich in deinem Leben mit Entschiedenheit engagieren zu können.

♃: Eine Unfähigkeit, dich zu engagieren aufgrund deiner sehr ausgeprägten, ja, unrealistischen Vorsicht.

29.4 Dich einlassen: Dir über deine Herausforderungen im Klaren zu sein, bringt schnell Erleichterung

Indem du Gelegenheiten nutzt und dich auf alle Möglichkeiten einlässt, die das Leben dir bietet , erlebst du rapide Veränderungen.

♄: Du besitzt die Disziplin, dich auf die einfachsten und direktesten Vorgänge total einzulassen.

♀: Wenn du gewohnheitsmäßig Schwierigkeiten vermeidest oder herunterspielst, verpasst du auch Gelegenheiten im Leben.

29.5 Beherrscht sein: Sich mit Klarheit in und durch einen Zyklus bewegen

Dein klares Engagement reicht aus, um Exzesse zu vermeiden; andernfalls erschöpfst du dich durch Unmäßigkeit.

☉: Die klare Bereitschaft, mit „Ja" zu reagieren, und eine Beharrlichkeit, die irgendwie zur Vollendung führt.

⊕: Eine Tendenz zu blindem Ja-Sagen ohne die innere Klarheit, zuerst abzuwägen, was damit verbunden ist.

29.6 Sich verfangen: Den Weg vor und hinter dir frei machen

Du bist fähig, dich immer und überall in alles hineinziehen zu lassen – oder du kannst dich entscheiden, deine Klarheit abzuwarten!

♂: Die Kraft der Beharrlichkeit, die sinnlos ist, ermöglicht es dir dennoch oft, deine Ziele zu verwirklichen.

♃: Du gehst zu viele Verpflichtungen ein, obwohl die Nichteinhaltung von Versprechungen unweigerlich Probleme schafft.

30

VERLANGEN
Das Haftende, das Feuer
Indem du Gefühle in voller Stärke erlebst,
nimmst du schließlich den flüchtigen
Charakter von Verlangen und Sehnsüchten
wahr.

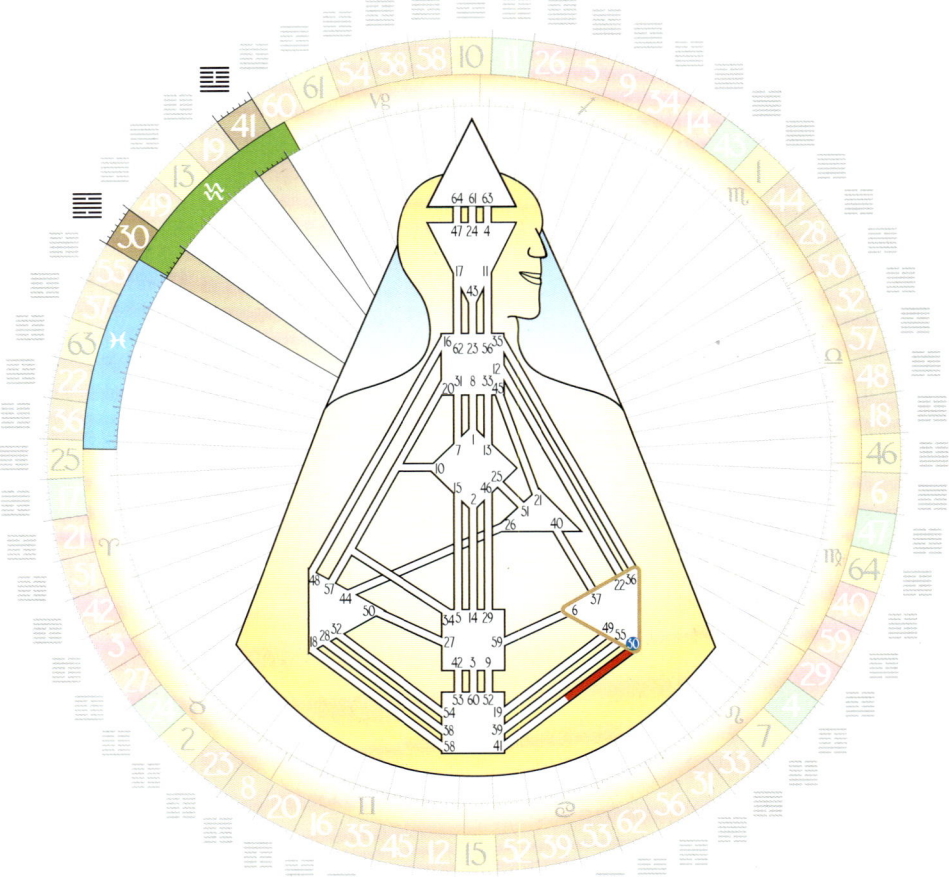

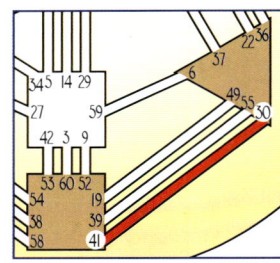

Teil von Kanal 30-41
Der Kanal des Erkennens

Zentrum: **Emotionen** Schaltkreis:
**Kollektiv/
Sinnfinden**

Astrologische Zuordnung:
Wassermann / Fische

Astrologische Positionen:

24°30'00" ♒ – 00°07'30" ♓

1:	24°30'00" ♒ – 25°26'15" ♒
2:	25°26'15" ♒ – 26°22'30" ♒
3:	26°22'30" ♒ – 27°18'45" ♒
4:	27°18'45" ♒ – 28°15'00" ♒
5:	28°15'00" ♒ – 29°11'15" ♒
6:	29°11'15" ♒ – 00°07'30" ♓

Es gibt zwei Arten, das Feuer des Verlangens zu erfahren: als Reinigung oder als Verbrennung. Eine Reinigung findet statt, wenn du alle Lebenserfahrungen mit voller Beteiligung erlebst. Verbrennung ist es, wenn du dich halbherzig beteiligst und dann von dem Gefühl nur halb gelebter Erfahrungen verzehrt wirst.
Der Aufruf zur Totalität!

Begierde

Genschlüssel 30: todernst ⟷ leichtfertig : Leichtigkeit :: Verzückung

30.1 Klären: Inneres Gleichgewicht finden, wann auch immer Gefühle sich regen

Wenn deine Gefühle aufsteigen, gibt es einen Augenblick, in dem du dich klar mit ihnen verbinden oder dich von ihnen überwältigen lassen kannst.

☉: Sicherheit und Stabilität im Innern ermöglichen es dir, mit allen Gefühlen umzugehen, egal in welcher Situation.

♃: Du erkennst deine sich wandelnden Gefühle, hast aber Schwierigkeiten, dich von ihnen innerlich zu lösen.

30.2 Den goldenen Mittelweg finden: Zwischen den Extremen von Gefühlen maßhalten

Klarheit entsteht, wenn du den „roten Faden" findest, der sich durch die Höhen und Tiefen einer emotionalen Welle zieht.

☉: Die Stärke, deinen Gefühlen treu zu bleiben und rücksichtsvolle, natürliche Möglichkeiten zu finden, wie du sie ausdrücken kannst.

♂: Gefühle und Begierden ausdrücken, ohne ihre Wirkung auf dich selbst und andere zu berücksichtigen.

30.3 Ruhe bewahren: Begierden überwinden, indem du durch sie durchgehst

„Alles geht vorüber", und du erkennst diese Weisheit entweder mit Akzeptanz oder mit Bedauern an.

☊: Ein gleichbleibend moderater, aber beharrlicher Umgang mit Herausforderungen bringt dir großen Lohn ein.

♃: Anerkennen, dass das Leben dir mit Sicherheit starke emotionale Wellen sowohl von Hochgefühl als auch von Verzweiflung bringen wird.

30.4 Schritthalten: Möglicherweise Zusammenbrüche erleiden und weitergehen

Die endgültige Vollendung bestimmter Übergange im Leben ruft dich zur Erneuerung, Neustrukturierung und Neuausrichtung auf.

☊: Die Macht intensiver Gefühle zu erleben, wird dich zwangsläufig transformieren.

♃: Du drückst möglicherweise zügellose Gefühle aus, die Erschöpfung bringen, aber keine Erfüllung.

30.5 Seelenfrieden: Anerkennen, dass das Annehmen von Widrigkeiten dein Leben bereichert

Abwägen zwischen Gefühlen, die dir Wachstum bringen, und einer Hingabe an den Willen der Existenz.

♃: Die Offenheit, deine wahren Gefühle in der Tiefe zu erforschen, bevor du danach urteilst oder handelst.

☊: Transformation kommt durch das Loslassen von Gefühlen, die dir nie Erfüllung bringen.

30.6 Reinigung: Selbst-Akzeptanz und die Klarheit, emotionale Erwartungen loszulassen

Entweder nimmst du Gefühle wirklich an und löst sie auf, oder du erliegst den mit ihnen einhergehenden Problemen.

♂: Aus dem Drang heraus, negative Gefühle auszumerzen, ermutigst du andere, das ebenfalls zu tun.

☾: Stimmungsschwankungen machen es dir schwer, zwischen gesunden und ungesunden Gefühlen in dir zu unterscheiden.

31

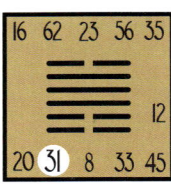

咸

EINFLUSS

Ich führe..., weil...

Gegenseitige Anziehung und deine Bereitschaft zum Zusammenwirken ermöglichen es dir, deinen natürlichen Einfluss zur Geltung zu bringen.

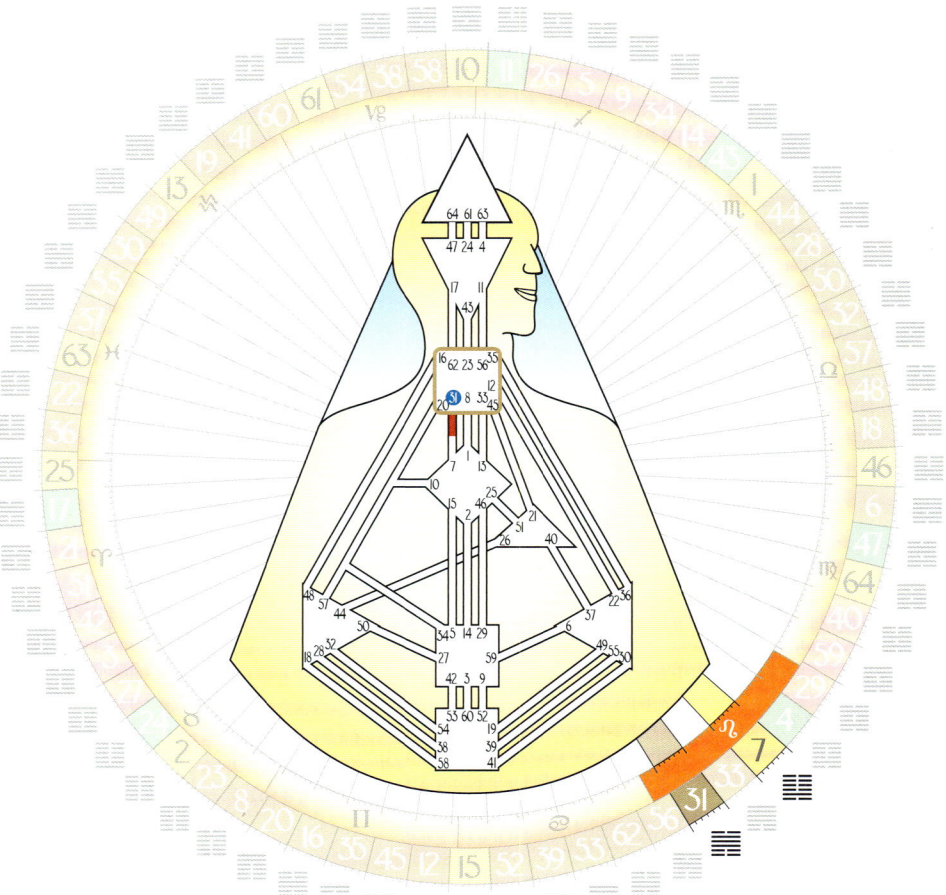

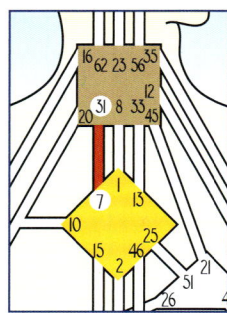

Teil von Kanal 7-31

Der Kanal des Alphatiers

Zentrum: **Kehle**

Schaltkreis:
**Kollektiv/
Logik**

Astrologische Zuordnung: ♌
Löwe

Astrologische Positionen:
02°00′00″ ♌ – 07°37′30″ ♌

1:	02°00′00″ ♌ – 02°56′15″ ♌
2:	02°56′15″ ♌ – 03°52′30″ ♌
3:	03°52′30″ ♌ – 04°48′45″ ♌
4:	04°48′45″ ♌ – 05°45′00″ ♌
5:	05°45′00″ ♌ – 06°41′15″ ♌
6:	06°41′15″ ♌ – 07°37′30″ ♌

Das Potenzial, Führung und Anleitung zu geben, richtet dich und andere auf Zukunftsperspektiven aus. Es ist wichtig, von deiner eigenen, unabhängigen Vision der Realität aus in die Verbindung zu gehen.

Arroganz

Genschlüssel 31: sich zurückstellend ⬦ spöttisch : Führerschaft :: Demut

31.1 Möglichkeiten eröffnen: Die Aufrichtigkeit finden, mit der du dir erlauben kannst, einflussreich zu sein

Du bietest deine Ideale auf einfache Art an – oder auf gekünstelte Weise.

☉: Du gibst deiner Fähigkeit zu führen Ausdruck, indem du dich klar auf deine eigenen inneren Ziele ausrichtest.

⊕: In dem Versuch, einflussreiche Rollen zu etablieren, richtest du dich möglicherweise eher auf Status als auf Ideale aus.

31.2 Unabhängig handeln: Sich auf die richtige Zeit zum Handeln einstimmen

Mit deiner Unabhängigkeit bist du einflussreich, wenn du zu deiner eigenen Wahrnehmung des richtigen Zeitpunktes übergehst.

♃: Dein Einfluss wächst aufgrund deines Vertrauens in deine innere Führung.

☿: Es entsteht Verwirrung aus einem mentalen Drang, einflussreich zu sein, der nicht auf wirkliche Klarheit warten kann.

31.3 Unterscheiden: Jeden Impuls zur Beeinflussung anderer beobachten

Du musst in dir selbst Klarheit haben, damit aller Umgang mit anderen wechselseitigen Einfluss und Nutzen bringt.

☉: Deine Fähigkeit zu führen wird verstärkt durch innere Klarheit und durch Verbindungen mit angemessenen Einflüssen.

♃: Der Drang zu führen setzt dich häufig dem Einfluss wenig hilfreicher Gesellschaft aus.

31.4 Überzeugen: Jede Einflussnahme wird entsprechend ihrer Offenheit und der Reinheit ihrer Absichten wahrgenommen

Ein aufrichtiges, reines Herz ermöglicht es dir, andere aus deiner inneren Gewissheit heraus zu beeinflussen.

☾: Du wirst hoch geschätzt für deine von Herzen kommende Fähigkeit, in jeder Situation die Verantwortung zu übernehmen.

♂: Du kannst andere zu etwas bewegen, was aber nicht unbedingt mit deren tatsächlichen Bedürfnissen übereinstimmt.

31.5 Weitsichtig sein: Die Absicht hegen, Einfluss auszuüben zur Erreichung glänzender Ergebnisse

Klare Ergebnisse lassen sich bewirken durch deine innere Gewissheit oder sie sind eine Sache fester Disziplin.

☊: Macht entsteht daraus, dass du deine eigene Haltung beim Einflussnehmen und Beeinflusstwerden erkennst.

☾: Etwaige Stimmungsschwankungen begrenzen deinen Einfluss, was es dir zuweilen schwer macht, dich mit der Welt zu verbinden.

31.6 Gewissenhaft sein: Wahrer Einfluss kommt aus der eigenen Tiefe

Intellektuelle Kommentare haben selten große Wirkung – ob du andere damit beeinflussen willst oder nicht.

☉: In deinem eigenen Leben klar sein und andere beeinflussen, indem du entsprechend deiner Vision lebst.

☾: Eine Tendenz, andere dogmatisch zu führen, statt auf deine eigene, angeborene Intelligenz zu vertrauen.

32

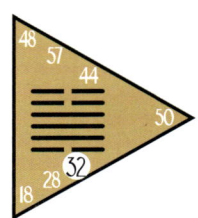

DIE DAUER

Kontinuität und Veränderung: Standhalten

Das einzig Verlässliche im Leben ist die Veränderung.
Sie bringt die Notwendigkeit mit sich, dass jeder sich
ständig an die neuesten Umstände anpasst.

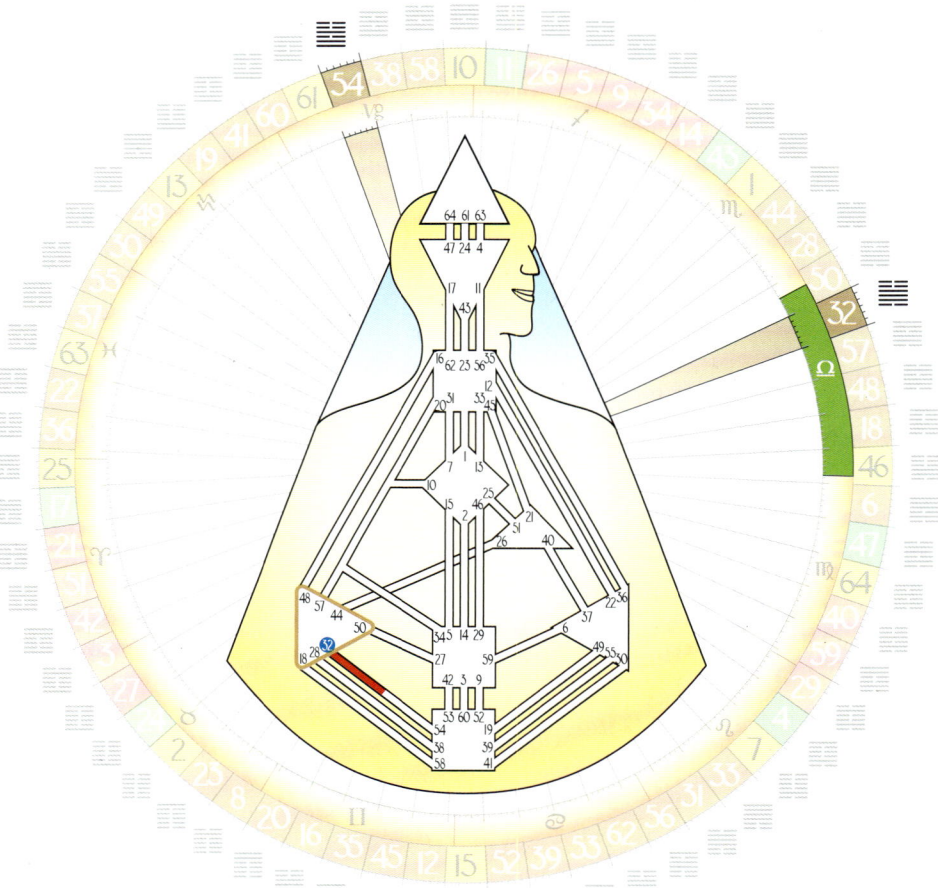

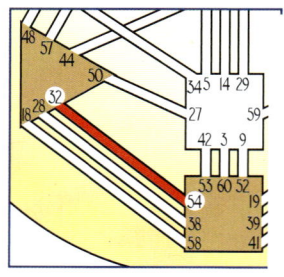

Teil von Kanal 32-54
Der Kanal der Umwandlung

Zentrum: **Milz**

Schaltkreis:
**Stamm/
Unternehmertum**

Astrologische Zuordnung:
Waage ♎

Astrologische Positionen:

	20°45'00" ♎ – 26°22'30" ♎
1:	20°45'00" ♎ – 21°41'15" ♎
2:	21°41'15" ♎ – 22°37'30" ♎
3:	22°37'30" ♎ – 23°33'45" ♎
4:	23°33'45" ♎ – 24°30'00" ♎
5:	24°30'00" ♎ – 25°26'15" ♎
6:	25°26'15" ♎ – 26°22'30" ♎

Alle Anpassungen, die du an deinen Bemühungen im Leben vornimmst, unterliegen dem Test der Zeit, und daraus leitet sich die Erkenntnis ab, dass Beständigkeit ein wichtiges Gut ist.

32

Scheitern

Genschlüssel 32: fundamentalistisch <> zerfahren : Bewahrung :: Ehrfurcht

32.1 Konsequent sein: Bleibende Ergebnisse setzen Beständigkeit in deiner Haltung voraus

Deinen Lebensstil an Veränderungen anzupassen ist ein Vorgang, der Entschlossenheit und Aufmerksamkeit für jeden Moment erfordert.

☉: Mit deiner strahlenden Wesensart kannst du deine Aufmerksamkeit auf alle Aspekte eines Umwandlungsprozesses richten.

♂: Indem du Ergebnisse erzielst, übergehst du die Instinkte, die dich beim Lösen von Schwierigkeiten unterstützen.

32.2 Extreme vermeiden: Auf einem festen Kurs bleiben

Du bist in Zeiten der Veränderung entweder wachsam oder lässt dich durch den Umgang mit anderen verwirren.

♀: Dein natürlicher Ansatz beim Umgang mit Veränderungen bringt Nutzen für alle Beteiligten.

♃: Deine Empfindlichkeit gegenüber Beanstandungen bringt dich dazu, unnötige und unpassende Veränderungen zu verfolgen.

32.3 Standhalten: Deine innere Führung nutzen, wenn Veränderung dich ablenkt

Ob du im Umgang mit anstehenden Veränderungen standhaft oder eher locker bist, bestimmt deine Fähigkeit, sich ihnen anzupassen.

☿: Zeiten der Transformation erfordern immer, dass du in deinen bleibenden inneren Absichten klar bleibst.

♃: Probleme für größer zu halten, als sie sind, begrenzt deine Wachsamkeit in Zeiten des Wandels.

32.4 Realistisch sein: Deine Bedürfnisse immer wieder klar einschätzen

Wenn du deinen allgemeinen Zielen treu bleibst, vermittelt dir das zusätzliche Zuversicht in Zeiten herausfordernder Veränderungen.

♃: Dein innerer Optimismus bestärkt deine eigenen Prinzipien sowie deine Anpassungsfähigkeit in Zeiten des Wandels.

♄: Deine praktische Veranlagung passt deine Prinzipien an die Erfordernisse jeglicher Herausforderungen an.

32.5 Sich fügen: Auf Veränderungen ausgerichtet sein und bleiben

In allen Situationen, die Veränderungen und Herausforderungen bringen, musst du kreativ interagieren.

☾: Dein wandelbares Gefühl für das Wesen von Veränderungen ermöglicht leichte Anpassung an alle Phasen im Leben.

♂: Deine Ungeduld mit dem Zeittakt des Lebens macht dich erfinderisch, eine schnellere Gangart zu erzwingen.

32.6 Objektiv beobachten: Deine Welt ungerührt beobachten, auch wenn du dich darin bewegst

Du stehst vor der Notwendigkeit, Veränderung zu akzeptieren, oder du lebst dauernd in der Angst, vom Leben überwältigt zu werden.

☊: Deine tiefe Ausrichtung auf die Kräfte des Wandels erlaubt es dir, in der Transformation aufzugehen.

♆: Von Ängsten überwältigt, kannst du in der Veränderung keinen Sinn erkennen. Eine große Notwendigkeit, präsent zu bleiben.

33

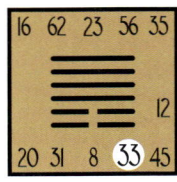

RÜCKZUG

Zurückgezogenheit: Privatheit und Geheimnisse – „Ich erinnere mich"

Du verarbeitest Erlebnisse und lädst dein ganzes Wesen wieder auf, indem du dich zurückziehst – ob auf der körperlichen, mentalen, emotionalen oder spirituellen Eben

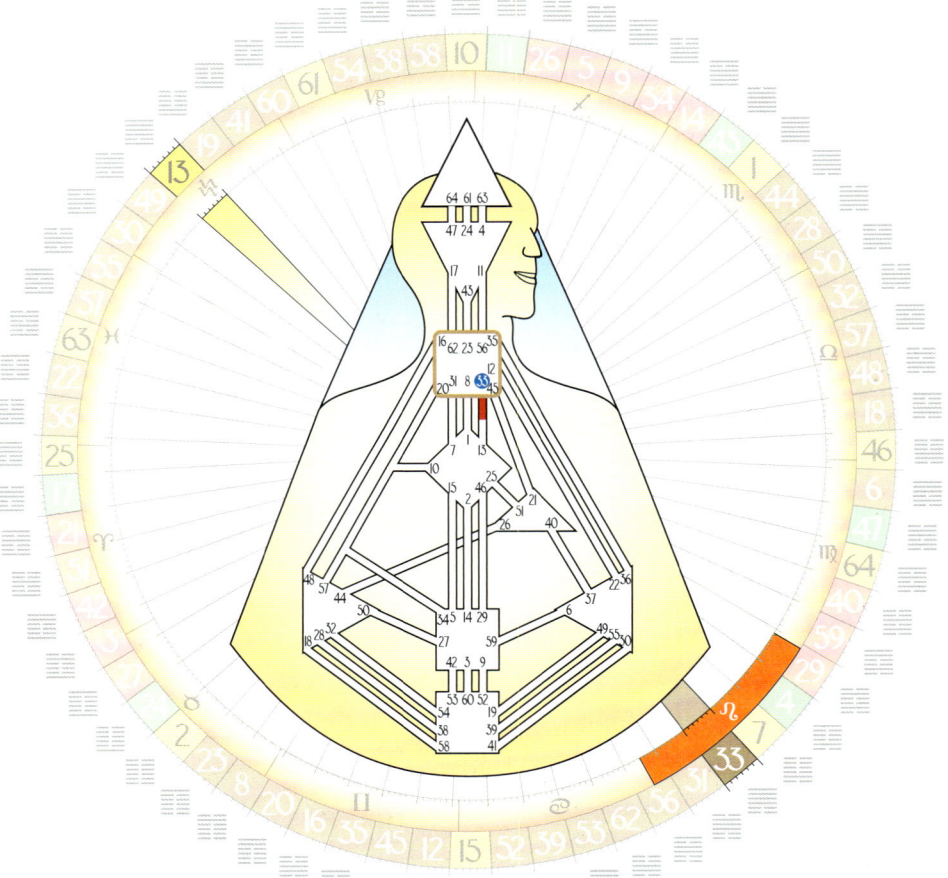

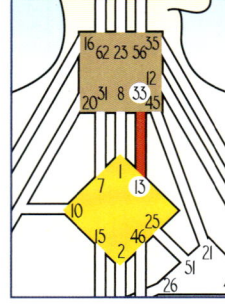

Teil von Kanal 13-33
Der Kanal des verlorenen Sohnes

Zentrum: **Kehle**   Schaltkreis:
**Kollektiv/
Sinnfinden**

Astrologische Zuordnung:
Löwe

Astrologische Positionen:

	07°37′30″ ♌ – 13°15′00″ ♌
1:	07°37′30″ ♌ – 08°33′45″ ♌
2:	08°33′45″ ♌ – 09°30′00″ ♌
3:	09°30′00″ ♌ – 10°26′15″ ♌
4:	10°26′15″ ♌ – 11°22′30″ ♌
5:	11°22′30″ ♌ – 12°18′45″ ♌
6:	12°18′45″ ♌ – 13°15′00″ ♌

> Im Laufe eines Tages geschieht mehr, als du in einer Nacht verarbeiten kannst. Du bist ein geborener Geschichtenerzähler, der die Fäden der Erzählung aus vielen Bereichen menschlicher Erfahrung in der Hand hält.

Vergessen

Genschlüssel 33: reserviert <> kritisierend : Achtsamkeit :: Offenbarung

33.1 Beobachten: Ruhig bleiben, wenn es keinen Vorteil bringt, sich zu beteiligen

Wenn du dich auf deine innere Gelassenheit besinnst, hast du Klarheit, ob du dich auf eine Erfahrung einlassen sollst oder nicht.

$\odot$: Du bist so klug, dich eher zurückzuziehen, als dich auf Erfahrungen einzulassen, die destabilisierend sind.

$\male$: Du neigst dazu, dich in Situationen hineinzustürzen, die wenig Wert haben, nur um davon überwältigt zu werden.

33.2 Unerschütterlich: Standhaft bleiben in dem Glauben, dass alles so funktionieren wird, wie es soll

Statt dich überwältigen zu lassen, kannst du dich zurückziehen und abwarten, dass du dich aus dir selbst heraus stark fühlst.

$\jupiter$: Du schonst deine Energie in Zeiten des Rückgangs und bist bereit für andere, günstigere Umstände.

$\neptune$: Indem du irgendwelchen Vorstellungen von persönlichem Versagen nachgibst, kannst du das Vertrauen in dich selbst verlieren.

33.3 Sich herausziehen: Das erhebende Gefühl schneller Erholung, wenn du dich zurückziehst

Indem du jegliche Ängste und Befürchtungen beiseitelegst, erkennst du die Vorteile des Rückzugs.

$\jupiter$: Dein expansives Wesen erkennt den großen Segen, immer wieder Zeit für dich selbst zu haben.

$\male$: Dein persönlicher Zwang, um jeden Preis für dich allein zu sein, befremdet andere leicht.

33.4 Distanz: Die Vermeidung unnötiger Zwänge (Ein potenzieller Zugang zu vergangenen Leben)

Während du das Leben auf vielen Ebenen betrachtest, sehnt sich dein Gefühl für innere Stille nach Ruhe im Außen.

$\leftmoon$: Du achtest dein manchmal drastisches Bedürfnis, dich zur Erholung und Neubelebung zurückzuziehen.

$\neptune$: Wenn deine Verbindung mit der Gegenwart nachlässt, kannst du dich in allen möglichen verwirrenden Szenarien verlieren.

33.5 Sich selbst schützen: Die Unabhängigkeit und Klarheit, sich aus Verpflichtungen zu lösen

Entweder bist du klar in deinem Bedürfnis, allein zu sein, oder deine übergroße Hilfsbereitschaft bringt dich aus dem Gleichgewicht.

$\leftmoon$: Du hast ein Gefühl für die Bedeutung von Abgrenzung und Diskretion, bis die Zeit reif ist, andere einzubeziehen.

$\jupiter$: Dich selbst und deine Geheimnisse beliebig mitzuteilen, führt zu Verwirrung und schafft dir damit Probleme.

33.6 Loslassen!: Weitergehen – von einem Moment, einem Schauplatz, zum nächsten

Mit deiner Objektivität sorgst du dafür, dass du erfrischt und zu allen neuen Erfahrungen bereit bist.

$\odot$: Dein strahlendes Wesen ist frei von Zweifeln und Bedenken, wenn es um das Loslassen unnötiger Belastungen geht.

$\jupiter$: Dein allzu großzügiges Wesen ist nicht in der Lage, völlig loszulassen, und riskiert es, in gegenseitige Abhängigkeit zu verfallen.

34

大壯

MACHT
Große Kraft
Macht ist nur dann groß, wenn ihre
Entfaltung oder ihr Einsatz aus innerem
Gleichgewicht heraus erfolgt.

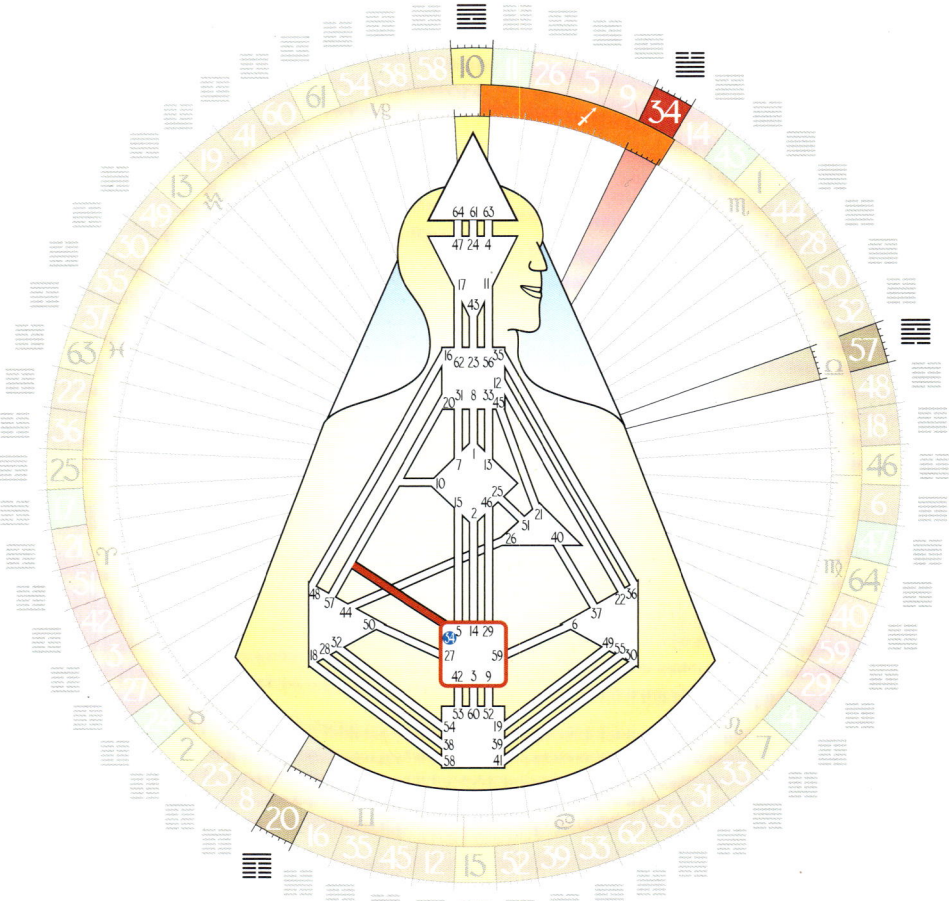

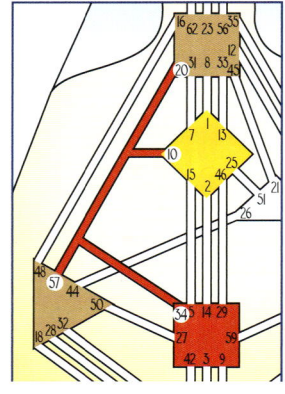

Teil von Kanal 10-34
Der Kanal der Erforschung

Teil von Kanal 20-34
Der Kanal des Beschäftigtseins

Teil von Kanal 34-57
Der Kanal der Macht

Zentrum: **Sakral**   Schaltkreis: **Individuell/
Integration/Zentrieren**

Astrologische Zuordnung: ♐
Schütze

Astrologische Positionen:

00°07'30" ♐ – 05°45'00" ♐

1:   00°07'30" ♐ – 01°03'45" ♐
2:   01°03'45" ♐ – 02°00'00" ♐
3:   02°00'00" ♐ – 02°56'15" ♐
4:   02°56'15" ♐ – 03°52'30" ♐
5:   03°52'30" ♐ – 04°48'45" ♐
6:   04°48'45" ♐ – 05°45'00" ♐

> Beharrlich setzt du deine Energie ein, um zu erreichen, was bestärkend, angemessen und bedeutungsvoll ist, und gleichzeitig bis du bestrebt zu vermeiden, was als aggressiv oder egoistisch angesehen werden könnte. – Das einzige asexuelle Tor im Sakralzentrum.

Gewalt

Genschlüssel 34: abgewürgt ⬥ drangsalierend : Stärke :: Würde

34.1 Sich etwas herausnehmen: Wahlloser, manchmal unbeholfener Einsatz von Macht

Ein angemessener Einsatz von Macht kommt aus deiner inneren Stärke bzw. er zeigt sich in den beruhigenden Reaktionen, die er bei anderen auslöst.

♄: Du hast die Disziplin, deinen Machteinsatz zu beherrschen, indem du deine Motive prüfst.

☋: Persönliche Transformation kommt für gewöhnlich durch die Reaktionen, die dein Machteinsatz auslöst.

34.2 Maßvoll sein: Der Widerstand verringert sich, wenn du beim Machteinsatz Vorsicht walten lässt

In Zeiten des Erfolgs übst du entweder verstärkte Rücksicht auf andere, oder du vernachlässigst sie.

♂: Du hast die Energie, in deinen Bestrebungen fortzufahren, insbesondere, wenn der Erfolg sicher ist.

♀: Die dauernde Suche nach Bewunderung für deine Leistungen untergräbt deine innere Stärke.

34.3 Einschätzen: Machteinsatz entsprechend den vorherrschenden Umständen

Deine Macht umsichtig einsetzen – oder übereifrig sein und Komplikationen anziehen

♄: Du hast die Selbstdisziplin, deine Macht im angemessenen Verhältnis zu den gegebenen Situationen einzusetzen.

☿: Indem du dir Rollen erfindest, wie du deine Macht ausleben kannst, wirst du auf die Realitäten reagieren müssen.

34.4 Innere Stärke: Die Aufrechterhaltung deines inneren Gleichgewichts stellt sicher, dass du etwas erreichst

Ob du auf deine innere Klarheit vertraust oder sie anzweifelst, entscheidet über Erfolg oder Misserfolg jeglicher Anstrengung.

☋: Du ziehst jede Situation kraftvoll durch, indem du dich auf deine innere Klarheit und dein Selbstvertrauen ausrichtest.

♂: Die Nichtbeachtung deiner persönlichen Integrität führt möglicherweise zum Machtmissbrauch.

34.5 Annehmen: Bei deinem entspannten Umgang mit Macht gibt es nichts zu beweisen

Wenn du siehst, welche Wirkung deine Macht auf andere hat, nimmst du das entweder an, oder du fühlst dich unwohl damit.

♂: Du hast die Stärke und Beharrlichkeit, Macht angemessen und je nach Bedarf einzusetzen.

☾: Deine Stimmungsschwankungen wirken sich auf die Konsequenz deines Machteinsatzes aus; sie führen dazu, dass du zögerst.

34.6 Vorsicht: Die Weisheit haben, um die Lage neu einschätzen zu können

Dein überlegter oder unüberlegter Einsatz von Macht entscheidet darüber, ob das Ergebnis harmonisch ist oder nicht.

⊕: Du lernst den Einsatz deiner Macht so anzupassen, dass in jeder Situation die Stabilität gewahrt bleibt.

♃: Jeder ungehemmte Einsatz deiner Macht kann deine ganze Umgebung Kraft kosten.

35

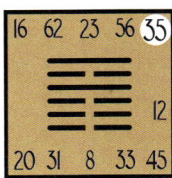

 **FORTSCHRITT**

Voranschreiten: „Und jetzt zu etwas ganz anderem."

In dem Versuch, das Leben zu erfassen, indem du alle Arte[n] von Erfahrungen vergleichst, entsteht ein unablässiger Dra[ng] jeden Aspekt der menschlichen Natur zu erforschen.

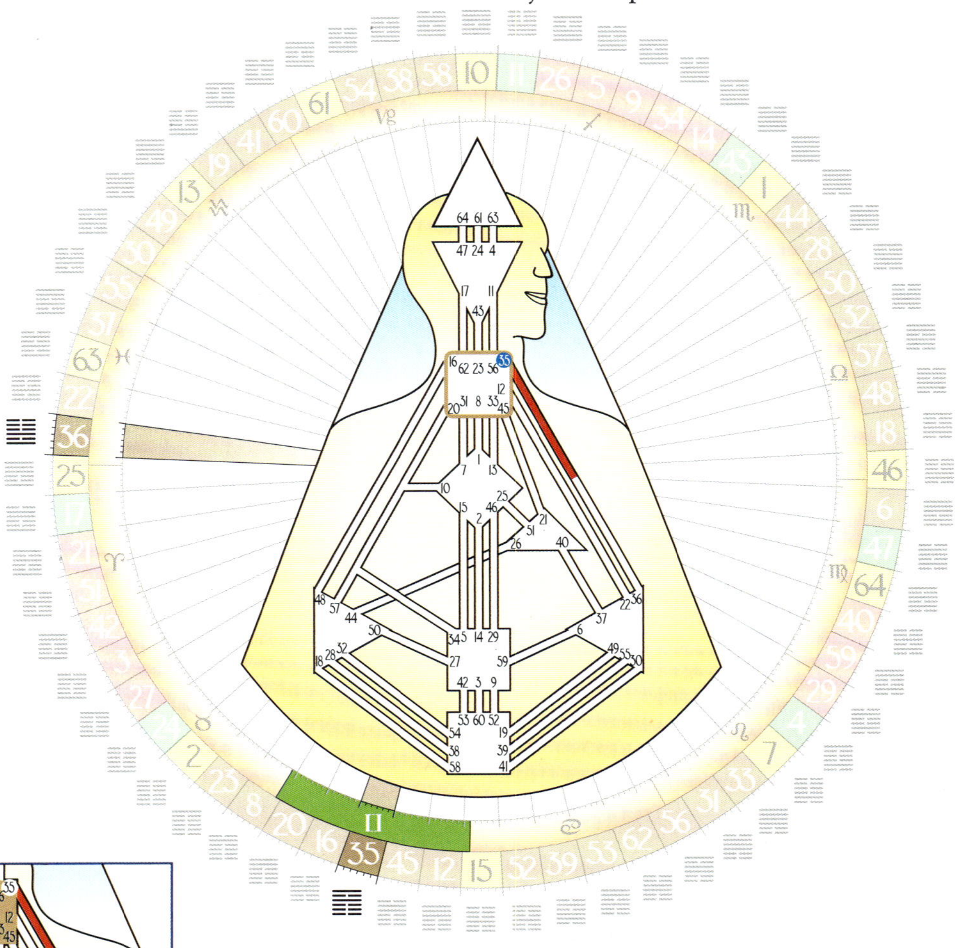

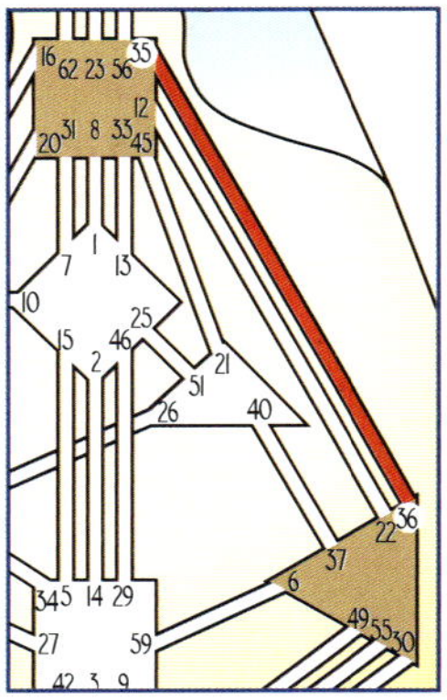

Teil von Kanal 35-36
Der Kanal der Vielseitigkeit

Zentrum: Kehle

Schaltkreis:
Kollektiv/
Sinnfinden

Astrologische Zuordnung:
Zwillinge ♊

Astrologische Positionen:

	11°22′30″ ♊ – 17°00′00″ ♊
1:	11°22′30″ ♊ – 12°18′45″ ♊
2:	12°18′45″ ♊ – 13°15′00″ ♊
3:	13°15′00″ ♊ – 14°01′15″ ♊
4:	14°01′15″ ♊ – 15°07′30″ ♊
5:	15°07′30″ ♊ – 16°03′45″ ♊
6:	16°03′45″ ♊ – 17°00′00″ ♊

> Du brauchst eine Erfahrung nur einmal, und meistens ist die Erfahrung an sich schon das eigentliche Ziel.

Hunger

Genschlüssel 35: gelangweilt ⬦ manisch : Abenteuer :: Grenzenlosigkeit

35.1 Auf Kurs bleiben: Akzeptieren, dass Rückschläge zum Leben dazugehören

Ob du dich selbst im Recht siehst oder nicht: Es kann immer sein, dass du Ablehnung persönlich nimmst.

♀: Deine innere Harmonie sieht ein Nein als Zeichen, deine Wahrnehmung von Erfahrungen zu verfeinern.

♆: Du verstehst jede Art der Ablehnung leicht als persönliches Versagen und als Demütigung.

35.2 Wachsen: Jede Interaktion bringt potenziell neue Erfahrungen

Manchmal werden deine Bestrebungen aufgehalten, bis du so weit bist, Unterstützung anzunehmen.

♀: Inneres Gleichgewicht und Integrität helfen dir, mit unproduktiven Zeiten umzugehen, bis deine Inspiration sich wieder zeigt.

☾: In einem Zustand wechselnder Stimmungen bestehst du möglicherweise auf Fortschritt, egal, ob der Zeitpunkt stimmt oder nicht.

35.3 Kombinieren: Erfahrungen mit anderen teilen

Weiterentwicklung entsteht dann, wenn du voll in der Gesellschaft anderer und im Vertrauen auf sie lebst.

♃: Mit deiner Ausrichtung auf Erweiterung bringst du progressive Veränderung in dein eigenes Leben und in das anderer Menschen.

☉: Du neigst dazu, bei allem eine zentrale Rolle einzunehmen, wobei du die Rolle der anderen oft außer Acht lässt.

35.4 Impulsiv sein: Die Sehnsucht und Forderung nach Fortschritt um jeden Preis

Vergewissere dich anhand deiner Autorität, wenn du nach Erfahrungen drängst, ohne dass offenbar Ziele in Sicht sind.

☾: Mit deiner inneren Integrität erkennst du, wie bedeutsam Veränderung ist und welche Möglichkeiten daraus entstehen.

♂: Du drängst bei jeder Gelegenheit nach aufregenden Erlebnissen und führst damit manchmal Krisen herbei.

35.5 Achtbares Verhalten: Zugunsten des Fortschritts Erwartungen dämpfen

Du verstärkst Erfahrungen, indem du etwas gibst, egal ob du persönlichen Nutzen davon hast oder nicht.

☿: Du versuchst, jeden, den du an deinem Leben teilhaben lässt, durch deine Erfahrungen profitieren zu lassen.

♃: Deine Großzügigkeit bringt Erweiterung für jeden, jedoch oft ohne ein Gefühl persönlicher Erfüllung.

35.6 Selbst-Prüfung: Eine Bereitschaft, deine nach außen gerichteten Gefühle zu überprüfen und neu auszurichten

Die Reue über eine Erfahrung veranlasst dich dazu, dein Vorgehen zu modifizieren – auf ganz einfache Weise oder durch eine komplette Revision.

♄: Du besitzt die Selbstdisziplin, mit anderen fair zu sein, wenn du in deren Angelegenheiten auf eine Veränderung hinwirkst.

♂: Dein Drang, mit Vorgaben in das Leben anderer Menschen einzugreifen, stößt leicht auf Widerstand.

36

KRISENBEWÄLTIGUNG
Die Verdunkelung des Lichts

Es besteht immer die Möglichkeit, dass du das Gefüh
einer Krisensituation hast, bevor du den Schritt
machst, etwas zum ersten Mal zu erleben.

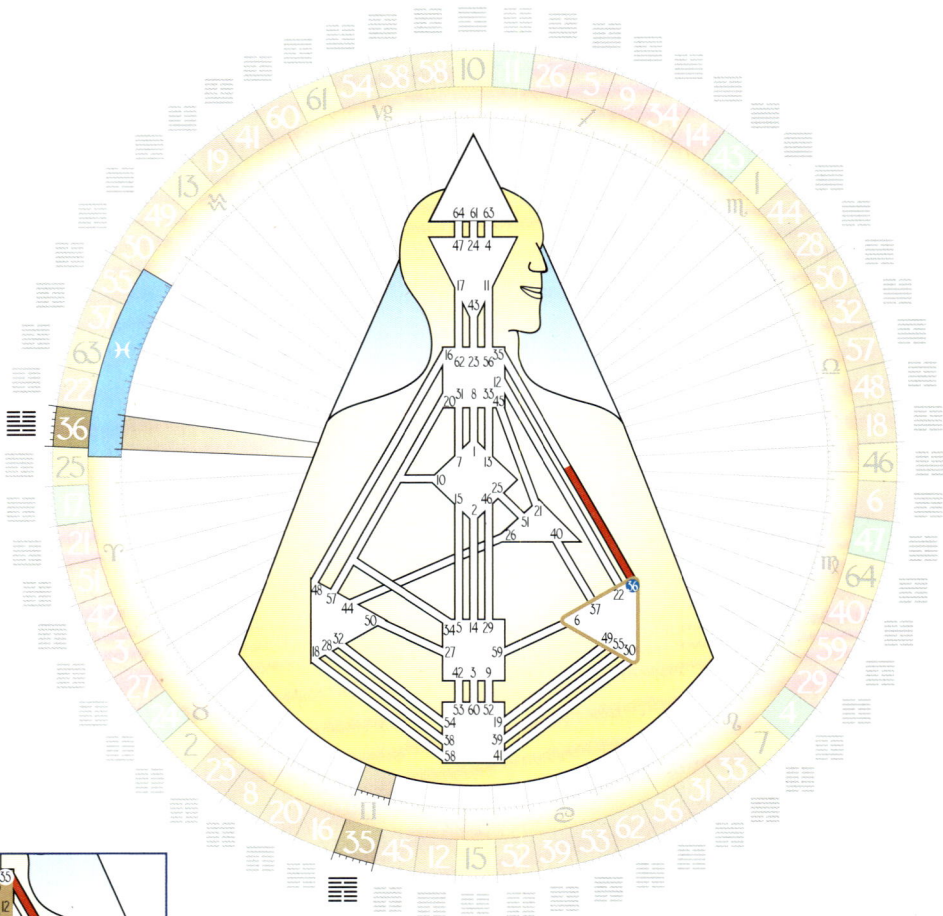

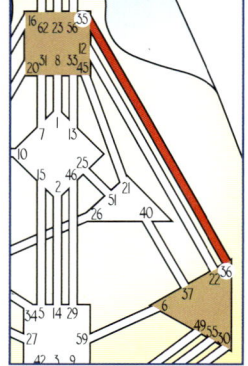

Teil von Kanal 35-36
Der Kanal der Vielseitigkeit

Zentrum: Emotionen Schaltkreis:
**Kollektiv/
Sinnfinden**

Astrologische Zuordnung:
Fische ♓
Astrologische Positionen:

	22°37'30" ♓ – 28°15'00" ♓	
1:	22°37'30" ♓ – 23°33'45" ♓	
2:	23°33'45" ♓ – 24°30'00" ♓	
3:	24°30'00" ♓ – 25°26'15" ♓	
4:	25°26'15" ♓ – 26°22'30" ♓	
5:	26°22'30" ♓ – 27°18'45" ♓	
6:	27°18'45" ♓ – 28°15'00" ♓	

In ihrer niedrigsten Form sind Krisen kräftezehrend und entmutigend. In ihrer höchsten Form kommen Helligkeit im Inneren und eine noble Haltung nach außen zusammen, um jeden Aspekt menschlicher Erfahrung durchleben zu können. Sobald man sich einer Erfahrung hingibt, fließen die Gefühle durch ein ganzes Spektrum emotionaler Höhen und Tiefen. Das Erleben ist subjektiv und doch letztendlich unpersönlich.

Aufgewühltheit

Genschlüssel 36: nervös <> krisenanfällig : Menschlichkeit :: Mitgefühl

36.1 Durchhalten: Nach innen schauen, wenn einen äußere Umstände herausfordern

In Krisenzeiten die eigenen Gefühle annehmen oder ignorieren und dir selbst treu bleiben oder nicht.

♂: Du schaffst es, mit emotionalen Turbulenzen umzugehen und sogar deine Tendenz zur Impulsivität zurückzuhalten.

♃: Wenn du geringfügige Schwierigkeiten zu großen machst und sie ins Außen verlagerst, führt das zu andauernden Turbulenzen.

36.2 Fest bleiben: Loyal sein, wenn man in der Gesellschaft anderer gefordert ist

Persönliche Rückschläge können dich dazu anregen, Hilfe zu geben und Hilfe von anderen anzunehmen.

♆: Du setzt deine Fantasie ein, um dich selbst und andere in Krisensituationen voranzubringen und durchzukommen.

☾: Wechselnde Stimmungen lassen dich schwanken, ob du in Krisenzeiten Unterstützung suchen und Unterstützung gewähren willst.

36.3 Ausbrechen: Den Punkt des Übergangs von der Dunkelheit zum Licht finden

Du bewegst dich von der Krise hin zu deren Bewältigung, wenn du emotionale Gewohnheiten beobachtest, die dir nicht dienlich sind.

☊: Ein transformativer Prozess, bei dem du mit emotionalen Krisen umgehst, um deine persönliche Klarheit zu finden.

♃: Du spürst den großen Nutzen von Veränderungen, zögerst aber, alte Emotionen als erledigt zu betrachten.

36.4 Überblicken: Deinen eigenen Weg finden, indem du in allen Situationen deinem eigenen Licht folgst

Dein Weg durchs Leben hängt davon ab, ob du in allen Krisen Zugang zu deiner eigenen inneren Klarheit findest oder nicht.

☊: Du bist dir bewusst, dass geheimes und esoterisches Wissen helfen kann, brisante Situationen zu bewältigen.

☾: Deine innere Fähigkeit, über die offensichtlichen Anliegen und Themen hinauszusehen, kann in einer Krisensituation jedem helfen.

36.5 Schützen: Deine Absichten vor wenig mitfühlenden Augen verbergen

Unangenehme Situationen auf intelligente Weise zu ertragen, bringt dir schließlich Glück.

☊: Transformation ist für dich möglich, wenn du einen Weg findest, wie es dir in intensiven Erfahrungen gut geht.

☿: Du verwirrst dich selbst und andere und versuchst, emotionale Szenarien mit mentalen Lösungen zu bewältigen.

36.6 Entschlossen sein: Entschieden mit dem fortfahren, was richtig ist

Dunkelheit ist die Abwesenheit von Licht. Wenn die Wahrheit offenbar wird, beginnen sich alle Aspekte der Unwahrheit aufzulösen.

♃: Deine kraftvolle Ausrichtung auf die reine Emotion bringt auf natürliche Weise Heilung und Transformation.

♄: Dein Zögern, Krisen zu bewältigen, lässt dich darin fortfahren, irgendwelche Probleme zu finden.

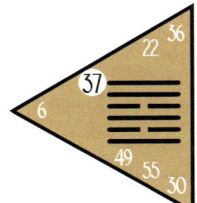

37

FAMILIE
Freundschaft (Gemeinschaft)

Ob auf einer spirituellen, einer Gesellschafts-
oder Familienebene: Klare Beziehungen
sind unabdingbar für die Stabilität und das
Wohlergehen jedes Einzelnen.

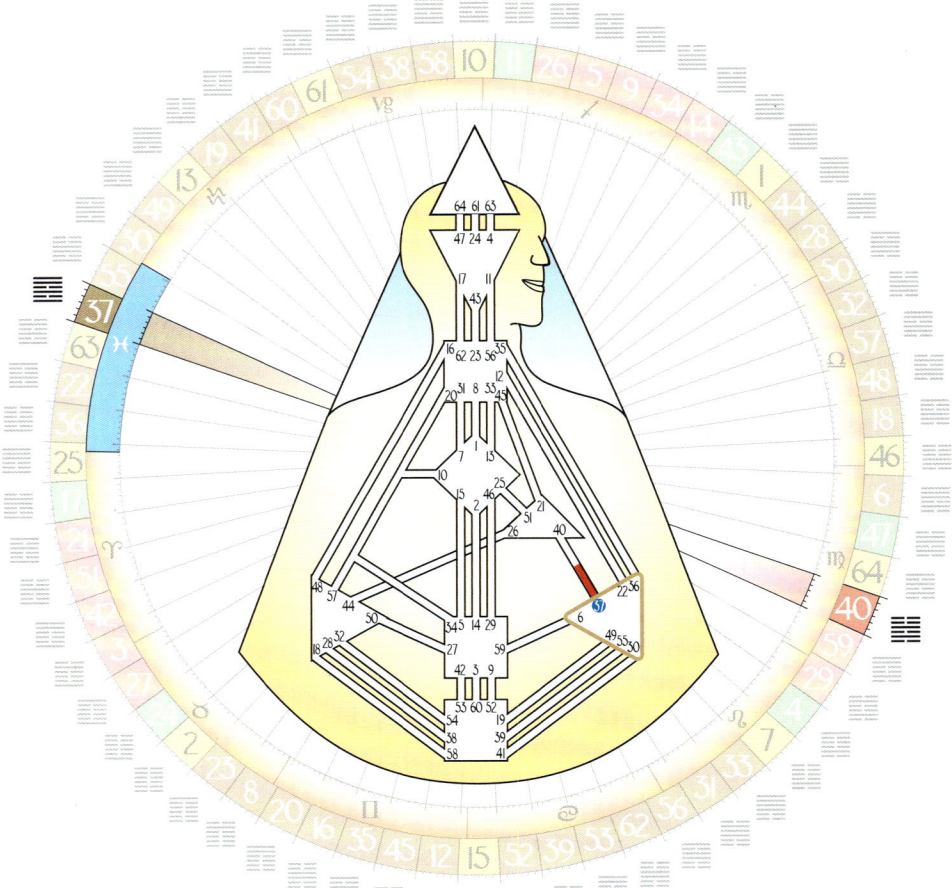

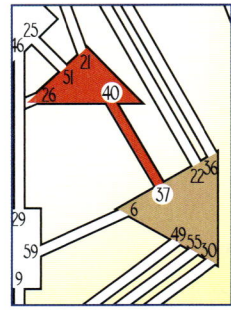

Teil von Kanal 37-40:
Der Kanal der Gemeinschaft

Zentrum: **Emotionen**   Schaltkreis: **Stamm/
Gemeinschaft**

Astrologische Zuordnung:
Fische   ♓

Astrologische Positionen:

05°45'00" ♓ – 11°22'30" ♓

1:	05°45'00" ♓ – 06°41'15" ♓
2:	06°41'15" ♓ – 07°37'30" ♓
3:	07°37'30" ♓ – 08°33'45" ♓
4:	08°33'45" ♓ – 09°30'00" ♓
5:	09°30'00" ♓ – 10°26'15" ♓
6:	10°26'15" ♓ – 11°22'30" ♓

> Vertrautheit innerhalb einer „Familie" – egal ob deren Mitglieder durch Blutsverwandtschaft, gemeinsame Interessen oder Geschäftsverbindungen zusammengekommen sind – entsteht und festigt sich durch Berührung und gemeinsames Essen.
> Die Familie ist die Grundlage der Ethik und aller Errungenschaften der Gemeinschaft.

37

Schwäche

Genschlüssel 37: rührselig <> grausam : Gleichberechtigung :: Zärtlichkeit

37.1 Ehren: Achtung und Respekt kommen denjenigen zu, die von Haus aus weise sind

Aufmerksamkeit in deinen eigenen Angelegenheiten ermutigt andere zur Achtsamkeit in ihren.

♀: Durch Harmonie und Freundlichkeit schaffst du eine verlässliche Grundlage für jegliche Beziehungen.

♂: Wenn du mit anderen wetteiferst, verlierst du möglicherweise deine angeborene Freundlichkeit und Verträglichkeit.

37.2 Selbstständig sein: Leistungen werden durch Synergie gesteigert

Du befürwortest das Prinzip persönlicher Verantwortung als Grundlage für eine starke Gemeinschaft.

♃: Indem du die volle Verantwortung für dein eigenes Leben übernimmst, bewirkst du tiefgreifende Veränderungen in der Welt um dich herum.

☿: Möglicherweise versuchst du die Welt zu retten, indem du auf die Unzulänglichkeiten der anderen hinweist.

37.3 Mäßigung: Eine gleichbleibende Zurückhaltung unterstützt das Wohlergehen der Gemeinschaft

Bei Meinungsverschiedenheiten braucht es Autorität und Fairness, um die Familie wieder zusammenzubringen.

♃: Deine weitreichende, großzügige Feinfühligkeit fördert offene und klare Beziehungen.

♂: Emotionale Unausgeglichenheit bewirkt, dass du mehr um die Aufrechterhaltung der Ordnung besorgt bist als um die Würdigung von Gefühlen.

37.4 Bereicherung: Das Wohlergehen der Familie fördern

Im Hinblick auf das Wohlergehen der Familie legst du Wert darauf, dass jeder dabei ist und seinen Beitrag leistet.

☾: Du förderst das Wohlergehen deiner Welt durch alle deine klaren Beiträge.

♄: Deine Sicht von Familie ist geprägt von der Neigung, nur traditionelle Wege und Ansichten gutzuheißen.

37.5 Loyalität: Natürliche und großzügige Hingabe an die Familie

Du verzeihst jede Regel-Überschreitung innerhalb der Familie, es sei denn, du fühlst dich ausgenutzt.

♀: Deine selbstlose Zuneigung verstärkt die Liebe und Harmonie, die jeder in deinem Umfeld spürt.

♂: Du kannst dich auf andere stützen, kannst emotionale Unterstützung annehmen und doch jede Spur von Abhängigkeit ablehnen.

37.6 Klug sein: Hohe persönliche Ansprüche zu haben ermutigt andere ebenfalls dazu

Deinem eigenen Verantwortungsgefühl treu zu bleiben stellt sicher, dass du zum Wohl eines jeden beitragen kannst.

♀: Du würdigst und verstärkst die Qualitäten im Leben, die durch harmonische Freundschaften möglich werden.

☿: Deine rastlose Natur sehnt sich häufig nach vielfältigen Freundschaften jenseits der Familiengrenzen.

38

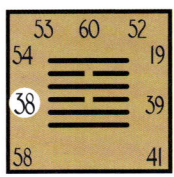

DER GEGENSATZ
Der Kämpfer
Ein Einzelner setzt sich gegen empfundene Unwahrheit zur Wehr.

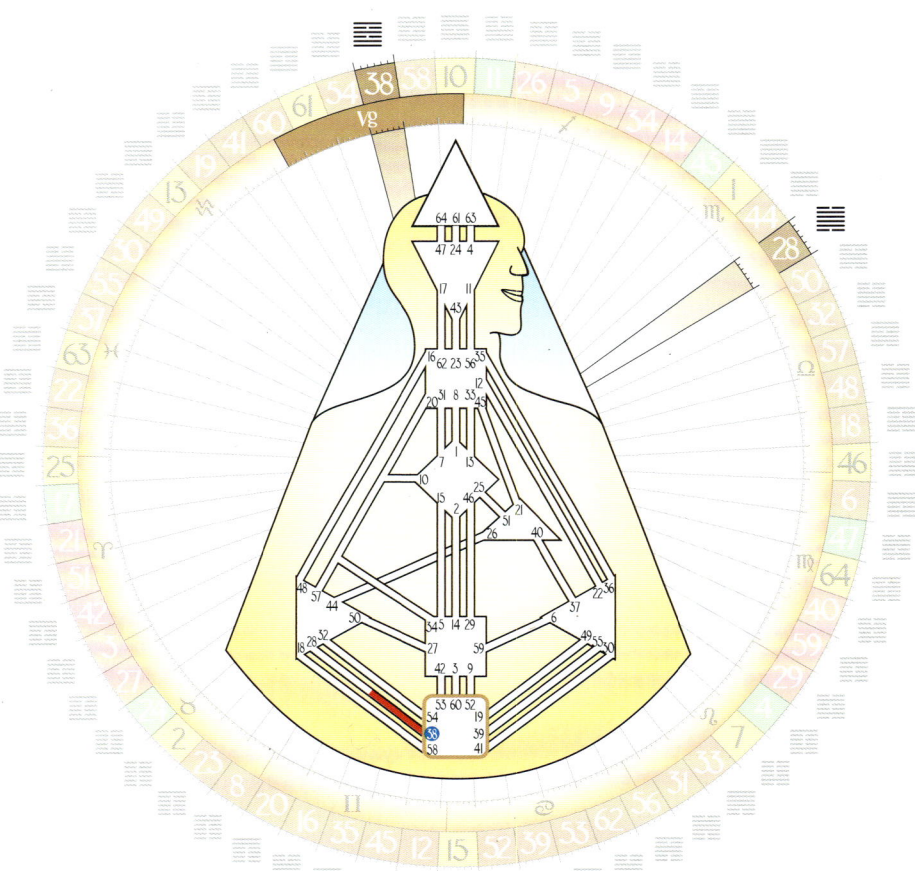

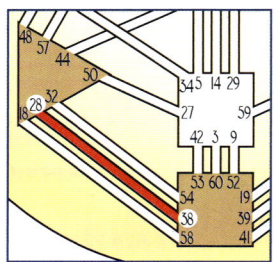

Teil von Kanal 28-38:
Der Kanal des Lebenskampfes

Zentrum: **Wurzel**

Schaltkreis:
Individuell/ Wissen

Astrologische Zuordnung:
Steinbock   ♑

Astrologische Positionen:

	09°30′00″ ♑ – 15°07′30″ ♑	
1:	09°30′00″ ♑ – 10°26′15″ ♑	
2:	10°26′15″ ♑ – 11°22′30″ ♑	
3:	11°22′30″ ♑ – 12°18′45″ ♑	
4:	12°18′45″ ♑ – 13°15′00″ ♑	
5:	13°15′00″ ♑ – 14°11′15″ ♑	
6:	14°11′15″ ♑ – 15°07′30″ ♑	

Die mögliche Sichtweise, dass du mit der ganzen Welt kämpfen musst, wenn du doch eigentlich nur das Recht des Einzelnen auf persönliche Freiheit wahrnehmen möchtest. Die Notwendigkeit, sich daran zu erinnern, dass wir alle eins sind.

Kampf

Genschlüssel 38: miesmachen <> aggressiv : Ausdauer :: Ehre

38.1 Unparteiisch sein: Kein Grund zur Beunruhigung, wenn eine Situation sich von selbst lösen kann

Musst du dich um jede Komplikation im Leben kümmern, oder willst du einfach kämpfen?

♆: Tief eingestimmt auf deine innere Führung weißt du, wann und wie mit Unannehmlichkeiten umzugehen ist.

♂: Dein Drang, dauernd mit dem Leben zu kämpfen, bringt dich schließlich dazu, deine Intuition auszubauen.

38.2 Höflich sein: Ein Geist der Versöhnung ist förderlich für deine Ziele

Wenn du in deiner Haltung anderen gegenüber entspannt bist, ermöglicht dir das, deine eigenen Absichten intuitiv zu erkennen.

☊: Es kommt in verschiedenen Situationen zur Transformation, indem du dich dazu zwingst, zugänglich zu sein.

☾: Aufgrund von Stimmungsschwankungen wirst du anderen nur ungern entgegenkommen, wenn du herausgefordert bist.

38.3 Zäh sein: Herausforderungen als Teil deines Wachstumsprozesses annehmen

Dem treu zu bleiben, was du weißt, und den Menschen, denen du vertraust, gibt dir Ausrichtung auf deiner Suche nach dem Sinn des Lebens.

☉: Im Kampf mit vielen Schwierigkeiten verfolgst du deinen eigenen Weg zur persönlichen Stärke.

⊕: Wenn du die Verwicklung in Streit zu deiner Lebensweise machst, lässt das deine Mittel und die deiner Mitstreiter schwinden.

38.4 Sich wieder verbinden: Abkehr vom Zustand des Isoliertseins angesichts von Widrigkeiten

Wenn du auf dein eigenes Vorgehen vertraust, kannst du in scheinbar unmöglichen Situationen Unterstützung bekommen.

☊: Du kannst beharrlich auf den brillanten Moment einer Gelegenheit setzen, die alles verwandelt.

♂: Von äußerem Druck bedrängt, kann es so aussehen, als ob du gegen die ganze Welt kämpfen müsstest.

38.5 Verwirklichen: Missverständnisse durchdringen, indem man sich mit anderen Menschen verbindet

Du erkennst intuitiv, wann es gilt, einzuhalten und zu schauen, wer helfen kann – oder du verharrst möglicherweise in deiner scheinbaren Isolation.

♄: Du hast die Disziplin, anzuhalten, deinen kämpferischen Standpunkt zu überprüfen und zu erkennen, wer deine Verbündeten sind.

☊: Es ist eine Transformation, wenn du in persönlichen Auseinandersetzungen zuerst isoliert bist und dann Unterstützung hast.

38.6 Misstrauen: Mit Schatten kämpfen

Mit Verschiedenartigkeit umgehen zu lernen, braucht Zeit sowie deine Bereitschaft.

♄: Mit deinem disziplinierten Wesen nimmst du das Leben an, nachdem du deine dauernde Neigung zum Kämpfen analysiert hast.

⊕: Wenn du der Welt misstraust und dich deswegen mit dem Kämpfen identifizierst, verstärkst du unnötige Spannungen.

39

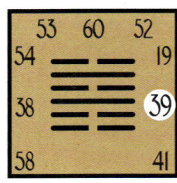

PROVOZIEREN
Mühsal

Indem du durch Hemmnisse aller Art hindurch-
findest, öffnest du dich für Herausforderungen,
die persönliches Wachstum fördern.

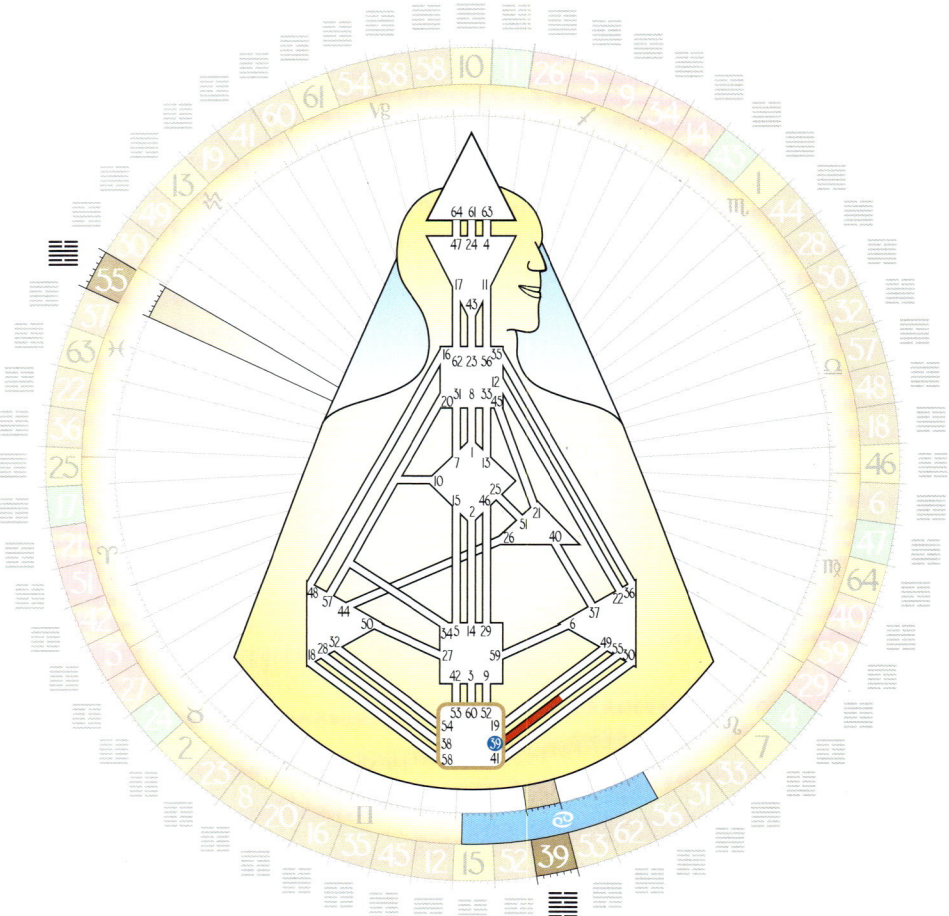

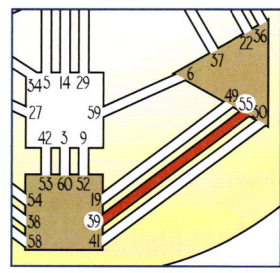

Teil von Kanal 39-55:
Der Kanal des
Emotionen-Freisetzens

Zentrum: **Wurzel** Schaltkreis:
**Individuell/
Wissen**

Astrologische Zuordnung:
Krebs ♋

Astrologische Positionen:

	09°30'00" ♋	–	15°07'30" ♋
1:	09°30'00" ♋	–	10°26'15" ♋
2:	10°26'15" ♋	–	11°22'30" ♋
3:	11°22'30" ♋	–	12°18'45" ♋
4:	12°18'45" ♋	–	13°15'00" ♋
5:	13°15'00" ♋	–	14°11'15" ♋
6:	14°11'15" ♋	–	15°07'30" ♋

> Außen und Innen spiegeln sich vollkommen. Wenn es dich verwundert,
> was deine Welt dir spiegelt, schau in dir selbst nach der Quelle dieser Spiegelung.
> Provozieren oder Sich-provozieren-Lassen ist nicht dasselbe wie Kämpfen.

Provokation

Genschlüssel 39: gefangen ⬦ provokativ : Tatendrang :: Befreiung

39.1 Sich distanzieren: Jede Notwendigkeit zu erzwungener Interaktion loslassen

Ob du direkt mit jemandem zu tun hast oder nicht: Du provozierst die Leute oft, ohne es zu wollen.

♂: Du bist in der Lage, jegliche auftauchenden Hindernisse zu vermeiden, indem du auf deine eigene Weise und entsprechend deinem eigenen Zeitgefühl handelst.

☿: Deine Unentschlossenheit, wann und wie mit Hindernissen umzugehen ist, kann andere zur Weißglut bringen.

39.2 Begegnen: Widrigkeiten in Angriff nehmen als ein Mittel zur Selbstentdeckung

Du lernst, „den Stier bei den Hörnern zu packen", ob es sich angenehm anfühlt oder nicht.

☾: Du wirkst von Natur aus provozierend, daher bist du ständig gefragt, Situationen ins Angesicht zu sehen.

♃: Da dir Stress und Ärger höchst unangenehm sind, neigst du dazu, alternative Möglichkeiten zu suchen (wie z. B. „Beam mich rauf, Scotty!" oder „Ich bin dann mal weg!").

39.3 Im Angesicht von Herausforderungen: Deine eigene Art des Umgangs mit schwierigen Situationen pflegen

Ob aufgrund erneuter Überlegung oder nicht, du hast den inneren Drang, Konfrontationen im Außen anzugehen oder sie zu vermeiden.

♃: Deine erweiterungsorientierte Haltung neutralisiert das Gefühl von Angst in konfrontativen Situationen nicht, lässt es aber auch nicht nach außen dringen.

⊕: Indem du deine Art, mit allen Hindernissen umzugehen, rechtfertigst, begrenzt du die Möglichkeit für neuartige Alternativen.

39.4 Sich annähern: Verbindende Elemente finden, bevor man in die Aktion geht

Die richtige Gelegenheit für den Umgang mit Konfrontationen abzuwarten, fällt dir nicht immer leicht.

☾: Indem du das Wesentliche an Hemmnissen wahrnimmst, findest du die Energie, mit ihnen umzugehen.

☉: Du neigst dazu, Konfrontationen anzugehen, ohne Rücksicht auf die Umstände oder auf mögliche Folgen.

39.5 Unterstützung finden: Indem du Hindernissen direkt begegnest, stellt sich Hilfe ein

Du erlaubst es dir entweder, in schwierigen Zeiten Unterstützung zu finden, oder du hältst hartnäckig an deiner Unabhängigkeit fest.

♆: Irgendwie ziehst du jegliche Unterstützung an, die du brauchst, um alle Hindernisse umgehen zu können.

♂: Du bestehst darauf, den Umgang mit Konfrontationen zum Dauerprogramm zu machen, was andere verärgert.

39.6 Störungssuche: Die natürliche Gabe, Probleme zu lösen

Manche Leute fühlen sich mit ihren Problemen wohl und sind daher wirklich verstimmt, wenn diese gelöst werden.

☾: Du hast ein Gespür für die übergeordneten Notwendigkeiten einer Situation, bevor du versuchst, irgendwelche Probleme zu lösen.

♂: Wenn du dich immer ungeachtet der Faktenlage um Probleme kümmerst, kann das dazu führen, dass du noch größere Probleme auslöst.

40

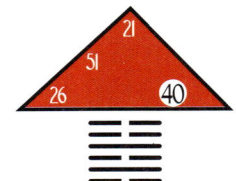

解

BEFREIUNG
Freiheit für dich und Freiheit von jeder Mühsal

Durch den Einsatz von Willenskraft, die den Unterschied zwischen Kampf und Befreiung ausmacht, erreichst du, was du möchtest.

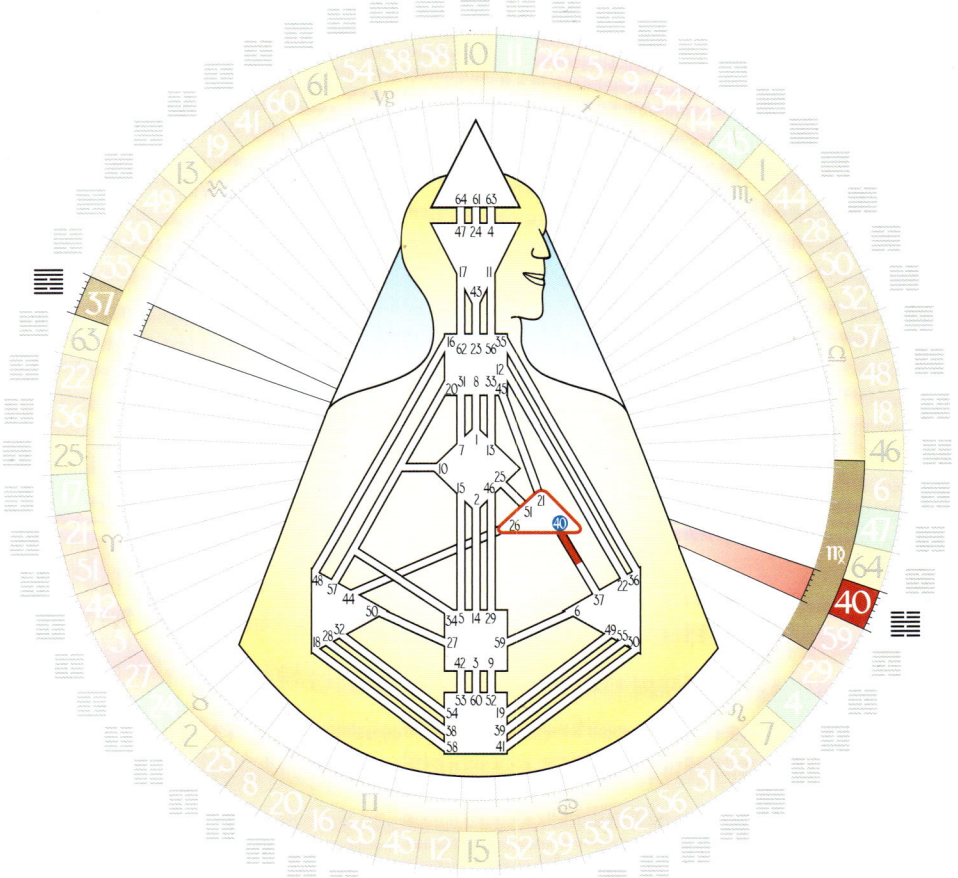

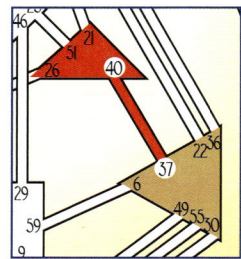

Teil von Kanal 37-40:
Der Kanal der Gemeinschaft

Zentrum: **Herz**

Schaltkreis:
**Stamm/
Gemeinschaft**

Astrologische Zuordnung:
Jungfrau ♍

Astrologische Positionen:

05°45'00" ♍ – 11°22'30" ♍

1:	05°45'00" ♍ – 06°41'15" ♍
2:	06°41'15" ♍ – 07°37'30" ♍
3:	07°37'30" ♍ – 08°33'45" ♍
4:	08°33'45" ♍ – 09°30'00" ♍
5:	09°30'00" ♍ – 10°26'15" ♍
6:	10°26'15" ♍ – 11°22'30" ♍

> Willens-Energie aus dem Herzen wird eingesetzt, um große Taten effizient zu vollbringen...
> Dann braucht sie Erholung in Abgeschiedenheit und Distanz, um sich zu regenerieren
> und zu verarbeiten, was sich ereignet hat.
> „Freiheit von" wird zur „Freiheit zu" wird zu „Freiheit".

Erschöpfung

Genschlüssel 40: nachgiebig <> herablassend : Entschlossenheit :: Höchster Wille

40.1 Erholung: Das vorrangige Bedürfnis für ein schwer arbeitendes Herz ist Ruhe

Nachdem eine Leistung erbracht ist, kannst du deine Situation am besten durch Ruhe stabilisieren.

☉: Du findest Möglichkeiten, dein Alleinsein zu genießen und nach der Anstrengung Erholung zu finden.

☾: Deine wechselnden Stimmungen können dich veranlassen, deine Leistungen in Frage zu stellen und die Notwendigkeit der Erholung außer Acht zu lassen.

40.2 Eindeutig sein: Über potenziell einschränkende Faktoren im Leben hinausgehen

Indem du in schwierigen Situationen ganz klar deinen eigenen Weg findest, ist deine Fähigkeit sichergestellt, mit jeglicher Störung fertigzuwerden.

☉: Du hast von Natur aus den Willen, dir selbst treu zu bleiben, ungeachtet aller Ablenkungen.

☾: Deine Empfindsamkeit macht es schwierig, die Situationen zu vermeiden, die deine Freiheit gerade behindern.

40.3 Ganzheit: Deine Lebensweise mit deinem unerschütterlichen inneren Wesen in Übereinstimmung bringen

Wenn du deine Willenskraft aus dem Ego heraus zur Schau stellst, ziehst du leicht eine problematische Gesellschaft und problematische Situationen an.

☊: Durch den Einsatz von Willenskraft hast du die Fähigkeit zum „Alleingang" und zur Herbeiführung von Transformation.

♂: Jedes Bestreben, in dem sich dein Ego ausdrückt, wird dir die Art von Aufmerksamkeit bescheren, die du nicht willst.

40.4 Realitätschecks: Ehrliches Anschauen der Tendenz, Partnerschaften ohne reelle Basis beizubehalten

Wahrnehmungen verändern sich dauernd, und du solltest alle Verbindungen loslassen, die deine Freiheit einschränken.

☋: Du umgehst Probleme, wenn du nur die Menschen unterstützt, die ähnliche Bestrebungen haben wie du.

♂: Du beharrst möglicherweise noch lange auf alten Freundschaften und Gewohnheiten, die nicht mehr von Belang sind.

40.5 Befreiung: Dich klar von äußeren Einmischungen trennen

In einer Welt voller Risiken hast du den Anspruch, dass alle deine Verbindungen unterstützend und bedeutsam sind.

☋: Du hast das Selbstvertrauen, Beziehungen loszulassen, die deine Freiheit beeinträchtigen.

⊕: Du tauschst deine Befreiung gegen die Unterstützung durch Menschen ein, die sich dann häufig in dein Leben einmischen.

40.6 Eindeutiger Standpunkt: Freiheit wird durch vollständige Beseitigung von Hindernissen erreicht

Du überwindest dein eigenes Zögern bei der Befreiung und beseitigst jeden und alles, was dich behindert.

☉: Aus klarer Überzeugung beseitigst du bewusst alle Barrieren, die deine Befreiung behindern.

⊕: Das Beseitigen von Hindernissen zur Rolle deines Lebens zu machen, kann dazu führen, dass du unnötig harte Maßnahmen ergreifst.

41

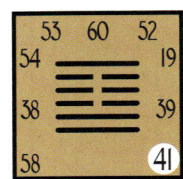

FANTASIE
Potenziale einschätzen
Sich innerhalb eingeschränkter Mittel zu bewegen, lässt Träume und Fantasien entstehen.

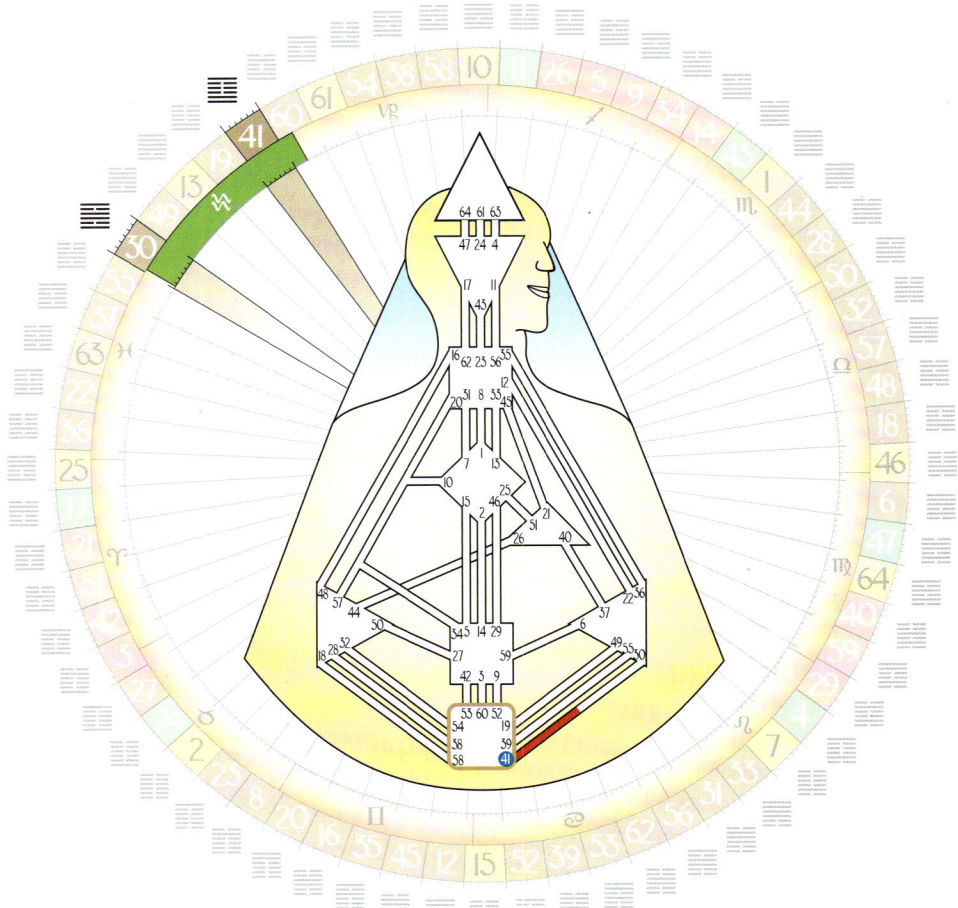

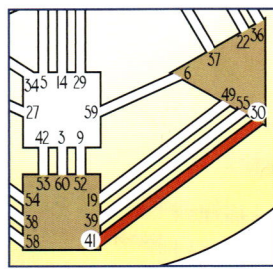

Teil von Kanal 30-41:
Der Kanal des Erkennens

Zentrum: **Wurzel**

Schaltkreis:
**Kollektiv/
Sinnfinden**

Astrologische Zuordnung:
Wassermann ♒

Astrologische Positionen:

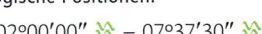

02°00'00" ♒ – 07°37'30" ♒

1:	02°00'00" ♒ – 02°56'15" ♒
2:	02°56'15" ♒ – 03°52'30" ♒
3:	03°52'30" ♒ – 04°48'45" ♒
4:	04°48'45" ♒ – 05°45'00" ♒
5:	05°45'00" ♒ – 06°41'15" ♒
6:	06°41'15" ♒ – 07°37'30" ♒

Auf der Suche nach Erfüllung schaust du dir jede potenzielle Erfahrung an, die dich durch einen Zyklus von der Leere hin zur Vollbringung führen könnte. Träumen öffnet das Tor zu Erfahrungen, die Befriedigung und Vollendung bringen – oder zu endlosen Fantasien, die sich selbst aufrechterhalten. Die Existenz entstand, als wir uns in die Leere verliebten.

Fantasterei

Genschlüssel 41: verträumt ◇ hyperaktiv : Antizipation :: Emanation

41.1 Mäßigung: Das Gleichgewicht zwischen Geben und Empfangen finden

Im Umgang mit deinen Energien entweder zentriert und klar oder eigensinnig sein.

♆: Mit deiner kreativen Vorstellungskraft lenkst du die Mittel so, dass sie dir selbst und anderen zugutekommen.

☿: Verwirrung hinsichtlich deiner Rolle und deiner Mittel bringt dich beim Start von Unternehmungen in Schwierigkeiten.

41.2 Geben und Nehmen: Anerkennung für deine Dienste

Indem du anderen nachgibst, ohne dich selbst klein zu machen, findest du in erfüllenden Unternehmungen Belohnung.

♄: Du hast die Disziplin, auf dich selbst zu achten, während du die Bedürfnisse anderer in Betracht ziehst.

♂: Indem du Aufmerksamkeit und Belohnung für deine Unterstützung anderer verlangst, setzt du dich selbst herab.

41.3 Synergien nutzen: Erfahrungen sind aufgrund der richtigen Verbindungen erfüllend

Bei allen Erfahrungen im Leben besteht die Notwendigkeit, die passende Gesellschaft und die erforderlichen Mittel auszuwählen.

♄: Du entscheidest dich für Verbindungen, die Zeiten der Trennung und des Alleinseins überdauern.

☾: Mit deinem wechselhaften Wesen suchst du dir gemischte Gesellschaft, um deine Mittel und deine Träume zu teilen.

41.4 Mängel überprüfen: Schlechte Angewohnheiten zu verringern, vermehrt dein Glück

Indem du erkennst, was nicht erfüllend ist, beginnst du neue Mittel und Erfahrungen anzuziehen.

⊕: Deine persönlichen Probleme in aller Demut zu bereinigen, macht den Weg dafür frei, dass sich Unterstützung einstellen kann.

♀: Möglicherweise hegst du die unrealistische Erwartung, dass andere dich unterstützen und so deine eigenen Mängel ausgleichen.

41.5 Anerkennung finden: Innere Klarheit stellt Belohnung sicher

Du achtest auf deinen und anderer Leute Umgang mit Einschränkungen auf dem Weg zur Erfüllung deiner Träume.

♂: Es drängt dich zu klären, welche Haltungen für die Erreichung deiner Ziele förderlich und wesentlich sind.

♀: Du neigst dazu, ein halb volles Glas als halb leer zu sehen, obwohl du spürst, wie viel Glück du hast.

41.6 Erfüllt sein: Anderen Nutzen bringen und dabei die eigenen Mittel erweitern

Du bist eine Bereicherung für alle durch deine innere Wachsamkeit und deine Art, eine bewusste Auswahl zu treffen.

♄: Deine disziplinierte Sichtweise macht das Beste aus deinen Mitteln und bringt gleichzeitig auch anderen eine Bereicherung.

☊: Du neigst dazu, öffentliche Aufmerksamkeit zu vermeiden, hast aber die Kraft, Einschränkungen in große Gewinne zu verwandeln.

42

MEHRUNG
Nutzen haben und bringen
Deine inneren und äußeren Mittel und Ressourcen ständig wachsen zu lassen, erweitert den Erfahrungshorizont für dich selbst und für andere.

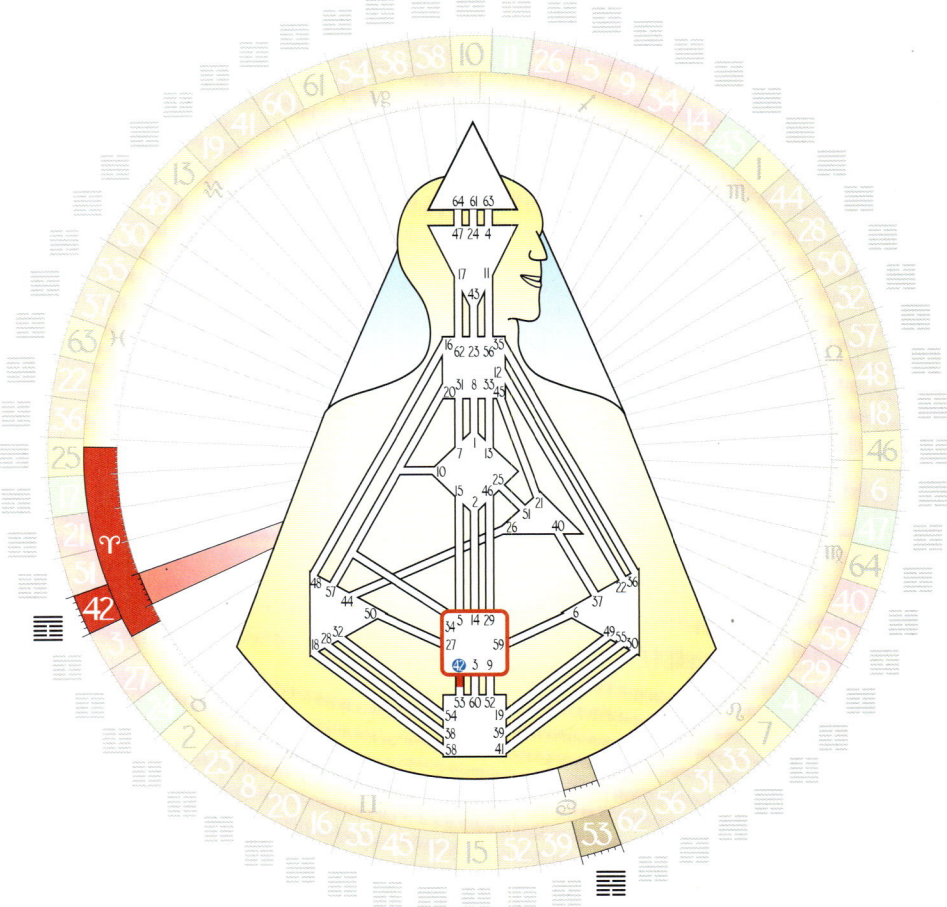

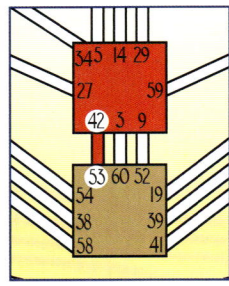

Teil von Kanal 42-53:
Der Kanal der Zyklen

Zentrum: **Sakral**

Schaltkreis:
**Kollektiv/
Sinnfinden**

Astrologische Zuordnung:
Widder ♈

Astrologische Positionen:
20°45'00" ♈ – 26°22'30" ♈

1:	20°45'00" ♈ – 21°41'15" ♈
2:	21°41'15" ♈ – 22°37'30" ♈
3:	22°37'30" ♈ – 23°33'45" ♈
4:	23°33'45" ♈ – 24°30'00" ♈
5:	24°30'00" ♈ – 25°26'15" ♈
6:	25°26'15" ♈ – 26°22'30" ♈

Wenn du das für dich gesunde, ausgeglichene und zeitlich angemessene Wachstum im Leben findest, ermutigt dich das, auf alle möglichen Erfahrungen anzusprechen, die auf dich zukommen. Indem du neutral beobachtest, wie du Wachstum beeinflusst, können dir deine Bemühungen für andere schließlich selbst zugutekommen.

Erwartung

Genschlüssel 42: festhaltend <> zerstreut : Losgelöstheit : : Jubelfeier

42.1 Vollbringen: Große Taten sind möglich

Deine Fähigkeit, Erweiterung in dein eigenes Leben und in das anderer zu bringen, erfordert Zuversicht.

⊙: Du richtest dich auf deine innere Zuversicht und Sicherheit aus, die in allen Lebensbereichen anwächst.

♀: Indem du dich durch die Bedürfnisse anderer ablenken lässt, verzettelst du dich schließlich mit zu vielen Angelegenheiten.

42.2 Segensreich: Innere Einstimmung auf das, was wohltut

Beständigkeit und die Aufrechterhaltung deiner klaren Absichten sichert dir indirekte Vorteile.

⊙: Indem du deinen Weg erkennst und ihm treu bleibst, findest du große Belohnung und Zustimmung.

♀: Wenn du nicht achtgibst, wirst du leicht überwältigt von den Forderungen anderer und deren Auswirkungen.

42.3 Kompetent sein: Du erlangst große Weisheit, indem du aus den auferlegten Prüfungen lernst

Es gibt nichts, das nicht wachsen könnte, wenn du klar, geduldig und beharrlich bleibst.

♂: Eine unerschütterliche Sicherheit entsteht, indem du mit Würde durch alle Versuchungen und Widrigkeiten gehst.

☽: Du gibst dich möglicherweise Stimmungsschwankungen hin, die dich schnell verzweifeln lassen, wenn ein Problem auftaucht.

42.4 Vertrauenswürdig sein: Vernünftigen Rat geben, der für alle und jeden nützlich ist

Mit deiner anpassungsfähigen Natur kommst du oft in die Situation, Wachstum und Erfüllung für alle zu vermitteln.

☽: Wenn du alle Aspekte des Wachstums beachtest, findest du den Weg zu größten Errungenschaften.

♀: Unreife hält möglicherweise Gesellschaft an sich für wichtiger als die Leistungen dieser Gesellschaft.

42.5 Gütig sein: Eindeutige und selbstlose Bestrebungen bringen Erfüllung

Du erlangst Anerkennung aufgrund deiner Leistungen in persönlichen wie auch in gemeinsamen Unternehmungen.

⊙: Deine innere Stärke und zuversichtliche Freundlichkeit kommt jedem zugute und erhält sein Wachstum aufrecht.

♀: Du stellst Aufrichtigkeit und Mitgefühl mit anderen über dein eigenes Wachstum.

42.6 Ausgleich: Eine gute Mischung von Geben und Nehmen pflegen

Erfolgreiche Schritte bedeuten förderliche Ergebnisse, sofern du dich selbst und deine eigene Reise achtest.

☽: Es ist dir wichtig, dein eigenes Wachstum mit anderen zu teilen und sicherzustellen, dass es jedem zugutekommt.

♄: Indem du bei deinem eigenen Wachstum stecken bleibst, kann es tatsächlich dazu kommen, dass du alle anderen Menschen auslaugst.

43

夬

DURCHBRUCH!
Erkenntnisse
Du empfängst neue Wahrnehmungen und gestaltest, indem du entschlossen bleibst, alte Vorgehensweisen und Gewohnheiten um.

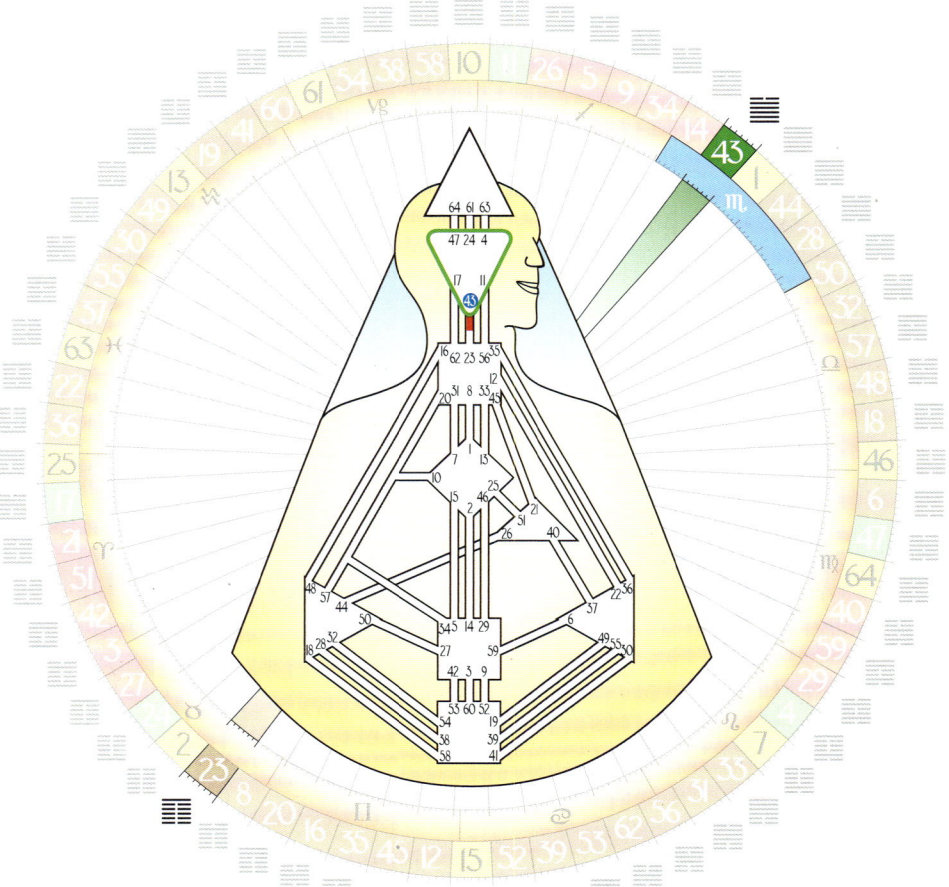

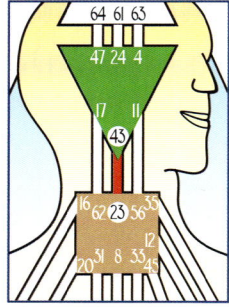

Teil von Kanal 23-43:
Der Kanal der Strukturierung

Zentrum: **Verstand**

Schaltkreis:
Individuell/ Wissen

Astrologische Zuordnung:
Skorpion ♏

Astrologische Positionen:

18°52′30″ ♏ – 24°30′00″ ♏

1:	18°52′30″ ♏ – 19°48′15″ ♏
2:	19°48′45″ ♏ – 20°45′30″ ♏
3:	20°45′00″ ♏ – 21°41′45″ ♏
4:	21°41′15″ ♏ – 22°37′00″ ♏
5:	22°37′30″ ♏ – 23°33′15″ ♏
6:	23°33′45″ ♏ – 24°30′00″ ♏

> Heitere Gelassenheit ist gefordert, um neue Vorstellungen so zu verinnerlichen, dass sie auch klar vermittelt werden können. Auf den leuchtenden Funken achten, der das Zögern beendet und die Entschlossenheit fördert. Das innere Ohr.

Taubheit
Genschlüssel 43: sorgenvoll ⬥ geräuschvoll : Einsicht :: Epiphanie

43.1 Wachsam sein: Man muss sich nicht blind in die Anwendung neuer Erkenntnisse stürzen

Deine Ergebenheit und deine Entschiedenheit sind gefragt, um alte Vorgehensweisen zu ersetzen und jegliche neue Erkenntnis zur Anwendung zu bringen.

☽ : Du benötigst eine ausgeprägte Entschlossenheit, um aus deinen Erkenntnissen heraus eine Transformation zu bewirken.

♀ : Du bist voller ästhetischer Bewunderung, hast aber manchmal Schwierigkeiten, deine Erkenntnisse umzusetzen.

43.2 Entschlossen sein: Ein klarer Geist liefert den Zugang zu klaren Ergebnissen

Ob du deiner Art, Erkenntnisse mitzuteilen, treu bleibst oder nicht, wirkt sich darauf aus, ob sie je verwirklicht werden.

☽ : Du hast eine eingebaute Fähigkeit, Erkenntnisse zu integrieren, die persönliche Transformation leichter macht.

☾ : Du neigst dazu, jeden, der dir das Leben komplizieren machen könnte, aktiv zu meiden.

43.3 Widerstandsfähig sein: Du behauptest dich beim Vorgehen auf deine Art und Weise

Ob du in Bezug auf deine persönlichen Erkenntnisse entschlossen oder unsicher bist, wirkt sich auf alle Aspekte deines Lebens aus.

☽ : Wenn du auf deine Erkenntnisse ausgerichtet bist, hältst du auf dem Weg zur Erreichung deiner Ziele jeder Kritik stand.

☾ : Möglicherweise beginnst du, an der Stichhaltigkeit deiner Erkenntnisse zu zweifeln, wenn du von anderen herausgefordert wirst.

43.4 Unruhig sein: Wenn du weisen Rat nicht hören kannst, bleibst du unentschlossen

Es ist schwer, Gegebenheiten hinzunehmen, wenn dein Verstand sich eindeutig nach Veränderung sehnt.

☿ : Du erkennst die Notwendigkeit, objektiv zu sein, wenn du die Umsetzung deiner Erkenntnisse erwägst.

♂ : Wenn du darauf bestehst, Erkenntnisse umzusetzen, die offenbar nicht umsetzbar sind, bringst du dich in eine schwierige Lage.

43.5 Geradeheraus agieren: Die Umsetzung jeglicher neuen Erkenntnisse erfordert große Sorgfalt

Du wächst durch die Umsetzung deiner persönlichen Erkenntnisse – oder du erliegst belanglosen Anregungen von außen.

☾ : Du hast ein Feingefühl für die Bedingungen, unter denen deine persönlichen Erkenntnisse funktionieren werden.

♀ : Du hegst die hoffnungsvolle Erwartung, dass andere deinen neuen Erkenntnissen bereitwillig zustimmen werden.

43.6 Umlenken: Die Förderung annehmbaren und sinnvollen Wachstums aufgrund von Erkenntnissen

Deine umsichtige Objektivität stellt sicher, dass deine Erkenntnisse zu bleibender Transformation führen.

☉ : Du nutzt deine Objektivität, um deine Erkenntnisse zu überprüfen und sicherzustellen, dass sie für andere nützlich sind.

♂ : Wenn du ausschließlich an der Genialität deiner Erkenntnisse festhältst, kann es dir leicht passieren, dass du ausgegrenzt wirst.

44

姤

MUSTER
Das Entgegenkommen

Bei jedem Zusammentreffen von gleichgesinnten oder gegensätzlich ausgerichteten Menschen sind Akzeptanz und gegenseitige Toleranz von entscheidender Bedeutung.

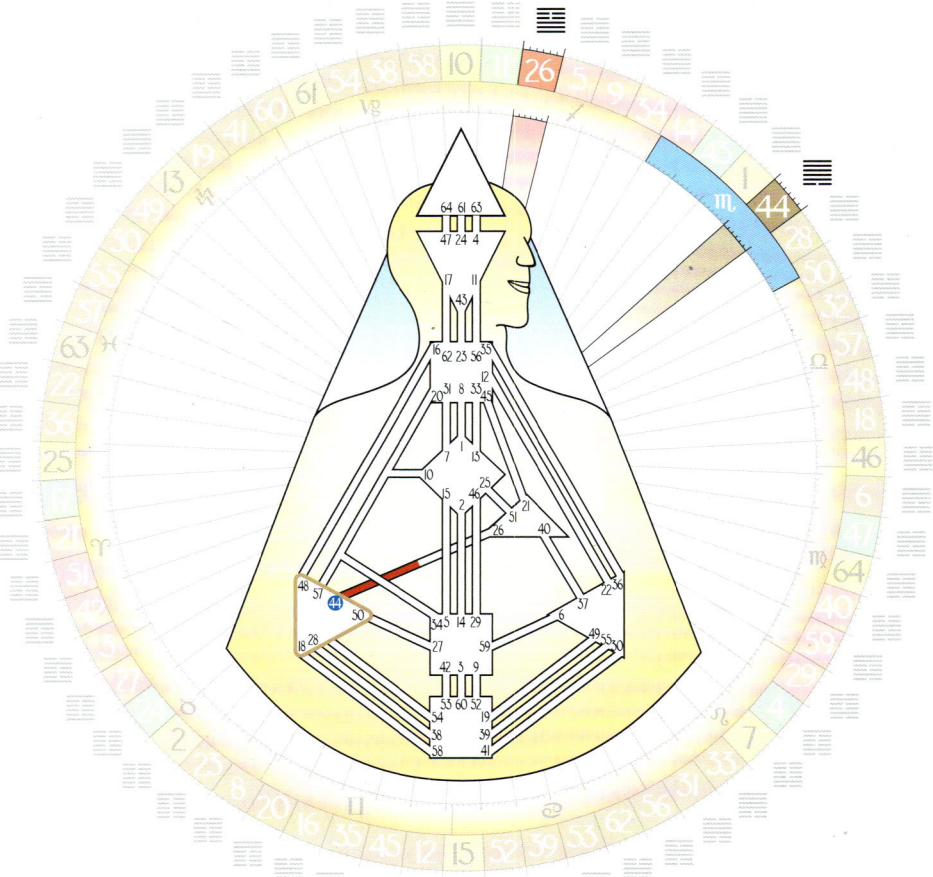

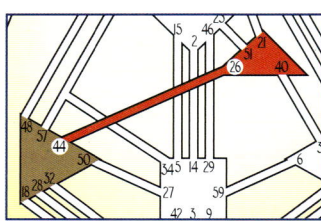

Teil von Kanal 26-44:
Der Kanal des Marketings

Zentrum: **Milz**

Schaltkreis:
**Stamm/
Unternehmertum**

Astrologische Zuordnung:
Skorpion ♏

Astrologische Positionen:

07°37′30″ ♏ – 13°15′00″ ♏

1:	07°37′30″ ♏	– 08°33′45″ ♏
2:	08°33′45″ ♏	– 09°30′00″ ♏
3:	09°30′00″ ♏	– 10°26′15″ ♏
4:	10°26′15″ ♏	– 11°22′30″ ♏
5:	11°22′30″ ♏	– 12°18′45″ ♏
6:	12°18′45″ ♏	– 13°15′00″ ♏

44

Bei allen Interaktionen besteht die Notwendigkeit, auf bedeutsame, instinktive Hinweise zu achten und sich nicht durch Ego-gesteuerte (Getrenntheits-orientierte) Manipulationen ablenken zu lassen. Indem du deiner „Spürnase" folgst, hast du unmittelbaren Zugang zu deiner angeborenen Fähigkeit der zellulären Erinnerung, die erkennt, wie die Muster des Lebens miteinander verwoben sind.

Interferenz

Genschlüssel 44: misstrauisch <> falsch beurteilend : Teamwork : : Synarchie

44.1 Auf der Hut sein: Beim Umgang mit anderen auf alle inneren Empfindungen achten

Entweder achtest du auf deine instinktiven Warnsignale, oder du ignorierst sie und trägst dann die Konsequenzen.

♇: Mit deiner Wachsamkeit wägst du potenzielle Komplikationen ab und ordnest sie zu deinem eigenen Nutzen um.

♀: Wenn du dich gegenüber störenden Gegebenheiten zu moderat verhältst, wirst du schließlich ins Wanken kommen.

44.2 Gewissenhaft sein: Auf jeden Impuls achten, der dich verraten könnte

Wenn du jeden Impuls zu sorglosem Handeln zügelst, fällt es dir leicht, Situationen klar und eindeutig zu handhaben.

♃: Deine Wachsamkeit gegenüber Mustern, die sich verändern, verleiht dir eine gelassene Toleranz gegenüber allem und jedem.

♂: Deine forsche Art des Umgangs mit anderen kann dazu führen, dass du deine Ahnungen ignorierst und den Durchblick verlierst.

44.3 Zurückhalten: Anerkennen, dass es zuweilen nötig ist, zu zögern, wenn es um Selbstbehauptung geht

Je nachdem, ob du deinen Instinkten vertraust oder anderen Menschen imponieren zu müssen glaubst, bist du in deinem Handeln eindeutig oder nicht.

♂: Instinktive Zuversicht und Schwung ermöglichen es dir, mit komplizierten Menschen und schwierigen Situationen umzugehen.

♆: Du deutest Situationen oft falsch, was dazu führen kann, dass du dich vom Ego anderer Menschen verwirren lässt.

44.4 Nachsichtig sein: Beim Umgang mit anderen Toleranz entwickeln

Klarheit in deinen eigenen Absichten ermöglicht es dir, auf die Unterstützung aller anderen zählen zu können.

♇: Du hast klare Beziehungen mit anderen, indem du sie als Teil deiner lebendigen Realität behandelst.

☉: Du nimmst oft Unterstützung von Leuten an, obwohl du diesen vorher distanziert gegenübergestanden hast.

44.5 Integrieren: Eine Präsenz aufrechterhalten, die beispielhaft ist

Du richtest dich auf die Gesetze der Natur und auf hohe Integrität aus – oder machst dir zunutze, was nur du kannst.

♅: Deine Genialität zeigt sich in deinen Prinzipien und deiner Rechtschaffenheit und setzt ein klares Beispiel für alle.

♂: Du hast den Drang, andere auf eine Art zu überzeugen, dass sie sich so manövrieren lassen, wie es zu deinem Vorteil ist.

44.6 Sich zurückziehen: Selbstschutz, um nicht überwältigt zu werden

Dich von komplexen Situationen zu distanzieren, stellt dein eigenes Wohlbefinden sicher, zieht jedoch auch Kritik an.

♇: Du bewegst dich vorteilhaft durch schwierige Situationen, wobei dir die Unterstützung durch andere sicher bleibt.

⊕: Wenn du dich selbst zu ernst nimmst, verpasst du viel von dem Spaß, den das Leben zu bieten hat.

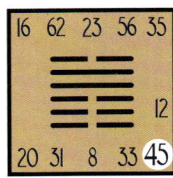

45

萃

DIE SAMMLUNG
Herrschen: Der König/die Königin

Entschiedene Ausrichtung auf das,
was allen am besten hilft, bringt eine starke
Gemeinschaft zusammen.

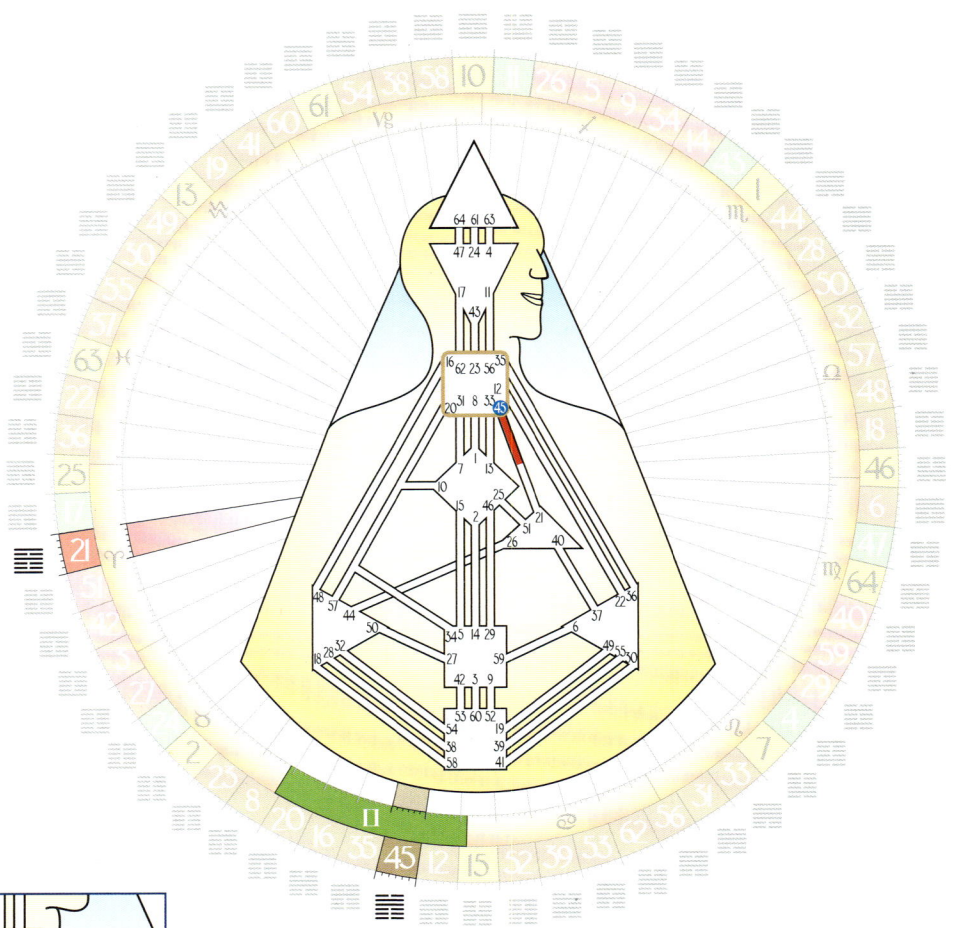

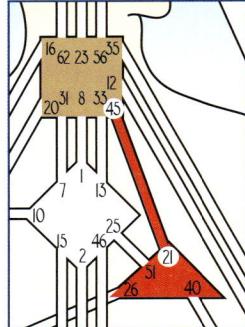

Teil von Kanal 21-45:
Der Kanal des Geldes

Zentrum: **Kehle**

Schaltkreis:
**Stamm/Gemeinschaft
Unternehmertum**

Astrologische Zuordnung:
Zwillinge ♊

Astrologische Positionen:

17°00'00" ♊ – 22°37'30" ♊

1:	17°00'00" ♊ – 17°56'15" ♊
2:	17°56'15" ♊ – 18°52'30" ♊
3:	18°52'30" ♊ – 19°48'45" ♊
4:	19°48'45" ♊ – 20°45'00" ♊
5:	20°45'00" ♊ – 21°41'15" ♊
6:	21°41'15" ♊ – 22°37'30" ♊

Eine stabile und aufrichtige Präsenz ist von allen gefordert, die sich in einer Position der Herrschaft befinden, und daher erreichst du immer wieder Einigungen, indem du deine eigene Klarheit walten lässt. Du sorgst für Bildung, damit es deinen Leuten gut geht. Die Stimme der Gemeinschaft bezieht sich auf materielle Erfüllung.

Dominanz

Genschlüssel 45: furchtsam ◇ aufgeblasen : Zusammenspiel :: Kommunion

45.1 Zusammenbringen: Eine gemeinsame Grundlage finden, bevor man vorangeht

Deine Offenheit und Entschiedenheit in jeglicher Führungsrolle bewirkt, dass die Geführten dich unterstützen.

♃: Deine klare Absicht im Inneren erweitert deine Fähigkeit, materielle und spirituelle Unterstützung anzuziehen.

♂: Da du von Natur aus auf andere anziehend wirkst, kannst du dich von deren Problemen überwältigen lassen.

45.2 Beitragen: Vertrauen auf die Führung und die Gesellschaft, die du anziehst

Ob du in der Gesellschaft, die du anziehst, offen oder verschlossen bist, ist das Maß für die Wohltaten, die du empfängst.

☿: Deine natürliche Einstimmung auf deine Umgebung macht den Weg für unerwartete Geschenke frei.

♂: Du neigst zum Alleingang, statt das Gute zu schätzen, das dir die Gesellschaft anderer bringt.

45.3 Absonderung: Ohne erkennbare Unterstützung oder allgemeine Übereinstimmung im Leben voranschreiten

Entweder entdeckst du, wie du Mittel und Unterstützung gewinnst, oder du stößt auf Schwierigkeiten, die überhandnehmen können.

♆: Mit deinem tiefen Eingestimmtsein auf die Funktionsweisen innerhalb einer Hierarchie spürst du intuitiv, wie du Mittel gewinnen kannst.

♂: Wenn du keinen Anschluss findest und darüber enttäuscht bist, könntest du dich fragen, ob du wirklich beteiligt sein willst.

45.4 Beherzt sein: Selbstlos nach allgemeinem Nutzen streben

Du ziehst andere Menschen an, weil du auf größere als nur persönliche Ziele aus bist.

♃: Deine innere Ausrichtung auf eine höhere Aufgabe kommt auf der materiellen Ebene jedem zugute.

♂: Deine Kühnheit, individuell materiellen Erfolg zu erreichen, kann auch anderen Menschen zugutekommen.

45.5 Tugenden pflegen: Die Tugenden, die das Vertrauen anderer anziehen

Deine Unabhängigkeit bzw. deine Anspruchshaltung wirken sich darauf aus, wie du wahrgenommen wirst.

☿: Dein innovativer Ansatz beim Führen wirkt von Natur aus auf andere Menschen anziehend.

♃: Wenn du beim Führen anderer großartig dastehen willst, musst du praxisorientiert sein, um Erfolg zu haben.

45.6 Sich auf sich selbst verlassen: Darauf vertrauen, dass du bekommst, was du brauchst

Du bleibst unbeeindruckt von den Haltungen anderer – oder du kapitulierst, wenn du materiell herausgefordert wirst.

☿: Indem du auf deine innere Unabhängigkeit vertraust, hast du Erfolg, auch wenn du unorthodoxe Methoden einsetzt.

♃: Wenn du „Versagen" persönlich nimmst, führt das zu Reue und Bedauern. Denke lieber an all das Gute, das dir widerfährt!

46

升 **GLÜCKLICHER ZUFALL**

Die Entschlossenheit des Selbst

Wachstum und gutes Gelingen kommen durch persönlichen Einsatz, Wahrhaftigkeit und Ernsthaftigkei zustande oder einfach dadurch, dass man zur richtigen Zeit mit der richtigen Einstellung am richtigen Ort ist.

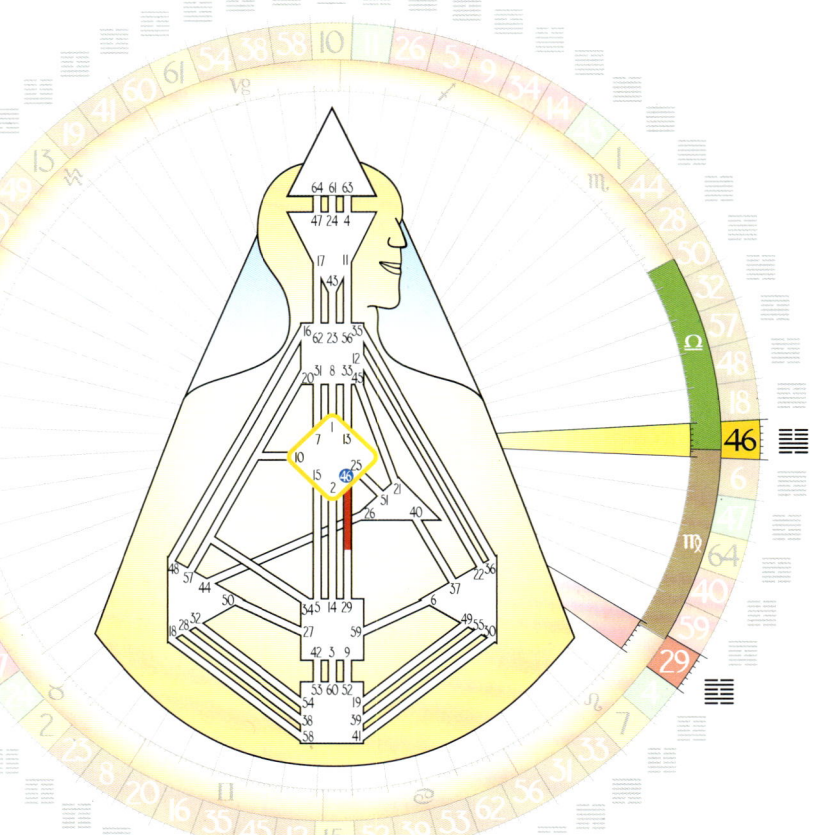

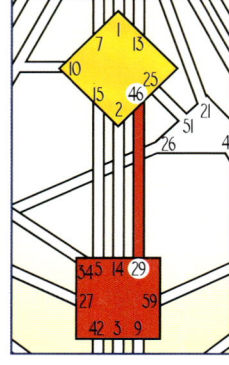

Teil von Kanal 29-46:
Der Kanal der Entdeckung

Zentrum: **Selbst**

Schaltkreis:
**Kollektiv/
Sinnfinden**

Astrologische Zuordnung: ♍
Jungfrau / Waage ♎

Astrologische Positionen:

	28°15′00″ ♍ – 03°52′30″ ♎
1:	28°15′00″ ♍ – 29°11′15″ ♍
2:	29°11′15″ ♍ – 00°07′30″ ♎
3:	00°07′30″ ♎ – 01°03′45″ ♎
4:	01°03′45″ ♎ – 02°00′00″ ♎
5:	02°00′00″ ♎ – 02°56′15″ ♎
6:	02°56′15″ ♎ – 03°52′30″ ♎

Kleine Gewinne führen schließlich zu großen Errungenschaften.
Liebe zum Körper heißt Liebe zu deinem Tempel oder Liebe zu dem Fahrzeug,
das dich durch dein kostbares Leben trägt.

46

Ernsthaftigkeit
Genschlüssel 46: frigide <> frivol : Freude : : Ekstase

46.1 Fördern: Deine innere Überzeugung wird von denjenigen, die sich mit dir verbinden möchten, erkannt

Deine angeborene Zuversicht bzw. deine mangelnde Bereitschaft zu Wachstum sind entscheidend dafür, ob du Unterstützung anziehst oder nicht.

♆: Indem du dich auf dein Leben wirklich einlässt, ist sichergestellt, dass du sowohl auf erkennbare als auch auf unsichtbare Weise wächst.

♃: Wenn du darauf bestehst, nur aus eigener Anstrengung zu wachsen, könnten dir einige potenzielle Verbündete entgehen.

46.2 Erweiterung erfahren: Ob es dir gefällt oder nicht: Du stehst im Rampenlicht und kannst etwas bieten!

Auch mit den bescheidensten Mitteln und ohne die Bestätigung durch andere wächst du einfach dadurch, dass du du selbst bist.

☉: Erfolg wird sichergestellt durch deine Klarheit und Aufrichtigkeit, verbunden mit deinem strahlenden Wesen.

♂: Wenn du ehrgeizig nach Anerkennung und Erfolg strebst, wirst du von anderen möglicherweise nicht geschätzt.

46.3 Fortschreiten: Sich ohne Zweifel aufwärts bewegen im Leben

Wenn du ins Unbekannte voranschreitest, brauchst du nicht zu zögern, solange du in dir selbst Klarheit hast.

☾: Durch deine innere Einstimmung auf alle Phasen deiner Reise kommst du im Leben mit Leichtigkeit voran.

♂: Da dir wenig Widerstand im Leben begegnet, versuchst du möglicherweise mit Hilfe fragwürdiger Verbindungen, noch schneller voranzukommen.

46.4 Erfüllen: Deiner inneren Verpflichtung zum Wachstum treu bleiben

Anerkennung dafür, dass du dich dem Wachstum im Leben verpflichtest, erleichtert dein Vorankommen.

⊕: Indem du mit Wachstum locker umgehst, kommst du durch das Vertrauen von anderen im Leben voran.

♇: In dem Glauben, Wachstum gehöre selbstverständlich zum Leben, kannst du es versäumen, die Menschen anzuerkennen, die dich unterstützen.

46.5 Vorangehen: Eine starke, natürliche Entwicklung setzt große innere Stärke voraus

Auf deiner Reise durch das Leben wächst du, ob du sichtbare Anzeichen von Fortschritt erkennst oder nicht.

☾: Die Aufrechterhaltung von Ausgeglichenheit in allen Lebensphasen ermöglicht dir erfolgreiches, dauerhaftes Wachstum.

♆: Wenn du dich in Fantasien verlierst, bringt dich das von der Konsequenz ab, die für ein verlässliches Wachstum erforderlich ist.

46.6 Erneutes Abwägen: Zwanghaftes Voranschreiten erfordert dauernde Wachsamkeit

Indem du deine Anstrengungen im Leben immer wieder überprüfst, bestimmst du, wer oder was deine Energie und Aufmerksamkeit bekommt.

♄: Wenn du immer einen realistischen Bezug zu deinen Angelegenheiten hast, bist du für den Umgang mit anderen verfügbar.

♆: Wenn du nur auf deine spirituellen Qualitäten vertraust, bist du möglicherweise mit den Notwendigkeiten des Augenblicks nicht verbunden.

47

BEGREIFEN

Mentale Erschöpfung: Der „Aha!-Moment"

Verständnis entsteht, indem man ständig Gedanken-
inhalte filtert, um Halbwahrheiten und Unwahrheiten
zu entfernen, und dann loslässt, sodass sich Begreifen
einstellen kann.

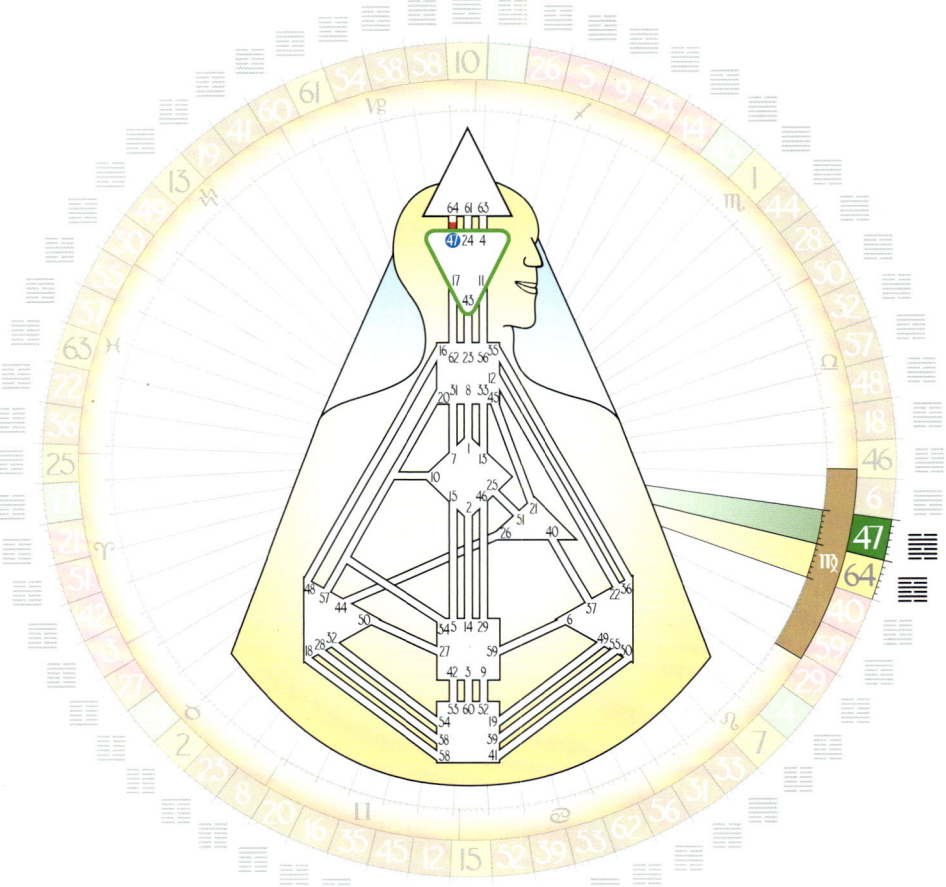

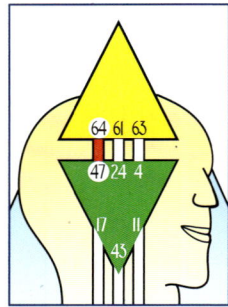

Teil von Kanal 64-47:
Der Kanal des abstrakten Denkens

Zentrum: **Verstand**

Schaltkreis:
**Kollektiv/
Sinnfinden**

Astrologische Zuordnung:
Jungfrau ♍

Astrologische Positionen:

	17°00'00" ♍ – 22°37'30" ♍	
1:	17°00'00" ♍ – 17°56'15" ♍	
2:	17°56'15" ♍ – 18°52'30" ♍	
3:	18°52'30" ♍ – 19°48'45" ♍	
4:	19°48'45" ♍ – 20°45'00" ♍	
5:	20°45'00" ♍ – 21°41'15" ♍	
6:	21°41'15" ♍ – 22°37'30" ♍	

Manches ergibt einen Sinn, manches ergibt keinen Sinn, und manches ist einfach Unsinn. Du befasst dich mit überlieferten Zusammenhängen, um zu erfassen und zu begreifen, was davon wesentlich ist. Der Verstand hat seine Grenzen...

47

Bedrängnis

Genschlüssel 47: hoffnungslos <> dogmatisch : Verwandlung :: Verklärung

47.1 Überprüfen: Die Wahrheit ist beständig, bleibt uns aber manchmal verborgen

Durch gedankliche Selbstprüfung entfernst du nutzlose Überzeugungen – oder du riskierst, dich überwältigt zu fühlen.

♄: Mit deiner meditativen Art beobachtest du den Verstand und filterst unsinnige Gedankenmuster heraus.

♆: Unrealistische Hoffnungen lassen dich im Übermaß darauf vertrauen, dass und wie der Verstand das Leben erfasst.

47.2 Glück haben: Eine Ausrichtung auf die Angelegenheiten, die mit dir in Resonanz sind, bringt dich auf deiner Reise voran

Äußere Zwistigkeiten können leicht zu inneren werden, wenn du nicht den Unfrieden anderer Leute völlig umgehst.

♄: Innere Stabilität hilft dir, dich von den ständigen Vergleichsmechanismen deines Verstandes fernzuhalten.

☿: Mit einem unsicheren Verstand ist es wichtig, dass du Entscheidungen triffst, indem du deine Autorität befragst.

47.3 Verwirrt sein: Ein rein mentaler Blickwinkel kann auf unrealistische Weise einschränkend sein

Ständig zu denken, dass alles schlechter sei, als es tatsächlich ist, ist ein schneller Weg zur Depression.

♃: Wenn du in ein tiefes Vertrauen in dich selbst und in die Existenz hinein entspannst, kann sich dir die Wahrheit schließlich zeigen!

♂: Der Versuch, deinen Lebenssinn durch deine Gedanken zu begründen, ist der Treibstoff für tiefe Unzufriedenheit.

47.4 Den Fokus halten: In einer verwirrten Welt bei dir bleiben

Indem du beharrlich bleibst, findest du deinen eigenen Weg inmitten der festgefahrenen, dürftigen Ansichten anderer – oder du gibst auf.

♄: Mit deinem meditativen Ansatz entdeckst du offensichtlich starre Ansichten und veraltete Glaubenssysteme.

☾: Deine Einstimmung auf viele verschiedene, mögliche Ansichten kann zu persönlicher Verwirrung führen.

47.5 Verstärken: Aus scheinbar unmöglichen Szenarien schlau werden

Indem du standhaft bleibst, egal wie eine Situation zunächst aussieht, bewirkst du Freude und Erleichterung für alle.

♀: Die Verwirklichung universeller Harmonie, die alle umfasst, sogar deine Kritiker.

☿: Die Wahrheit wird offenbar werden, wenn du deine klaren Prinzipien befolgst.

47.6 Bedauern: Ein nagendes Gefühl von Vergeblichkeit – als Aufruf, über den Verstand hinauszugehen

Du kannst nicht erwarten, dass du dein Leben durch Denken bestreiten und es gleichzeitig voll ausleben kannst.

☉: Durch ständige Selbstprüfung wird dir klar, dass dein Verstand begrenzt ist, wenn es darum geht, das Leben zu verstehen.

⊕: In vielfachen, oft belanglosen Überlegungen festgefahren, wird es dir schwerfallen, dich im Leben voran zu bewegen.

48

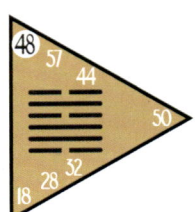

井 DER BRUNNEN

Frische und Tiefe: Ein Fundus an Kenntnissen

Auffrischung geschieht dadurch, dass immer wieder ein Zugang zu den endlosen Quellen des Wissens hergestellt wird.

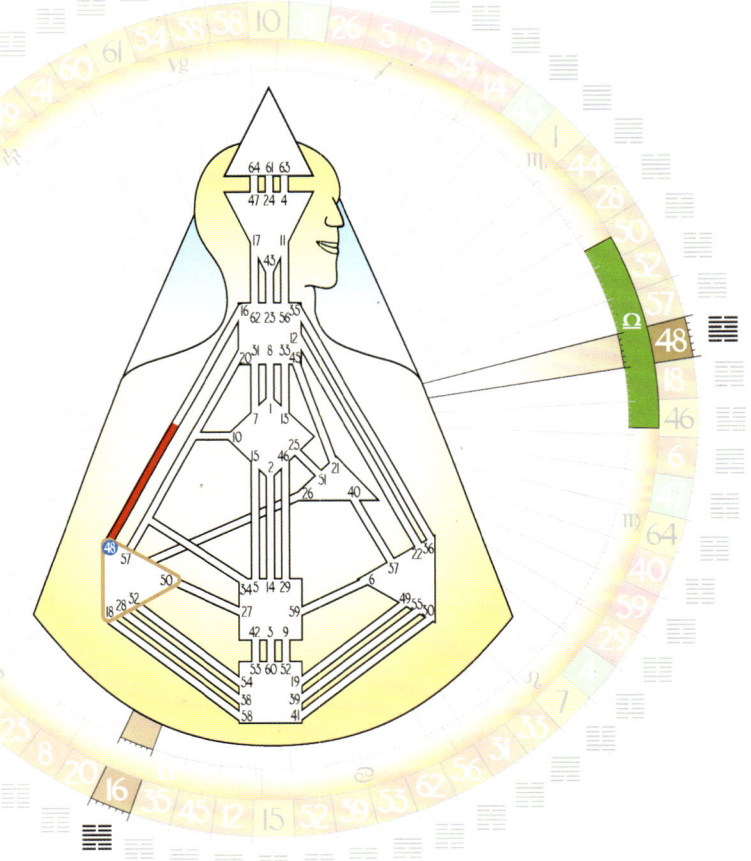

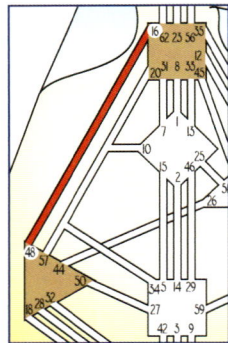

Teil von Kanal 16-48:
Der Kanal des Talents

Zentrum: **Milz**

Schaltkreis:
**Kollektiv/
Logik**

Astrologische Zuordnung:
Waage Ω

Astrologische Positionen:

09°30′00″ Ω – 15°07′30″ Ω

1:	09°30′00″ Ω – 10°26′15″ Ω
2:	10°26′15″ Ω – 11°22′30″ Ω
3:	11°22′30″ Ω – 12°18′45″ Ω
4:	12°18′45″ Ω – 13°15′00″ Ω
5:	13°15′00″ Ω – 14°11′15″ Ω
6:	14°11′15″ Ω – 15°07′30″ Ω

Eine Zivilisation auf der Erde ist dadurch möglich, dass wir Zugang zu Wissen haben, das aus einer natürlichen Quelle kommt, und es nutzen können. Der Brunnen, die Quelle des Wassers, liefert die grundlegende, frisch-fließende Nahrung für alles Leben. Der Geschmackssinn.

Unzulänglichkeit
Genschlüssel 48: fade ⬦ skrupellos : Einfallsreichtum : : Weisheit

48.1 Bedeutung finden: Schnelles Erkennen, was bedeutsam ist für dein Leben und was nicht

Du passt dich entweder jedem neuen Augenblick an, oder dir fehlt der Geschmack am Leben und du lässt dich verwirren.

☾: Du bist von Natur aus auf alle möglichen Geschenke eingestimmt, die das Leben dir bringt.

♂: Du schaffst Probleme aus dem Nichts und findest es schwer, mit den kleinen Vergnügungen des Lebens zufrieden zu sein.

48.2 Nachlassen: Die Notwendigkeit, deine Gaben ständig wieder aufzufrischen

Deine Talente lassen nach, wenn sie ignoriert werden oder wenn du dich verwirren lässt, indem du dich mit anderen vergleichst.

☽: Du transformierst deine Fähigkeiten, indem du in und mit den Herausforderungen des Lebens wächst.

♀: Du bist nachlässig in der Ausübung deiner Gaben, wenn du dich durch andere Einflüsse in deinem Leben ablenken lässt.

48.3 Anerkennen: Auf die Anpassungsfähigkeit deiner Gaben vertrauen

Früher oder später wirst du für deine Talente und Fähigkeiten anerkannt, wenn du nur vertraust und beharrlich bleibst.

☾: Du hast die Ausdauer, deine Gaben so zu erweitern, dass sie von allem und jedem geschätzt werden.

☿: Die Angst und Sorge, du könntest übersehen werden, kann dazu beitragen, dass man dich tatsächlich übersieht.

48.4 Wiederauffrischen: Alle deine Gaben profitieren von einer regelmäßigen Neubewertung und Auffrischung

Mittels Erholung, Stärkung und Neubewertung lässt sich deine innere Tiefe und Klarheit ausloten und erweitern.

☉: Du bringst mit oberster Priorität dein eigenes Leben in Ordnung – und bist dann bereit zu Gelegenheiten, für andere aktiv zu werden.

⊕: Du neigst dazu, dich, sobald Schwierigkeiten auftauchen, zu sehr mit Projekten zu identifizieren, die dich auslaugen.

48.5 Nutzbar machen: Erkennen, dass du viele Gaben hast, dies aber auch angewandt werden müssen

Der Einsatz deiner Fähigkeiten zu größerem Nutzen erfordert, dass du in jedem Moment innerlich klar bleibst.

♂: Indem du jeden Moment auskostest, nimmst du die Gaben wahr, die am einfachsten allen zugutekommen.

☾: Wenn du deine eigenen Gaben anzweifelst und die Vorgehensweisen anderer Menschen übernimmst, wird dein Tun dich nicht erfüllen.

48.6 Regenerieren: Erfüllung kommt daher, dass aus einer überfließenden Quelle geteilt wird

Tiefe Erfüllung kommt aus der Offenheit, deine ausgeprägten Gaben mit anderen zu teilen.

♀: Harmonie in deine Welt bringen, indem du deine Quelle des Verstehens und der Talente mit anderen Menschen teilst.

☾: Stimmungsschwankungen und Unsicherheit können dazu führen, dass du dich von anderen dazu überreden lässt, deine Gaben zu teilen.

49

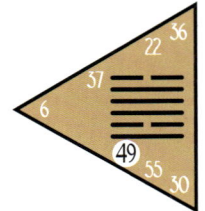

UMWÄLZUNG
Prinzipien: Der Rebell

Die Emotion schafft das „Alte" ab im Interesse und zwecks Unterstützung von etwas „Neuem", das auf bestimmte Prinzipien ausgerichtet ist.

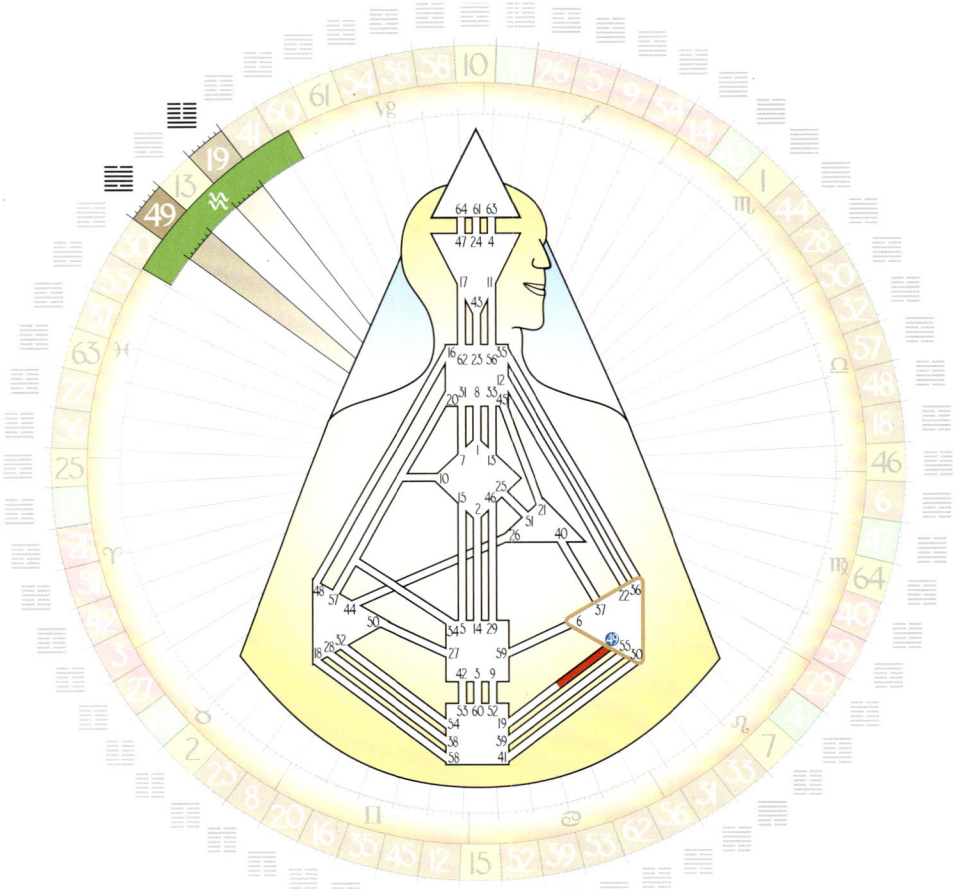

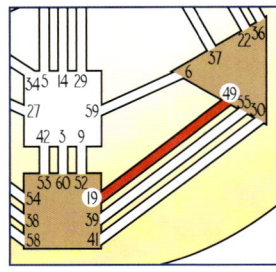

Teil von Kanal 19-49:
Der Kanal der Feinfühligkeit

Zentrum: **Emotionen**

Schaltkreis:
Stamm/ Gemeinschaft

Astrologische Zuordnung:
Wassermann ♒

Astrologische Positionen:

18°52'30" ♒ – 24°30'00" ♒

1:	18°52'30" ♒ – 19°48'15" ♒
2:	19°48'45" ♒ – 20°45'30" ♒
3:	20°45'00" ♒ – 21°41'45" ♒
4:	21°41'15" ♒ – 22°37'00" ♒
5:	22°37'30" ♒ – 23°33'15" ♒
6:	23°33'45" ♒ – 24°30'00" ♒

Jede Revolution bringt eine Welle der Veränderung, die zeitlich richtig abgestimmt sein und als sinnvoll empfunden werden muss, um von bleibendem Wert zu sein.
Eine Nein!-„Reaktion" entwickelt sich zur „Revolution" und diese sich zur „Rebellion".
Tor 49 ist eine Brücke zwischen den Spezies und verbindet uns mit Säugetieren.

49

Reaktion
Genschlüssel 49: träge <> zurückweisend : Revolution :: Wiedergeburt

49.1 Den richtigen Zeitpunkt abwarten: Deine Energie bewahren, bis du Klarheit hast

Im Wahrnehmen vieler Veränderungspotenziale hast du die Bewusstheit, auf die richtigen Umstände zu warten.

♃: Dein achtbares Verhalten in jeglicher Situation kommt deinem Wachstum zugute.

☉: Idealistische Veränderungen herbeiführen zu wollen, kann dazu führen, dass du dich andauernd rechtfertigst.

49.2 Fest bleiben: Sich die richtigen Ergebnisse der Veränderung ausmalen

In der Erkenntnis, dass eine Veränderung notwendig ist, hältst du dich entweder an feste Prinzipien oder du handelst um der Veränderung willen.

⊕: Mit deinem geerdeten Naturell hältst du an deinen Prinzipien fest, wenn Zeiten des Wandels kommen.

♇: Chaotische Umstände können dazu führen, dass du alles wieder umstürzt, das bereits gelöst scheint.

49.3 Bescheid sagen: In Zeiten der Veränderung die Unterstützung anderer Menschen finden

In Zeiten der Umwälzung muss es gegenseitiges Einverständnis geben, damit jeder zur Veränderung bereit ist.

♆: Mit deiner Feinfühligkeit bist du mit den Prinzipien von Veränderungen verbunden und informierst andere darüber, was geschieht.

♇: In das Drama der Veränderung verwickelt, verlierst du die Sensibilität gegenüber den Bedürfnissen anderer.

49.4 Vorbereiten: Die Energie und Motivation für radikale Veränderung ansammeln

Je nachdem, ob du dich aufrichtig auf deine Wahrheit ausrichtest oder einfach opportunistisch bist, bereicherst du die Gesellschaft oder ziehst ihr Kraft ab.

♃: Dein erweiterter Überblick über die Bedürfnisse der Gesellschaft erlaubt dir die Durchführung von Veränderungen, die allen zugutekommen.

♂: Dein energisches Wesen kann sich in Zeiten der Umwälzung gegenüber anderen einen Vorteil verschaffen.

49.5 Empfindungsfähig sein: Das innere Gefühl für die Angemessenheit von Veränderungen

Wenn du die Notwendigkeit für eine Veränderung siehst, unterstützt du andere – mit deren Einwilligung oder um über sie zu bestimmen.

☾: Du sorgst dafür, dass alle so ausgerichtet sind, dass es leichter ist, durch Umwälzungen durchzukommen.

♂: Deine Ungeduld mit anderen kann dich dazu treiben, ihnen Veränderungen aufzwingen zu wollen.

49.6 Wertschätzen: Zufrieden mit einer Ausweitung vorangegangener Veränderungen

Bei allen Veränderungen ist weiteres Wachstum möglich, wenn jeder sich an die neuen Gegebenheiten anpasst.

♆: Wertschätzung für dich selbst und andere unterstützt alle darin, das Alte loszulassen und mit dem Neuen zu wachsen.

♄: Wenn du in Umstellungssituationen Perfektion anstrebst, kann es für andere Menschen schwierig sein, sich gewürdigt zu fühlen.

50

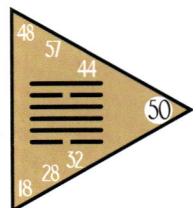

WERTE
Stabilität
Die Weisheit von Werten achten und
Verantwortung für Werte zeigen, die
sowohl die lokale Gemeinschaft als auch
die Gesellschaft als Ganzes bereichern.

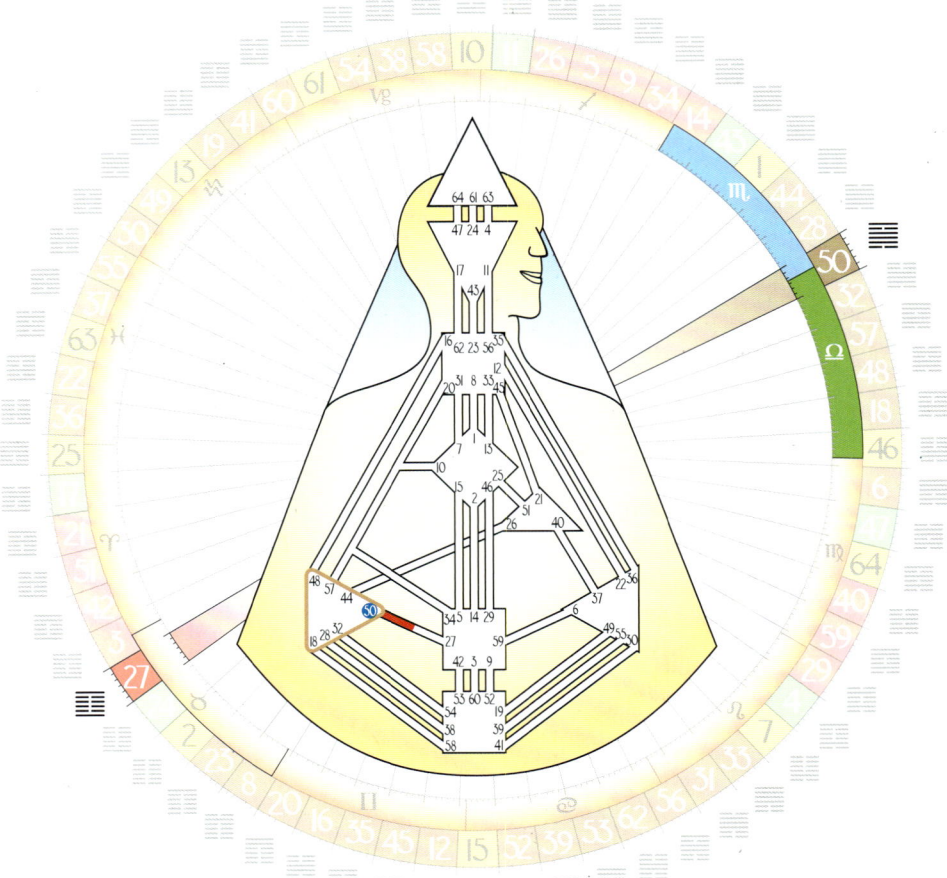

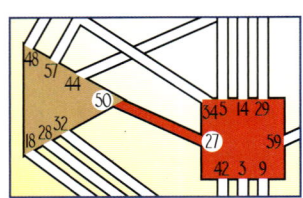

Teil von Kanal 27-50:
Der Kanal der Erhaltung

Zentrum: **Milz**

Schaltkreis:
**Stamm/
Schützen und
Verteidigen**

Astrologische Zuordnung: ♎
Waage / Skorpion ♏

Astrologische Positionen:

26°22'30" ♎ – 02°00'00" ♏

1:	26°22'30" ♎ – 27°18'45" ♎
2:	27°18'45" ♎ – 28°15'00" ♎
3:	28°15'00" ♎ – 29°11'15" ♎
4:	29°11'15" ♎ – 00°07'30" ♏
5:	00°07'30" ♏ – 01°03'45" ♏
6:	01°03'45" ♏ – 02°00'00" ♏

Spirituelle und irdische Kräfte verbinden sich, wenn man die Verantwortung übernimmt, Wertvorstellungen zu bewahren und zu fördern, die traditionell oder neu sein können, aber immer den wesentlichen Erfordernissen jeglicher Angelegenheit entsprechen.

Verfälschung

Genschlüssel 50: überlastet ⟨⟩ verantwortungslos : Gleichgewicht :: Harmonie

50.1 Neu anfangen: Alte Werte abschaffen, bevor man neue achtet

Klarheit darüber, dass übernommene Werte möglicherweise in deinem Leben und deiner Gemeinschaft nicht mehr angemessen sind.

♂: Der Drang nach Verfeinerung bringt dich dazu, jedes Mittel einzusetzen, um deine Ziele zu erreichen.

♀: Unzufriedenheit mit allen deinen ursprünglichen Werten macht dich dazu geneigt, die Werte anderer zu borgen.

50.2 Standhaft bleiben: Verlockende Ablenkungen von deinem natürlichen Vorgehen meiden

Ob du entschieden bleibst in deinen Werten oder äußerem Druck nachgibst, du trägst immer die Konsequenzen.

☉: Deine Stärke in der Aufrechterhaltung deiner Werte spiegelt deine innere Ruhe, egal, wie andere reagieren.

♀: Wenn du mit den Werten anderer konfrontiert wirst, neigst du zu defensivem Verhalten und lässt dich leicht bloßstellen.

50.3 Klären: Achte und beachte deine eigenen, wirklichen Wertvorstellungen ganz klar vor allem anderen

Indem du deinen eigenen Werten und Prinzipien folgst, erhältst du die Unterstützung, die du brauchst – bedauerst aber möglicherweise, dass dir geholfen wird.

☾: In dem Bewusstsein, dass du Unterstützung benötigst, bestimmst du die Werte und Prinzipien, die nötig sind, um diese zu erhalten.

♆: Möglicherweise bist du zu sehr im Verstand beim Abwägen deiner Wertvorstellungen, wenn du Akzeptanz bei anderen suchst.

50.4 Relativieren: Für die Beibehaltung der richtigen Werte unter schwierigen Umständen ist Präsenz erforderlich

In allen Situationen müssen die Werte und Prinzipien den wirklichen Erfordernissen des jeweiligen Augenblicks entsprechen.

♄: Ein bedachtsames Vorgehen stellt sicher, dass deine Werte in Übereinstimmung mit den Erfordernissen jeder Situation sind.

♂: Dein Drang, unausgereifte Werte zu verfolgen, um ein Resultat zu erzielen, kann Chaos verursachen.

50.5 Verstärken: Wachsam bleiben und erkennen, welche Werte am förderlichsten sind

Du erkennst, dass ein Zusammenhang besteht zwischen den Wertvorstellungen und den Taten, die allen nützen – oder du lässt das außer Acht.

♄: Du entwickelst genug Klugheit, um angemessene Werte beizubehalten, wenn man dich unter Druck setzt, etwas daran zu ändern.

♂: In deiner Eile, im Leben voranzukommen, kannst du die wirklichen Werte, wie sie dir und anderen dienlich sind, außer Acht lassen.

50.6 Bekräftigen: Die Werte, die allem und jedem zugutekommen, konsequent vertreten

Mit Klarheit und Weisheit setzt du ein Beispiel, egal ob du mit anderen Menschen in enger Verbindung stehst oder nicht.

♀: Die Stärke deiner inneren Harmonie lässt andere nicht umhin kommen, die wesentlichen Werte im Leben zu erkennen.

☾: Deine gelegentlich wechselhafte Stimmung kann dazu führen, dass deine Klarheit durch Lappalien verschleiert wird.

51

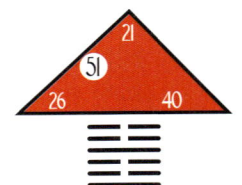

震

DAS ERREGENDE
Schock: Frechheit, Mut

Aus individueller Initiative im Sinne
einer Unterbrechung, Umgestaltung und
drastischen Veränderung handeln.

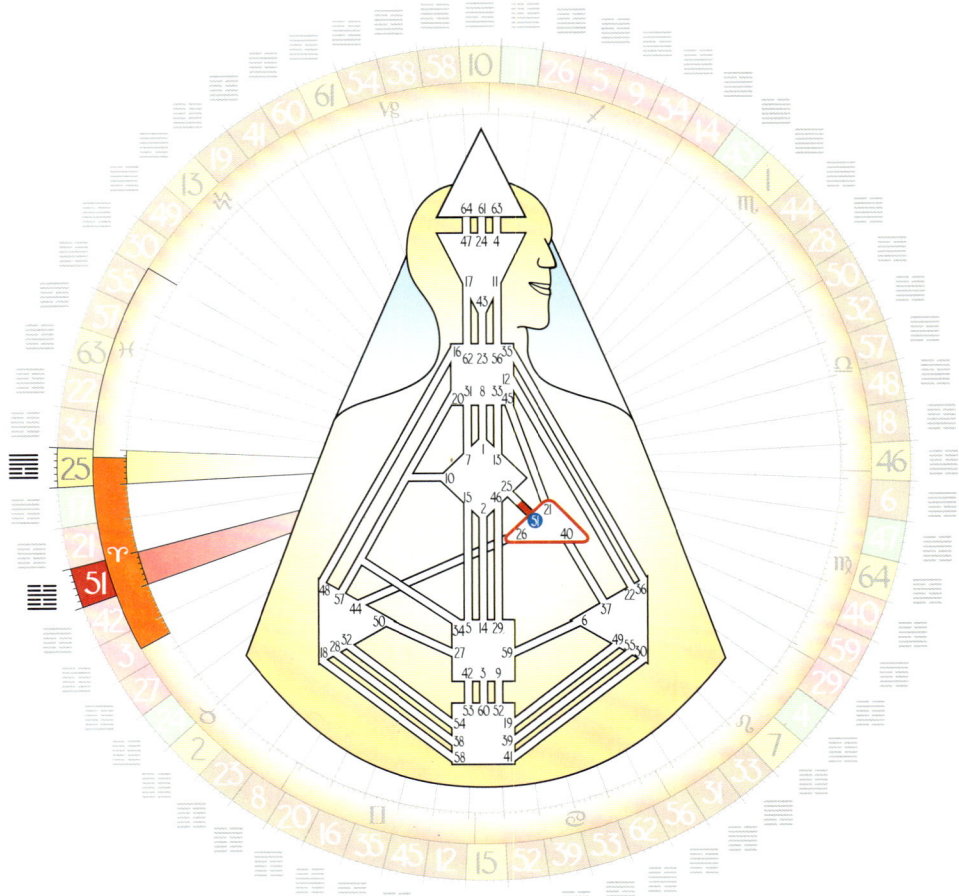

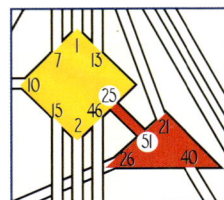

Teil von Kanal 25-51:
Der Kanal der Einweihung

Zentrum: **Herz**

Schaltkreis:
**Individuell/
Zentrieren**

Astrologische Zuordnung:
Widder ♈

Astrologische Positionen:

15°07′30″ ♈ – 20°45′00″ ♈

1:	15°07′30″ ♈ – 16°03′45″ ♈
2:	16°03′45″ ♈ – 17°00′00″ ♈
3:	17°00′00″ ♈ – 17°56′15″ ♈
4:	17°56′15″ ♈ – 18°52′30″ ♈
5:	18°52′30″ ♈ – 19°48′45″ ♈
6:	19°48′45″ ♈ – 20°45′00″ ♈

Donner ist der Schock, der den Himmel erbeben lässt und der uns wachrüttelt. Er weckt in uns die Erkenntnis, dass manchmal vergessene Kräfte im Spiel sind und das Leben alternative Möglichkeiten bereithält, die ausprobiert werden können. Ein Schlag aus heiterem Himmel macht es in jedem Moment möglich, die Trennung des Egos zu überwinden und in eine persönlich wahrhaftige Realität zu springen.

Aufruhr

Genschlüssel 51: feige ⬦ feindselig : Initiative : : Erwachen

51.1 Aufrütteln: Durch Störungen aller Art wachsen

Dramatische Veränderungen können alarmierend sein, solange du nicht all die Transformationen annimmst, die sie mit sich bringen.

(◉): Transformation liegt dir im Blut und du findest relative Gelassenheit bei der Anpassung an dramatische Situationen.

♀: Du bist sehr empfindlich gegenüber Schocks und den Aufregungen, die damit einhergehen, und wünschst dir oft, sie vermeiden zu können.

51.2 Überleben: Vorübergehende Aufregungen als das sehen, was sie sind: vorübergehend

Alles geht vorüber, und wenn du geduldig wartest, überwindest du Schocks und scheinbare Niederlagen.

♂: Zuversichtlich unternimmst du in überwältigenden Situationen gut gezielte, ausweichende Schritte.

☿: Gedankliche Unentschlossenheit kann leicht dazu führen, dass du in schockierenden Situationen den richtigen Zeitpunkt zum Handeln verpasst.

51.3 Gefasst bleiben: Die Gesetze der Natur würdigen lernen

In Zeiten eines Schocks wächst du entweder, indem du dich in aller Ruhe auf die damit einhergehenden Veränderungen einstellst, oder nicht.

☉: Die Kraft, mit Störungen umzugehen, hängt von deiner Fähigkeit ab, in Ruhe einen Weg hindurch zu finden.

♃: Du empfindest Schocks möglicherweise als persönliche Beleidigung deines Egos und fühlst dich veranlasst, mit dem Leben zu kämpfen.

51.4 Unstrukturiert sein: Jenseits gewohnheitsmäßiger Reaktionen… „querdenken"

Dramatische Zeiten bringen Gelegenheiten mit sich, die du entweder geschickt ergreifst oder mit denen du ungeschickt umgehst.

☿: Der spirituelle Krieger in dir ist begeistert von schockierenden Ereignissen und stellt sich allen Herausforderungen.

☿: Der Versuch, höchst dramatische und schockierende Umstände mit den Programmen deines Verstandes zu meistern, kann Chaos verursachen.

51.5 Verlässlich sein: Alle Veränderungen annehmen, die durch wiederholte Schocks ausgelöst werden

Du erreichst deine Ziele, indem du durch alle Störungen hindurch deiner inneren Führung folgst.

☉: Du besitzt die innere Stärke, in allen extremen Situationen deine eigene Wahrheit und die anderer zu finden.

♂: Möglicherweise stürzt du dich so sehr auf die Behebung von Störungen, dass du deine eigentliche Reise aus den Augen verlierst.

51.6 Regeneration: Der Phönix erhebt sich erneuert aus der Asche

Schocks bringen dir einen dramatischen Wechsel von alten Übereinkünften, Überzeugungen und Denkweisen hin zu neuen.

☉: Es entspricht deinem Wesen, alle Arten von intensiven Herausforderungen auszuhalten, daran zu wachsen und sogar aufzublühen.

(◉): Du identifizierst dich mit heftigen Störungen und Schicksalsschlägen, bei denen es oft um Leben oder Tod geht.

52

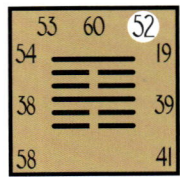

DER BERG
Das Stillhalten
Deine innere Stille und Ruhe ermöglicht es dir, einen Überblick über alle Umstände im Leben zu gewinnen.

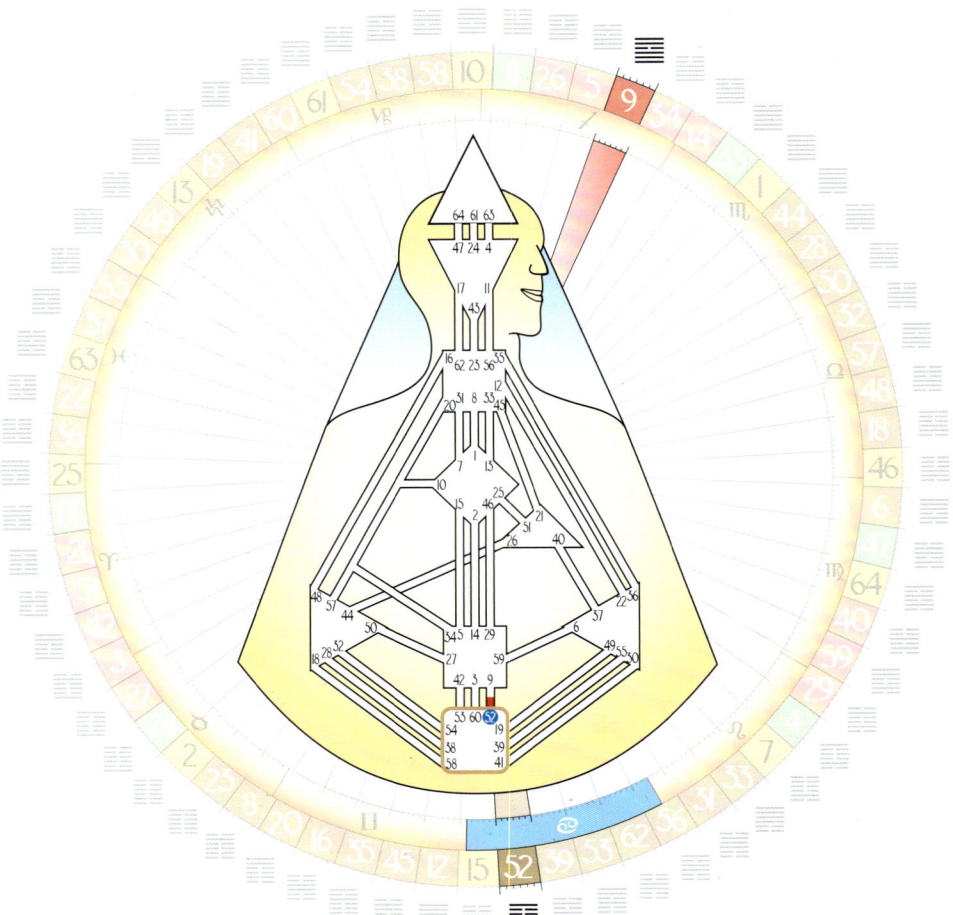

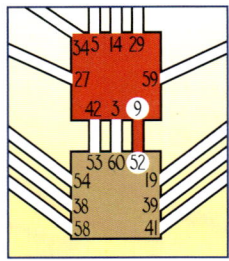

Teil von Kanal 9-52:
Der Kanal der Konzentration

Zentrum: **Wurzel**

Schaltkreis:
**Kollektiv/
Logik**

Astrologische Zuordnung:
Krebs

Astrologische Positionen:

03°52'30" ♋ – 09°30'00" ♋

1:	03°52'30" ♋	– 04°48'15" ♋
2:	04°48'45" ♋	– 05°45'30" ♋
3:	05°45'00" ♋	– 06°41'45" ♋
4:	06°41'15" ♋	– 07°37'00" ♋
5:	07°37'30" ♋	– 08°33'15" ♋
6:	08°33'45" ♋	– 09°30'00" ♋

Der Berg steht in aller Gelassenheit, betrachtet das Getümmel unten in den Tälern und bietet eine beruhigende Präsenz… die das Ganze beobachtet. Auf deinem Weg durch das Leben führt Meditation zu Gesundheit und Ganzheit. Genieße den Blick vom Gipfel!

Stress

Genschlüssel 52: festgefahren ⬥ rastlos : Zurückhaltung :: Ruhe

52.1 Vor dem Handeln innehalten: Innere Stille ist sich selbst genug

Ob du angemessen handelst oder unruhig bist und immer nur re-agierst, bestimmt alles in deinem Leben.

⊕: Du fühlst dich wohl im Leben und bist in der Lage, erst einmal innezuhalten und zu überlegen, bevor du irgendetwas tust.

♂: Mit deiner Ruhelosigkeit fällt es dir schwer zu warten und du verpflichtest dich leicht irgendeiner unrealistischen Sache.

52.2 Sei still und wisse: Ängste und Befürchtungen wegen deines scheinbaren Nicht-Handelns loslassen

Wenn du dich von äußeren Einflüssen angezogen fühlst, ist es wichtig, deiner eigenen Natur treu zu bleiben.

♀: Du hältst inne, um Klarheit zu gewinnen, und nimmst dabei deine äußere Realität als Spiegel deines inneren Wesens wahr.

♂: Du lässt dich leicht von allen möglichen Ereignissen mitreißen, die dir nicht wirklich dienlich sind.

52.3 Sich fügen: Innere Gelassenheit in Zeiten, in denen nichts zu geschehen braucht

Du widerstehst einem bloßen Handeln, um unnötige Mittel anzusammeln, oder du lässt dich drängen und bist voller Groll.

♄: Dein bedachtsames Wesen ermöglicht es dir innezuhalten, um wieder Energie zu schöpfen und deine Ziele zu überprüfen.

♀: In einschränkenden Umständen stehst du unter Druck, Harmonie zu finden, findest sie aber kaum.

52.4 Stillhalten: Den starken Drang zu Taten als Mittel gegen die Ruhelosigkeit beherrschen

Durch Selbstbeherrschung vermeidest du unbesonnenes Handeln – oder du neigst zu Frustration, wenn du untätig bist.

♄: Durch Meditation und sanfte Zurückhaltung entwickelst du Selbstbeherrschung und persönliche Freiheit.

♃: In Zeiten der Untätigkeit, im Zweifel über deinen Daseinszweck, neigst du dazu, dich zu beschäftigen.

52.5 Aufmerksam sein: Worte und Taten sind nicht unbedingt dasselbe

Vorsicht walten lassen beim Erteilen von Ratschlägen – oder ein Durcheinander erzeugen zwischen dem, was du sagst, und dem, was getan wird.

⊕: Es fällt dir leicht, dich verlässlich zu äußern, und du weißt, wie, warum und wann Handeln erforderlich ist.

☊: Freimütige Kommentare bringen Transformation, aber auch Bedauern, wenn man dich missversteht.

52.6 Bedeutung: In deiner inneren Stille Klarheit finden

Deine ruhige Wertschätzung kommt aus einer inneren Stabilität, die sich von keinem äußeren Druck beeinflussen lässt.

♀: Durch innere Entwicklung kommt die Ruhe, die es dir ermöglicht, mit den Mysterien des Lebens eins zu werden.

♆: Dein fantasievolles Wesen begibt sich in den Kern der Stille und ruht sich fern von der Welt aus.

53

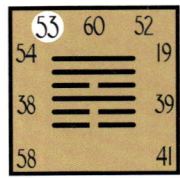

ANFÄNGE
Entwicklung
Allmähliche Fortentwicklung findet als organischer Prozess statt, der zunehmende Selbsterkenntnis und Erfahrung mit sich bringt.

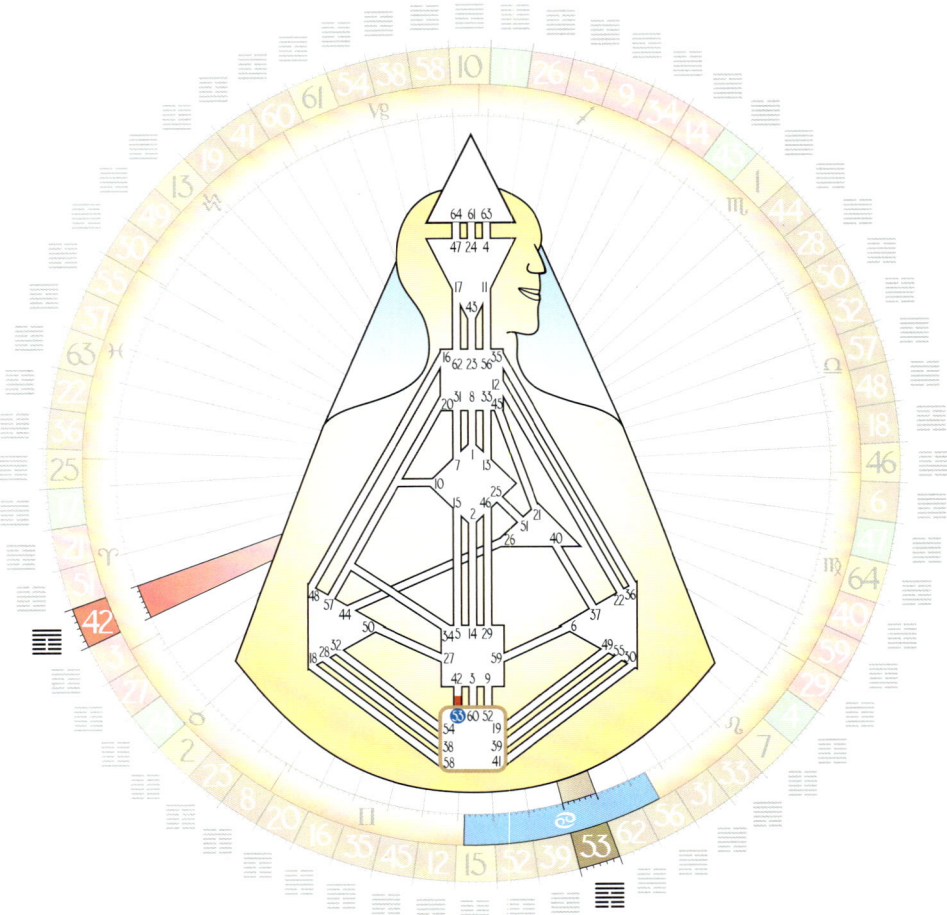

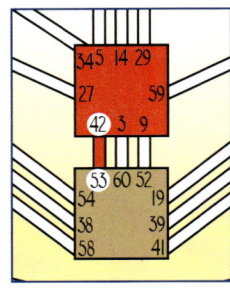

Teil von Kanal 42-53:
Der Kanal der Zyklen

Zentrum: **Wurzel**

Schaltkreis:
**Kollektiv/
Sinnfinden**

Astrologische Zuordnung:
Krebs ♋

Astrologische Positionen:

	15°07'30" ♋ – 20°45'00" ♋
1:	15°07'30" ♋ – 16°03'45" ♋
2:	16°03'45" ♋ – 17°00'00" ♋
3:	17°00'00" ♋ – 17°56'15" ♋
4:	17°56'15" ♋ – 18°52'30" ♋
5:	18°52'30" ♋ – 19°48'45" ♋
6:	19°48'45" ♋ – 20°45'00" ♋

> Du spürst den Druck, etwas zu beginnen… irgendetwas, solange es nur neu ist und anders als das, was du bisher erlebt hast.
> Das Phänomen, sich in Erfahrungen und Projekte aller Art hineinziehen zu lassen ohne große Rücksicht auf deren möglichen Ausgang.

Unreife

Genschlüssel 53: pathetisch <> unbeständig : Expansion :: Überfluss

53.1 Beginnen: Aus wohlbedachten Anfängen erwächst großer Fortschritt

Du wächst im Leben, indem du deine Fähigkeit, dich auf neue Abenteuer einzulassen, verfeinerst.

♆ : Indem du deine Vision aufrechterhältst und dich auf deine eigenen Stärken verlässt, wächst du in neuen Lebenserfahrungen.

♀ : Verletzlich zu sein gegenüber Kritik von denjenigen, die du beeindrucken möchtest, schränkt deine Entwicklung ein.

53.2 Das Glück lacht: Ein Gefühl von Sicherheit bei deinem Wachstum

Wachstum kann leicht sein und mit anderen geteilt werden, solange du wachsam bleibst, was deine innere Führung dir sagt.

☽ : Ein zentriertes und sich stets erweiterndes Wachstum vollzieht sich in allen Lebensbereichen mit Leichtigkeit.

♂ : Sorglos in deiner inneren Haltung, unterliegst du leicht dem Drang nach ungezügeltem Wachstum.

53.3 Kritisch prüfen: Bei allen neuen Unternehmungen vorsichtig vorgehen

Sei dir darüber im Klaren, dass du die Auswirkungen deiner Entwicklungsschritte auf andere nicht immer vorhersehen kannst.

☽ : Du findest in allen Situationen ein Wachstumspotenzial und schöpfst dabei aus deinen inneren Stärken.

♂ : Möglicherweise vergeudest du deine Energie, indem du mit dem Leben kämpfst, statt am Leben zu wachsen.

53.4 Gewandt sein: In allen neuen Situationen dein inneres Gleichgewicht finden

Wenn es gilt, unter Druck vorzugehen, verlässt du dich auf deine innere Stabilität, oder du unterliegst dem Stress.

☽ : Dank deiner inneren Ruhe bleibt dein Wachstum auch in schwierigen Umständen gewahrt.

♀ : Unter Druck durch die Erwartungen anderer, suchst du persönliches Wachstum in neuen Zusammenhängen.

53.5 Stetes Voranschreiten: Bei jeglicher Erweiterung erfährst du Druck von außen

Du bleibst deinem eigenen Maß für Wachstum treu oder lässt dich vom Druck des Lebens überwältigen.

♆ : Dein tiefes Eingestimmtsein auf Wachstum kommt daher, dass du dich jeder Situation auf deine eigene Art anpasst.

⊕ : Übertriebene Identifikation mit einem bestimmten Vorgang kann dich von deinem natürlichen Wachstum abschneiden.

53.6 Nutzen bringen: Die grenzenlose, natürliche Gabe, anderen zu dienen

Bei allem eigenen Wachstum strahlst du Einsatzbereitschaft aus, wirkst als Vorbild und beeinflusst andere Menschen.

☽ : Du bleibst deinem eigenen Weg des Wachstums treu und stellst für andere ein leuchtendes Beispiel dar.

☊ : Du nimmst Transformation und Wachstum bereitwillig an, begreifst aber nicht immer, wie sich das auf andere Menschen auswirkt.

54

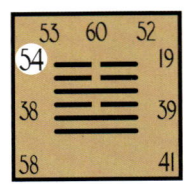

歸妹

EHRGEIZ
sowohl auf der materiellen als auch auf der spirituellen Ebene

Vorankommen im Leben, indem du dich zuerst deiner Unabhängigkeit verpflichtest und dann äußeren Quellen, die dich unterstützen können.

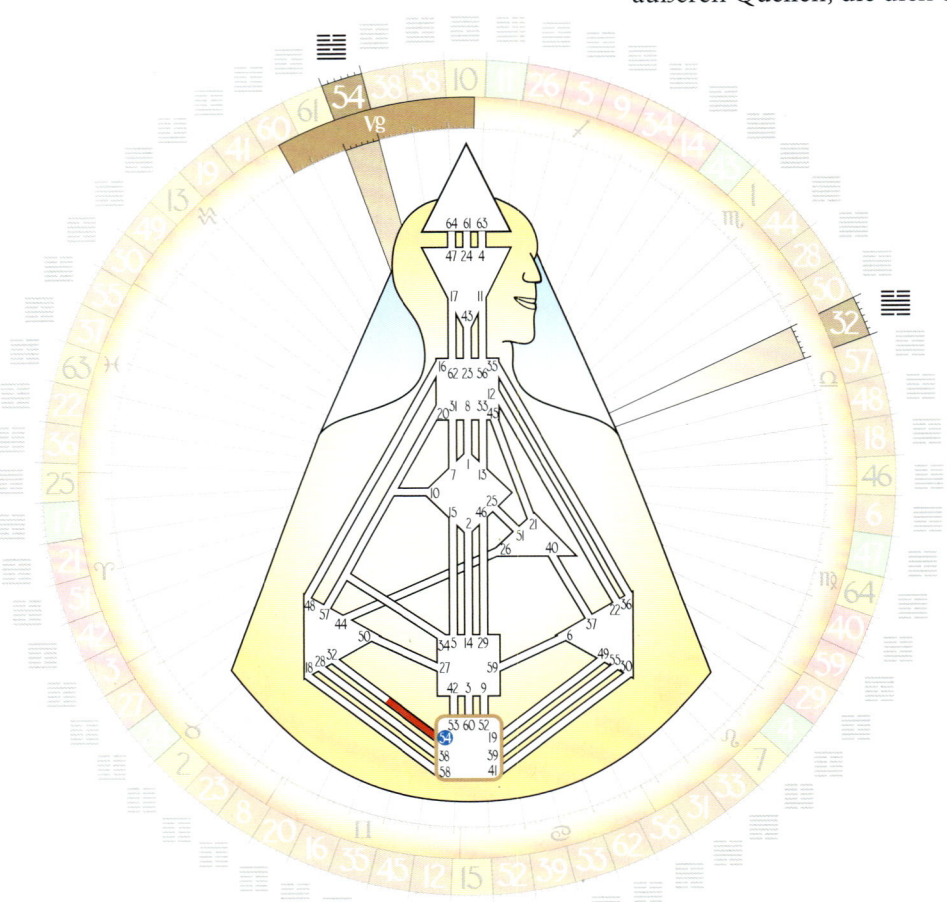

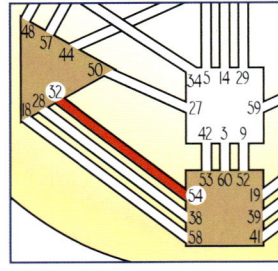

Teil von Kanal 32-54:
Der Kanal der Umwandlung

Zentrum: **Wurzel**

Schaltkreis:
**Stamm/
Unternehmertum**

Astrologische Zuordnung:
Schütze   ♐

Astrologische Positionen:

15°07′30″ ♐ – 20°45′00″ ♐

1: 15°07′30″ ♐ – 16°03′45″ ♐
2: 16°03′45″ ♐ – 17°00′00″ ♐
3: 17°00′00″ ♐ – 17°56′15″ ♐
4: 17°56′15″ ♐ – 18°52′30″ ♐
5: 18°52′30″ ♐ – 19°48′45″ ♐
6: 19°48′45″ ♐ – 20°45′00″ ♐

Die Aufrechterhaltung deines inneren Gleichgewichts in Situationen, die häufig von Unterordnung oder gar Erniedrigung geprägt zu sein scheinen, ermöglicht es dir, dich auf deine eigene Führung auszurichten und dadurch zu deiner eigenen Stärke und deiner eigenen Art, voranzukommen, zu gelangen.

Gier

Genschlüssel 54: anspruchslos ⬦ gierig : Streben :: Aufstieg

54.1 Zuversichtlich sein: Sei dir auch unter bescheidenen Umständen selbst treu

Du vollbringst alles im Leben, indem du dich mit Menschen zusammentust, die dir Unterstützung gewähren.

ಠ: Ungeachtet aller Beschränkungen, die du empfindest, wächst du im Leben aufgrund deiner vielen Verbindungen.

♀: Indem du „politisch korrekte" Verbindungen suchst, verpasst du möglicherweise die, die dir tatsächlich helfen könnten.

54.2 Auf der Suche nach Lösungen: Fest bei deiner Vision einer Transformation bleiben

Eine klare Wahrnehmung dessen haben, was du als „richtig" betrachtest – oder meinen, du hättest ein Anrecht auf besondere Unterstützung.

♄: Es ist wichtig, dass du die Qualität deines Umgangs mit den Menschen, die dich unterstützen, aufrechterhältst.

♂: Dein gelegentlicher Übermut kann bewirken, dass du einflussreiche Menschen in deinem Leben ausnutzt.

54.3 Umsichtig sein: Durch Indiskretionen kannst du dich selbst in Misskredit bringen

Du bist geduldig und vermeidest Abkürzungen zu einer Transformation – oder du ergreifst jede Gelegenheit und findest dich in großen Schwierigkeiten wieder.

ಠ: Indem du viele verschiedene Verbindungen einsetzt, um im Leben voranzukommen, kommst du durch deine Beschränkungen hindurch.

♀: Durch völlig beliebige Beziehungen, die dir im Leben voran helfen könnten, bringst du dich selbst in Misskredit.

54.4 Erhellend: Anerkennen, dass die Existenz ihre eigenen Pläne mit uns hat

Transformation in ihrer reinsten Form ist, wenn du erkennst, dass das, was du dir wünschst, gar nicht unbedingt erstrebenswert ist, und dann entdeckst, wie es sich damit leben lässt. Du findest Gelassenheit und die Balance zwischen der irdischen und spirituellen Ebene.

♀: Durch Geduld und Vertrauen in hohem Maß wird sich zeigen, wer oder was für dich von größter Bedeutung ist.

♂: Jegliche Tendenz, dich aufs Geratewohl in irgendwelche Abenteuer und Verbindungen zu stürzen, wird dich wahrscheinlich unbefriedigt zurücklassen.

54.5 Spiritualität finden: In allen Lebensbereichen hohe Prinzipien walten lassen

Du bist bereit, den Notwendigkeiten des Augenblicks gerecht zu werden und die für eine Transformation erforderliche Stabilität aufrechtzuerhalten.

☉: Mit deinem strahlenden Wesen scheust du keine Mühe, um sicherzustellen, dass das Notwendige geschieht.

⊕: Wenn du dich zu sehr mit weltlichen Aspekten des Lebens identifizierst, schränkst du deine mögliche Transformation ein.

54.6 „Politisch korrekt" sein: Auf deine eigentliche Aufgabe achten und aufrichtig bleiben

Denjenigen Verbindungen Energie geben, die wesentlich sind, oder einfach als jemand gesehen werden wollen, der „das Richtige" tut.

♄: Mit Aufrichtigkeit in deinen Motiven hältst du dich an respektvoll-vorteilhafte Beziehungen.

♃: Du vergeudest Energie, indem du „das Richtige" tun willst, und musst zugeben, dass eine Transformation so unwahrscheinlich ist.

55

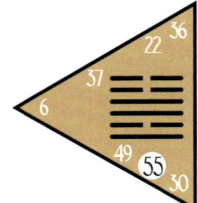

FÜLLE

Spirit/Geist

Ein be-geist-erter Mensch verhält sich nicht in erster Linie maßvoll und vernünftig, sondern hat Temperament; es steht ihm Fülle in allen möglichen Ausdrucksformen zur Verfügung.

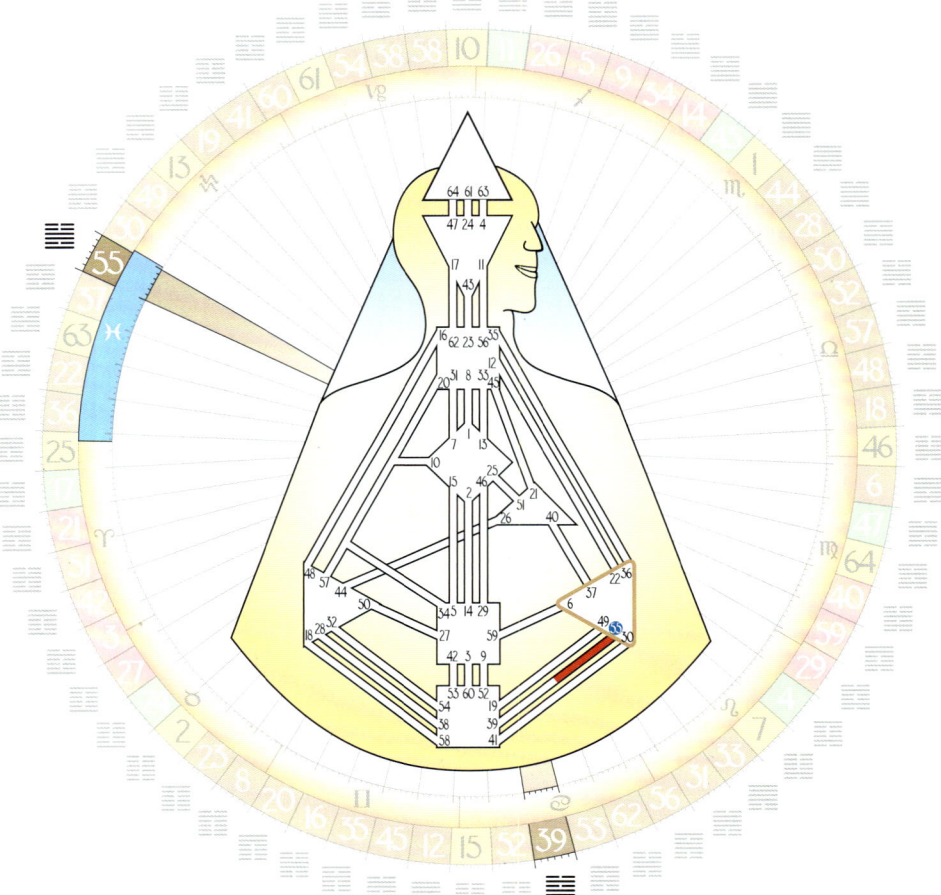

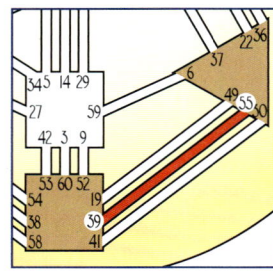

Teil von Kanal 39-55:
Der Kanal des
Emotionen-Freisetzens

Zentrum: **Emotionen**

Schaltkreis:
**Individuell/
Wissen**

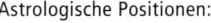

Astrologische Zuordnung:
Fische ♓

Astrologische Positionen:

	00°07'30" ♓ – 05°45'00" ♓
1:	00°07'30" ♓ – 01°03'45" ♓
2:	01°03'45" ♓ – 02°00'00" ♓
3:	02°00'00" ♓ – 02°56'15" ♓
4:	02°56'15" ♓ – 03°52'30" ♓
5:	03°52'30" ♓ – 04°48'45" ♓
6:	04°48'45" ♓ – 05°45'00" ♓

Manchmal durchströmen dich heftige Wellen dramatischer Emotionen ohne jeglichen vernünftigen Zusammenhang oder Grund. Emotionen als Auslöser von Kreativität umfassen sowohl Melancholie als auch Glückseligkeit.

Opferhaltung

Genschlüssel 55: jammernd ⬥ beschuldigend : Freiheit :: FREIHEIT!

55.1 Beziehungen: Für Menschen, die ähnlich denken und fühlen, offen und verfügbar sein

Du verbindest dich mit anderen, die eine ähnliche Wellenlänge haben, oder suchst Gesellschaft aus rein geselligen Gründen.

♃: Du begünstigst die Fülle, indem du dich auf Menschen ausrichtest, die ähnlich veranlagt sind wie du.

♀: Bei deiner Ausrichtung auf andere strebst du eher nach Geselligkeit als nach Gemeinsamkeiten.

55.2 Unschuldig bleiben: Sich auch in skeptischer Umgebung behaupten

Durch deine Ideale rufst du bei anderen Menschen Argwohn hervor und ihr Misstrauen kann dich überwältigen.

♀: Indem du dich auf deine Sinne verlässt, richtest du dich auf diejenigen aus, die mit deiner eigenen Realität im Einklang sind.

⊕: Du identifizierst dich damit, dass du als vertrauenswürdig angesehen wirst, daher kann es dich zutiefst erschüttern, wenn man dich anzweifelt.

55.3 Im Schatten: In herausfordernden Situationen sein Bestes geben

Du findest Geduld und Geistesstärke, wenn du gebremst wirst, oder du fühlst dich gezwungen, zu reagieren.

♄: Du besitzt die emotionale Disziplin, Fehlschläge zu überstehen, ohne sie allzu persönlich zu nehmen.

♂: Du empfindest Fehlschläge möglicherweise als persönliche Kränkung und tust alles, um deinen Geist vor einem solchen Dämpfer zu schützen.

55.4 Erhellung: Deine innere Weisheit leuchtet in schwierigen Zeiten für andere

Du findest Menschen, die deinen Geist wirklich wertschätzen, und triffst entweder kluge Entscheidungen oder gehst Risiken ein.

♃: Mit deinem begeisterungsfähigen Wesen richtest du dich auf andere aus und triffst kluge Entscheidungen, die große Fülle bringen.

♂: Mit deinem begeisterungsfähigen Wesen ziehst du andere Menschen an, neigst aber zu überstürzten Entscheidungen und verursachst Verstimmungen.

55.5 Beratung: In der Wahl deiner Begleiter ganz klar sein

Deine innere Harmonie gewährleistet einen großzügigen Geist und Fülle für dich selbst und andere.

☊: Durch innovative Umsetzung deiner Ideale und der Ratschläge von anderen sorgst du für große Fülle.

☉: Du lässt dich auf die Ratschläge anderer auf kluge Weise ein, fühlst dich aber möglicherweise eingeengt und gezügelt.

55.6 Selbstlos sein: Eine offene Haltung einnehmen und der Welt viel zugestehen

Wenn du nicht aufpasst, kann es leicht passieren, dass du diejenigen, denen es nicht so gut geht wie dir, vergisst.

♄: Du hast die Disziplin, deine Fülle dazu zu nutzen, dein eigenes Leben und das anderer Menschen voranzubringen.

☾: Dich mit Mangel zu identifizieren, wird dich enge Freunde kosten – und das Vergnügen, auf selbstverständliche Art guten Mutes zu sein.

56

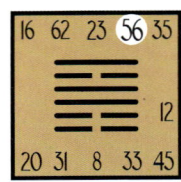

旅 DER WANDERER
Anregung: Reisen

Die Bewegungen und Betrachtungen der inneren Welt spiegeln sich in Bewegungen und Betrachtungen der äußeren Welt.

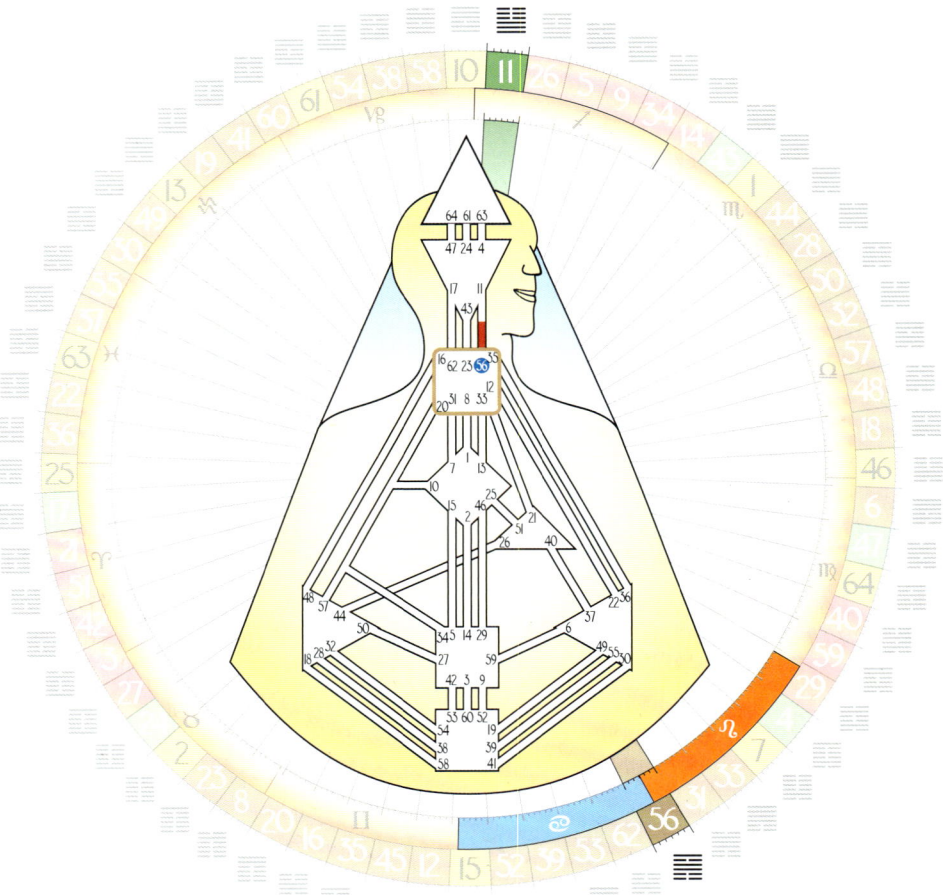

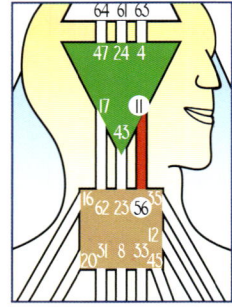

Teil von Kanal 11-56:
Der Kanal der Neugier

Zentrum: **Kehle**

Schaltkreis:
Kollektiv/ Sinnfinden

Astrologische Zuordnung: ♋
Krebs / Löwe ♌

Astrologische Positionen:

26°22'30" ♋ – 02°00'00" ♌

1:	26°22'30" ♋	– 27°18'45" ♋
2:	27°18'45" ♋	– 28°15'00" ♋
3:	28°15'00" ♋	– 29°11'15" ♋
4:	29°11'15" ♋	– 00°07'30" ♌
5:	00°07'30" ♌	– 01°03'45" ♌
6:	01°03'45" ♌	– 02°00'00" ♌

> Durch Geschichten-Erzählen und ein Einlassen auf das Leben als Weg, menschliche Erfahrungen auszuprobieren, übst du dich in verschiedenen Betrachtungsweisen und eröffnest dir neue Zyklen. Der „Kreislauf des Lebens" kann zu einer „Spirale des Lebens" werden durch Erweiterung – bringende Überzeugungen und die Art, wie du sie annimmst und umsetzt.

Ablenkung

Genschlüssel 56: verdrossen <> überreizt : Bereicherung :: Berauschung

56.1 Zielgerichtet sein: Ablenkungen vermeiden und mit Leichtigkeit durchs Leben gleiten

Ob du zielgerichtet im Leben engagiert bist oder nicht, bestimmt den Wert all deiner Erfahrungen.

- ☾: Du gehst auf deine eigene Art und zu der für dich passenden Zeit auf die Angelegenheiten ein, die dich interessieren.
- ♂: Deine Art zu sprechen kann stark von Ausflüchten geprägt sein, um jeder persönlichen Verantwortung für das Gesagte zu entgehen.

56.2 Empfangen: Die Gabe, deine Welt zu verschönern, wenn du auf dich selbst vertraust

Indem du auf das Licht in deinem Leben achtest, fällt dir auf, wie andere das Leben wahrnehmen.

- ☋: Deine innovative Art, Beziehung aufzunehmen, bringt dir Bewunderung und Unterstützung in Notzeiten ein.
- ☾: Deine Leidenschaft fürs Geschichten-Erzählen kann an den Bedürfnissen und Erwartungen deiner Zuhörer vorbeigehen.

56.3 Gründlich sein: Jegliche festen Vorstellungen überprüfen

Du überprüfst deine Überzeugungen und aktualisierst sie – oder es ist dir gleich, wie sie mit deinem Leben zusammenpassen.

- ☉: Du drückst deine Ansichten mit Überzeugung aus und bist auch in der Lage, sie an veränderte Zeiten anzupassen.
- ♀: Wenn du glaubst, deine wahre Harmonie sei anderswo zu finden, wirst du immer ruhelos sein.

56.4 Abwägen: Deine Überzeugungen auf die Gegebenheiten deiner Lebensreise ausrichten

Du bist auf der Hut, wann du was sagst, und musst bereit sein, dich aus Schwierigkeiten herauszureden.

- ☾: Deine Sensibilität gegenüber der Stimmung des Augenblicks zeigt dir an, was leicht kommuniziert werden kann.
- ☿: Deine Verwirrung im Hinblick darauf, was Ausdruck verlangt, kann es dir schwer machen, dich wirksam zu behaupten.

56.5 Geschichten erzählen: Die Menschen mit deinen Geschichten und Abenteuern anziehen

Auf glasklare Art und Weise vermittelst du wertvolle Vorstellungen – oder du wirst eitel und verrennst dich.

- ☋: Durch deine innovativen Künste und Darstellungen findest du leicht Anklang bei anderen.
- ♂: Deine provokante Art verlangt nach Ausdruck und kann anderen ein Gefühl von Unruhe vermitteln.

56.6 Erneut überprüfen: Die Grenzen dessen, was wahr ist, abschätzen

Deine Überzeugungen prägen deine Wahrnehmung der Realität und bringen eine bestimmte Qualität von Erfahrungen.

- ☉: Du erlebst deine inneren Überzeugungen als deine Realität, die sich ständig wandelt, und sprichst auch so darüber.
- ☋: Da du dich mit irgendwelchen in sich schlüssigen Überzeugungen nicht wohl fühlst, bringst du absichtlich Verwirrung hinein.

57

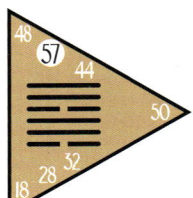

巽 **DAS SANFTE**

Intuition
(Der durchdringende Wind)

Du schreitest sachte voran und achtest
dabei auf deine intuitive Klarheit.

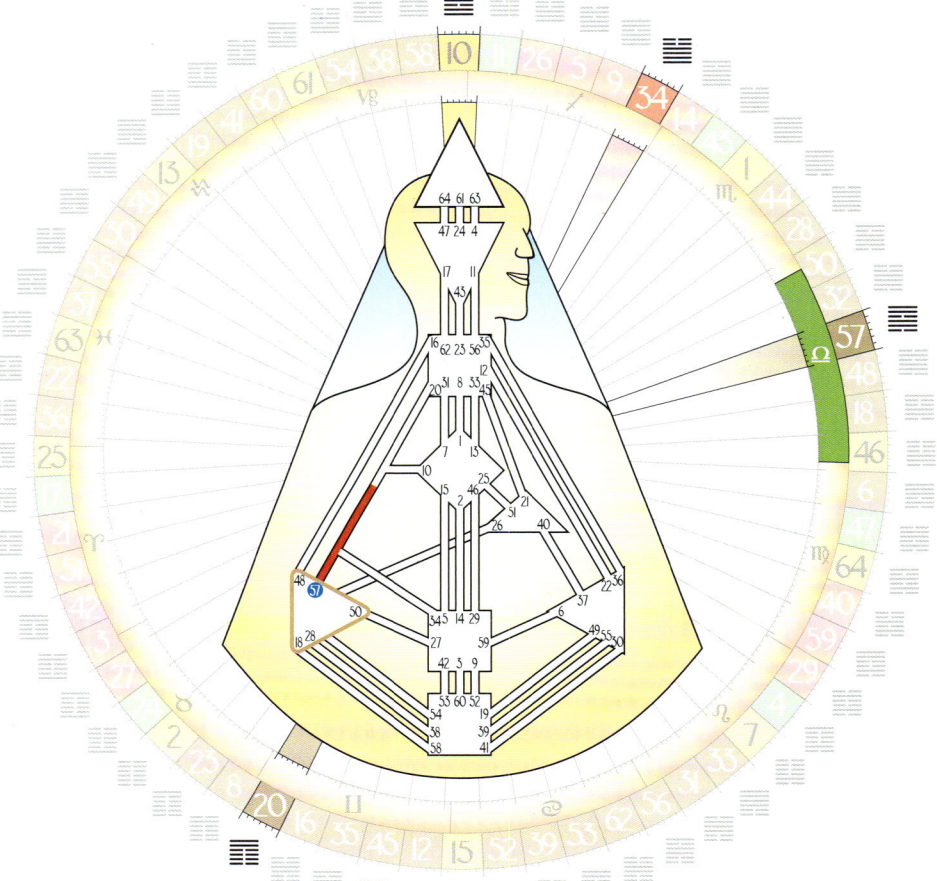

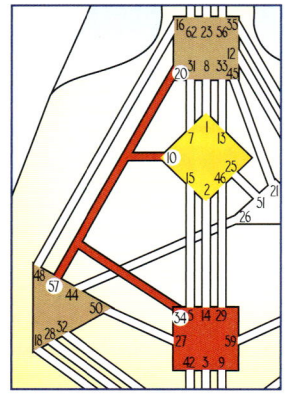

Teil von Kanal 10-57
Der Kanal des Überlebens

Teil von Kanal 20-57
Der Kanal unwillkürlicher Impulse

Teil von Kanal 34-57
Der Kanal der Macht

Zentrum: **Milz**   Schaltkreis: **Individuell/
Integration/Wissen**

Astrologische Zuordnung:
Waage Ω
Astrologische Positionen:

15°07'30" Ω – 20°45'00" Ω

1:	15°07'30" Ω – 16°03'45" Ω
2:	16°03'45" Ω – 17°00'00" Ω
3:	17°00'00" Ω – 17°56'15" Ω
4:	17°56'15" Ω – 18°52'30" Ω
5:	18°52'30" Ω – 19°48'45" Ω
6:	19°48'45" Ω – 20°45'00" Ω

Du hast Zugang zu einer Sensibilität für Akustik und Schwingungen, die alles Verwirrende durchdringt, um die Wahrheit zu ermitteln. Intuition zu üben heißt buchstäblich, „dich selbst innerlich entsprechend dem, was du hörst (intuitiv wahrnimmst), zu schulen ".

Unbehagen

Genschlüssel 57: zögerlich <> ungestüm : Intuition :: Klarheit

57.1 Ruhig bleiben: Hinter der größten Aufregung stecken meist die albernsten Dinge

Du lässt deine Intuition die Verwirrung durchdringen – oder du wirst vom Chaos überwältigt.

♀: Du nimmst Störungen für deinen Sinn akustischer Harmonie wahr, ohne dich dadurch ablenken zu lassen.

☾: Du kannst dich durch chaotische Situationen aus dem Gleichgewicht bringen lassen, kannst deine intuitiven Fähigkeiten verlieren und unentschlossen werden.

57.2 Eindringen: Verborgene Absichten erkennen können

Deine Intuition dringt zu Inhalten und Bedeutungen vor, die anderen Sinnen verborgen bleiben, und gibt dir die Gelegenheit, dich großzügig zu verhalten oder nicht.

♀: Dein harmonisches Wesen bereichert deine Klarheit und menschliche Stärke auf selbstverständliche Weise.

☾: Deine Stimmungsschwankungen erlauben es dir, jedes intuitive Erkennen deiner eigenen niedrigeren Motive zu ignorieren.

57.3 Bewusstheit: Sensible Einstimmung auf Schwingungen

Du findest dich versunken, manchmal sogar erstarrt, in reinem Gewahrsein.

☿: Du verfügst über die Fähigkeit, dich aus reiner Intuition heraus auf deine Wahrnehmungen der Gegebenheiten einzustimmen und dich darauf zu beziehen.

♆: Deine Gabe tiefer Intuition führt dich manchmal jenseits der Realität in das Reich der Fantasie.

57.4 Furchtlos sein: Eine klare Intuition sieht weit und darf sich keinen Ängsten ergeben

Du stimmst dich tief auf deine Angelegenheiten und die anderer ein, indem du die Bedürfnisse aller in Betracht ziehst.

♀: Du erahnst die Wünsche und Wege aller, bevor diese selbst sich deren bewusst sind.

♂: Du handelst beim Anleiten anderer vorschnell nach deiner Intuition und trittst den Leuten dabei manchmal auf die Zehen.

57.5 Sanft sein: Sich von Moment zu Moment auf das einstellen, was das Leben bringt

Du wertest deine Intuition bewusst aus – oder du drängst ohne Rücksicht voran und musst dann die Folgen tragen.

☋: Du erkennst immer eine direkte Verbindung zwischen Transformation und dem Vertrauen auf die Intuition.

☾: Mit deinen Stimmungswechseln kannst du dich von Ereignissen überwältigen lassen und daher aktuelle Hinweise deiner Intuition überhören.

57.6 Umsichtig sein: Die Intuition auf das begrenzen, was von Belang ist und gerade ansteht

Entweder hast du das Selbstvertrauen, auf das zu vertrauen, was deine Intuition dir sagt, und danach zu handeln, oder nicht.

☿̊: Du hast die ungewöhnliche Gabe, intuitiv zu erfassen, was nicht mit anderen Mitteln erfasst werden kann.

♂: Dein Drang zu vorschnellem Handeln kommt aus der Angst, in schwierigen Situationen ratlos zu sein, wie sie zu lösen sind.

58

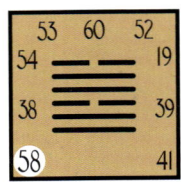

LEBENSFREUDE
Der Lebensfunke
Die große Kraft und Begeisterung
wertschätzen, die aus einem Leben in
Freude kommt.

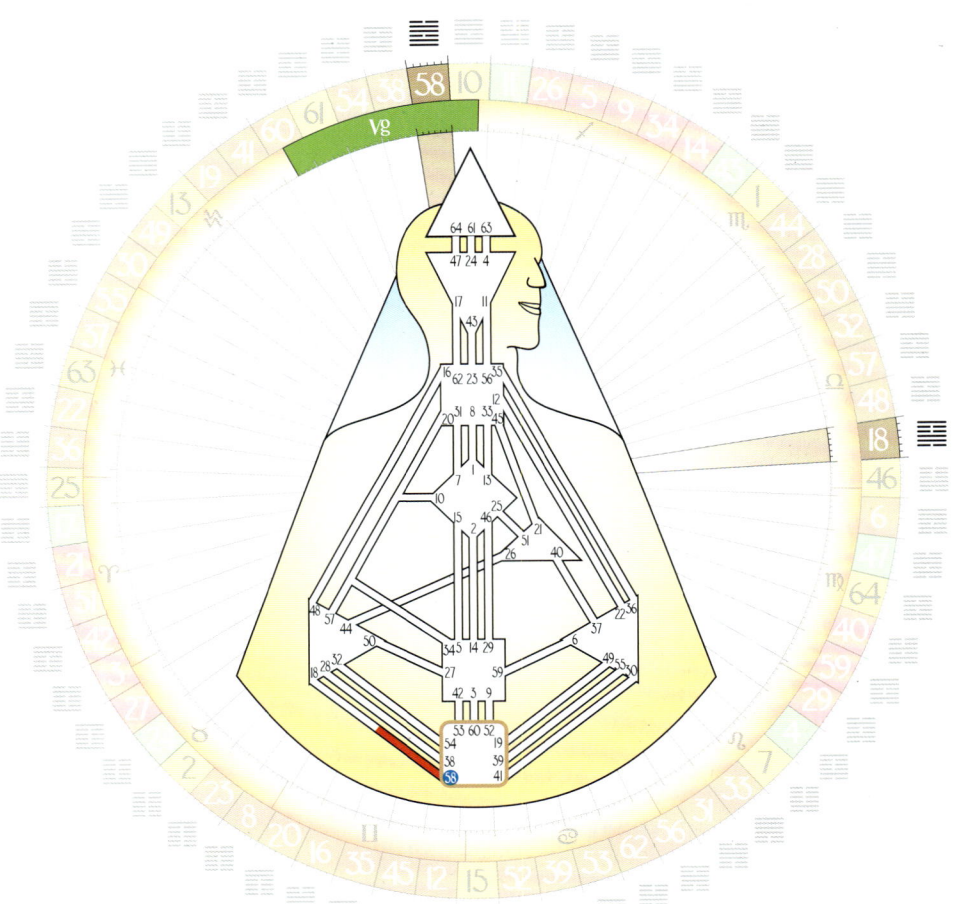

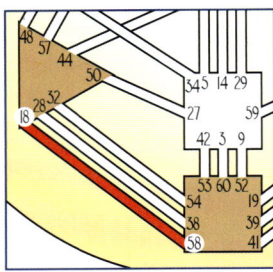

Teil von Kanal 18-58:
Der Kanal des Urteilsvermögens

Zentrum: **Wurzel**

Schaltkreis:
**Kollektiv/
Logik**

Astrologische Zuordnung:
Steinbock ♑

Astrologische Positionen:

03°52′30″ ♑ – 09°30′00″ ♑

1:	03°52′30″ ♑ – 04°48′15″ ♑
2:	04°48′45″ ♑ – 05°45′30″ ♑
3:	05°45′00″ ♑ – 06°41′45″ ♑
4:	06°41′15″ ♑ – 07°37′00″ ♑
5:	07°37′30″ ♑ – 08°33′15″ ♑
6:	08°33′45″ ♑ – 09°30′00″ ♑

> An der Wurzel allen Wachstums und aller Bestrebungen stellt sich der Lebensfunke ein, der als Freudigkeit beschrieben werden kann. Freudigkeit liegt in allen Angelegenheiten des Lebens darin, dass wir den geheimnisvollen, eigenständigen Drang wahrnehmen, uns auf das Leben einzulassen, und sie unterstützt uns dabei.

Unzufriedenheit

Genschlüssel 58: freudlos ⬦ störend : Lebensfreude :: Glückseligkeit

58.1 Harmonisieren: Dein Leben auf deine spontane, fröhliche Natur ausrichten

Indem du frei von Zweifeln und Sorgen lebst, bescherst du dir selbst und anderen Freude.

♀: Sobald du auf deine innere Harmonie zurückgreifst, begünstigst du Freude für alle und jeden.

☾: Deine wechselhaften Stimmungen bewegen sich ganz natürlich durch Zyklen von Freude und Schmerz.

58.2 Nach vorn schauen: Einstimmung auf deine innere Freude zieht angenehme Tätigkeiten an

Deine innere Ruhe erschafft Freude im Außen – oder vielleicht suchst du, einfach zur Ablenkung, den Nervenkitzel.

♀: Du genießt ein harmonisches Gleichgewicht von innerer Freude und äußeren Anregungen.

♁: Du ziehst das Ungewöhnliche an und findest leicht Betätigungen, die scheinbar keinen bleibenden Wert haben.

58.3 Aufregend: Die Anziehungskraft weltlicher Vergnügungen erfordert ausgeprägte innere Selektivität

In dir besteht eine intensive freudige Aufregung – oder sie spiegelt sich in der Versprechung weltlicher Freuden.

♁: Dein innovatives Wesen kann dir aus sich heraus großartige Ablenkungen verschaffen, die dich bis ins Mark elektrisieren.

♂: Unruhig und von weltlichen Genüssen fasziniert, hetzt du von einer Ablenkung zur anderen.

58.4 Spontan sein: Schnelles Erkennen freudiger Anregungen

Du findest wirklich förderliche Anreize – oder du gibst allem nach und wirst energetisch ausgelaugt.

☊: Du bist in verschiedensten, auch dramatischen Umständen zu Hause und erkennst, was dir wirklich dienlich ist.

♆: Du bist möglicherweise ratlos, welche Anregung du auswählen sollst, und triffst eine Wahl, die dich erschöpft.

58.5 Unterscheiden: Klarheit in deinen inneren Wünschen und Bedürfnissen

Entweder bist du dir klar über deine Verbindungen, oder du neigst dazu, jedem zu vertrauen, und lässt dich womöglich in die Irre führen.

☾: Deine Offenheit gegenüber anderen wird gemäßigt durch deine mühelose Fähigkeit, stets auf dich selbst zu achten.

☉: Mit deiner fröhlichen Natur traust du jedem ganz offen und wirst regelmäßig enttäuscht, wenn du nicht aufpasst.

58.6 Anziehungskraft: Alle Arten von Anregungen anziehen

In äußeren Ablenkungen gefangen zu sein und das zur Lebensweise zu machen, bedeutet, dass du den Launen anderer unterworfen bist.

☾: Wenn du deine innere Welt mit deinen äußeren Anregungen in Verbindung bringst, verlierst du nicht aus den Augen, was dich wirklich freut.

☿: Der Reiz des Nervenkitzels ist so stark, dass du dich darin verlieren und in wilde Aktivität verfallen kannst.

59

INTIMITÄT
Auflösung – genetische Strategie – Sexualität

Indem wir Barrieren auflösen, schaffen wir Verbindung.

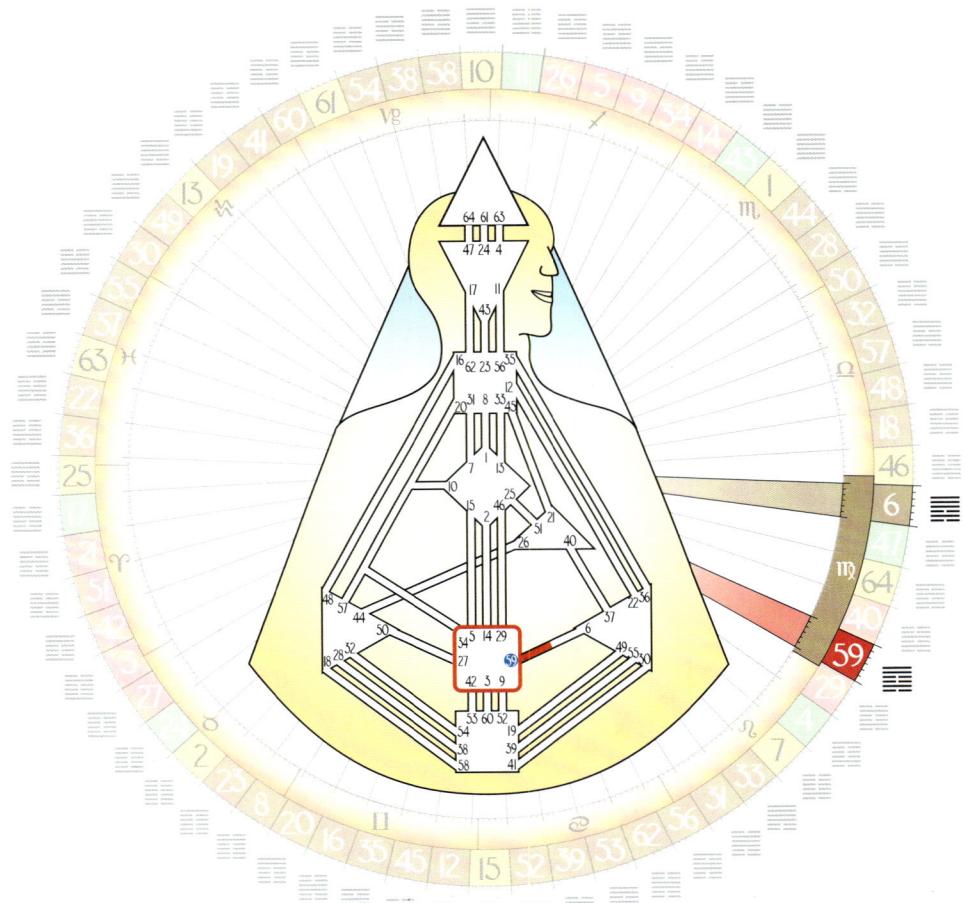

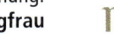

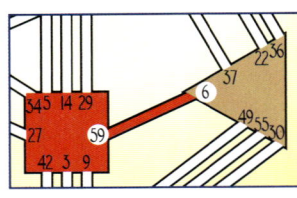

Teil von Kanal 6-59:
Der Kanal der Nähe

Zentrum: **Sakral**

Schaltkreis:
**Stamm/
Schützen**

Astrologische Zuordnung:
Jungfrau ♍

Astrologische Positionen:

00°07′30″ ♍ – 05°45′00″ ♍

1:	00°07′30″ ♍ – 01°03′45″ ♍
2:	01°03′45″ ♍ – 02°00′00″ ♍
3:	02°00′00″ ♍ – 02°56′15″ ♍
4:	02°56′15″ ♍ – 03°52′30″ ♍
5:	03°52′30″ ♍ – 04°48′45″ ♍
6:	04°48′45″ ♍ – 05°45′00″ ♍

Uns in genetisch gebotenem Umgang zu verbinden, macht Intimität, Offenheit und Verbundensein auf den tiefgreifendsten Ebenen in allen Bereichen des Lebens möglich.

59

Unehrlichkeit

Genschlüssel 59: ausgeschlossen <> zudringlich : Intimität :: Transparenz

59.1 Durchdringend: Evolution ist nur möglich durch Interaktion

Du reagierst entschieden auf Möglichkeiten zur Interaktion – oder du zögerst und verpasst deine Chance.

☉: Dein strahlendes Wesen trägt dich durch jede Tür zur Intimität.

☿: Du stößt in der Intimität auf Komplikationen und wirst unsicher, wann und wie du mit jemandem umgehen sollst.

59.2 Sich einbringen: Eine innere Getrenntheit, die sich aber auch für tiefe Intimität öffnen kann

Deine angeborene Tendenz, dich zu separieren, findet schließlich den Weg zu Leichtigkeit im Zusammensein.

♅: Deine innovative, ja ungewöhnliche Herangehensweise an Intimität hilft anderen, sich in ihrem Leben zu entwickeln.

♇: Mit deiner zutiefst selbstbezogenen Natur hältst du möglicherweise andere oft auf Abstand.

59.3 Sich verbinden: Durch das Auslösen von Interaktionen dir selbst und der Welt dienen

Du bist offen und ansprechbar für alle Arten von Verbindungen und Intimitäten.

♄: Intimität sinnvollerweise als Erfrischung für deine Lebensgeister suchen.

♂: Immer und überall aktiv auf der Suche nach Anschluss und Intimität, manchmal bis zur Promiskuität.

59.4 Freundlich sein: Eine Offenheit dafür, mit jedem freundschaftlich umzugehen

Deine Intimität gründet auf Freundschaften, die im Lauf der Zeit intensiver oder weniger intensiv werden können.

♀: Du setzt dich für Freundschaften ein, die etablierte Schranken auflösen und über traditionelle Formen hinausgehen.

☿: Durch Verwirrung in den Rollen deiner Intimität riskierst du, dich in unnötig intensive Verwicklungen zu begeben.

59.5 Vereinigen: Die Gabe, alle Interaktionen zu beleben

Du nimmst auf die Bedürfnisse anderer Bezug und verstärkst die Intimität durch Liebe, Respekt und Sexualität.

☉: Du verfügst über die starke Kraft, jeden dazu zu ermutigen, Übereinstimmung und Vereinigung zu finden.

♅: Du löst Intimitäts-Barrieren bei dir selbst und anderen auf innovative Weise auf.

59.6 Kritisch sein: Du bist in deiner Intimität sehr wählerisch

Du entwickelst im Lauf der Zeit ein Gefühl dafür, was wann, wo und wie zu dir passt, um deine Intimität zu leben.

♀: Du entwickelst ein inneres Erkennen der Harmonie, die du brauchst, um im nahen Umgang erfüllt zu sein.

☿: Du findest irgendwelche Gründe, um dich bei der Verwirklichung tiefgehender Intimität einzuschränken.

60

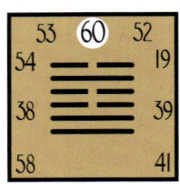

BESCHRÄNKUNG
Einschränkung – Annahme

Beschränkungen zu akzeptieren,
ermöglicht neuen Fluss und Transzendenz
sowie neue Mittel und Wege, (alte)
Probleme zu lösen.

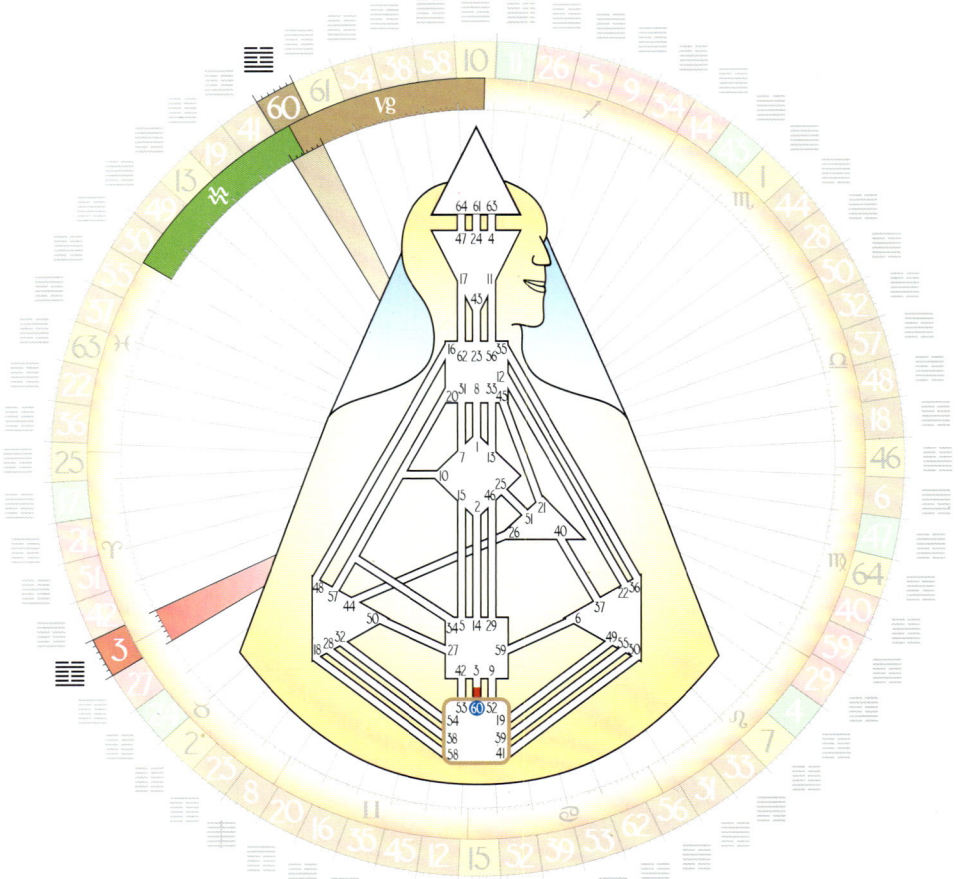

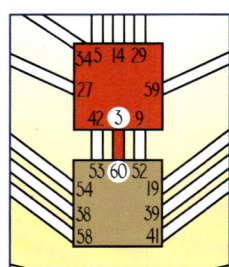

Teil von Kanal 3-60:
Der Kanal der Mutation

Zentrum: **Wurzel**

Schaltkreis:
**Individuell/
Wissen**

Astrologische Zuordnung:
Steinbock / Wassermann

Astrologische Positionen:

	26°22'30" ♑ – 02°00'00" ♒
1:	26°22'30" ♑ – 27°18'45" ♑
2:	27°18'45" ♑ – 28°15'00" ♑
3:	28°15'00" ♑ – 29°11'15" ♑
4:	29°11'15" ♑ – 00°07'30" ♒
5:	00°07'30" ♒ – 01°03'45" ♒
6:	01°03'45" ♒ – 02°00'00" ♒

Die realistische Gestaltung von Grenzen und Schranken sorgt für eine bekannte Grundlage, auf der Wachstum und Evolution stattfinden können. Wenn du eine Einschränkung anerkennst und sie beachtest, wird sie zum potenziellen Sprungbrett für Fortschritt.

60

Beschränkung

Genschlüssel 60: unstrukturiert <> starr : Realismus :: Gerechtigkeit

60.1 Sich anpassen: Auch unter Druck auf deine eigene Würde vertrauen

Du bewahrst dir deine Stärke und deine Möglichkeiten angesichts von Beschränkungen – oder du lässt dich verunsichern.

♀: Durch deine innere Harmonie erkennst du, dass es Vorteile hat, innerhalb selbstauferlegter Grenzen zu bleiben.

☿: Du wirst nervös und spannst dich an, wenn du deine Besorgtheit wegen äußerer Beschränkungen übertreibst.

60.2 Möglichkeiten nutzen: Wissen, wann Grenzen unnötig einschränkend sind

Du ergreifst entweder die Gelegenheit zu handeln, oder du fühlst dich hoffnungslos behindert und nicht in der Lage, dich frei zu bewegen.

♄: Deine disziplinierte Wesensart kann sich an Einschränkungen anpassen und dennoch zum Handeln bereit sein.

⊕: Du identifizierst dich bis zu dem Punkt mit Einschränkungen, an dem du entschlusslos und bewegungsunfähig wirst.

60.3 Maßlos sein: Aus dem Überschreiten deiner eigenen, vernünftigen Grenzen lernen

Du erkennst deine Grenzen und beherrschst dich entweder oder du gehst überstürzt vor und bezahlst den Preis dafür.

♄: Du übst Disziplin und hältst dich zurück, wenn du weißt, du hast nur begrenzte Mittel zur Verfügung.

♂: Du neigst dazu, Aufmerksamkeit und Zustimmung von anderen zu suchen und deine eigenen, wirklichen Ideale außer Acht zu lassen.

60.4 Ausbauen: Begrenzungen als natürliches Sprungbrett für Wachstum nutzen

Du kommst mit allen Beschränkungen gut zurecht – oder du wirst deprimiert, wenn du dich nicht durchsetzen kannst.

☿: Du setzt alles daran, aus jeder Situation das Beste zu machen, indem du dich direkt mit ihr auseinandersetzt.

♀: Wenn du versuchst, die Begrenzungen im Leben in Einklang zu bringen, statt über sie hinauszuwachsen, kann das leicht in die Niedergeschlagenheit führen.

60.5 Innere Unabhängigkeit finden: Beschränkungen auf positive Weise anzunehmen, hat eine große Wirkung

Du lebst offen innerhalb von Beschränkungen, die für dich selbst und andere annehmbar sind – oder du wirst heuchlerisch.

♆: Deine intuitive Wesensart kennt natürliche Grenzen, die für dich selbst und für andere akzeptabel sind.

♃: Deine expansive Wesensart hat Schwierigkeiten, angemessene Grenzen für dich selbst und andere festzulegen.

60.6 Idealistisch sein: Zwischen Nachgiebigkeit und unbegründeter Beschränkung schwanken

Du weißt, dass jegliche übermäßigen Einschränkungen, die dir oder anderen auferlegt werden, auf Unmut stoßen.

♅: Deine innovative Herangehensweise an Beschränkungen macht es leichter, sie zu akzeptieren.

☿: Du wirst von dir auferlegten Beschränkungen überwältigt, was dich deprimieren kann.

61

中孚 INNERE WAHRHEIT
Aufrichtigkeit – Mysterien
Deine tiefste Aufrichtigkeit führt dich
zwangsläufig auf den Weg zu deiner
eigenen Wahrheit.

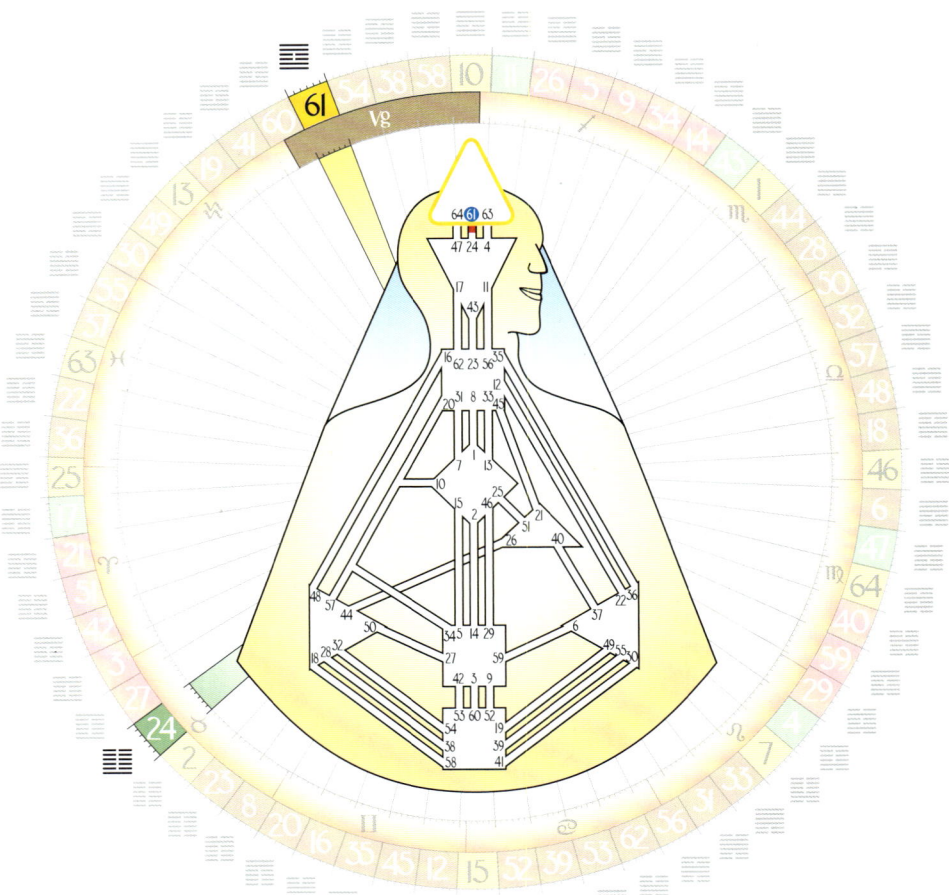

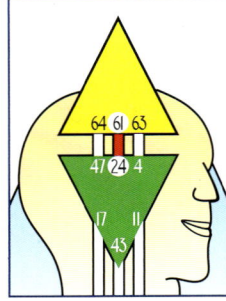

Teil von Kanal 24-61:
Der Kanal der Denker

Zentrum: **Krone**

Schaltkreis:
**Individuell/
Wissen**

Astrologische Zuordnung:
Steinbock ♑

Astrologische Positionen:

20°45′00″ ♑ – 26°22′30″ ♑

1:	20°45′00″ ♑ – 21°41′15″ ♑
2:	21°41′15″ ♑ – 22°37′30″ ♑
3:	22°37′30″ ♑ – 23°33′45″ ♑
4:	23°33′45″ ♑ – 24°30′00″ ♑
5:	24°30′00″ ♑ – 25°26′15″ ♑
6:	25°26′15″ ♑ – 26°22′30″ ♑

> Der Druck zu wissen... und schließlich die Erkenntnis, dass deine Gedanken dich vielleicht einen Blick auf die Wahrheit erhaschen lassen, sie aber nicht festhalten können. Die Wahrheit ist da, wo der Verstand still ist.

Psychose

Genschlüssel 61: ernüchtert ⬦ fanatisch : Inspiration :: Heiligkeit

61.1 Wahrnehmungen haben: Dein mediales Eingestimmtsein still und leise zulassen

Du bist in der Lage, tief in manche der inneren Zusammenhänge des Lebens einzudringen.

♆ : Deine mystische Natur ist darauf eingestimmt, viele kosmische und irdische Realitäten in Einklang bringen zu können.

♀ : Wenn du dich zu sehr zu esoterischen Bereichen hingezogen fühlst, kannst du den Bezug zu deiner Alltagswirklichkeit verlieren.

61.2 Dein Licht leuchten lassen: In allem ein Körnchen Wahrheit finden

Du hast entweder die innere Reife, deine unwiderstehlichen Inspirationen zu zügeln, oder nicht.

☾ : Du hast die Gabe, andere zu inspirieren, indem du dich auf dein eigenes, klares Wohlgefühl einstimmst.

♂ : Du weißt, dass du ein helles Licht bist, hast aber Schwierigkeiten, mit der entsprechenden Anerkennung durch andere umzugehen.

61.3 Sich auf sich selbst verlassen: In deinen Angelegenheiten dir selbst treu bleiben

Du vertraust in allen Interaktionen dir selbst, erkennst aber gleichzeitig auch, wie leicht andere dich beeinflussen können.

☾ : Du stellst dich auf jede Beziehung ein, die es ermöglicht, dass deine Wahrheit und deine Inspirationen sich entfalten.

♂ : Es geschieht leicht, dass andere dich missverstehen, und du wirst oft feststellen, dass es zu einer Entfremdung gekommen ist.

61.4 Die höhere Wahrheit: Der eigenen Klarheit folgen und die Resonanz der Wahrheit in anderen finden

Du suchst die Wahrheit in jeder Situation, egal, ob du von innen oder durch andere Menschen inspiriert bist.

♄ : Deine disziplinierte Wesensart hält dich eisern auf deinem Weg, bis sich die Wahrheit offenbart.

♃ : Jeder Versuch, die Wahrheit außerhalb deiner selbst zu finden, wird dazu führen, dass du desillusioniert wirst.

61.5 Genial sein: Alle zusammenbringen, indem du die Wahrheit innovativ interpretierst

Fest in deinen Grundsätzen verankert, vermittelst du anderen die Wahrheit, egal ob diese sie annehmen können oder nicht.

♄ : Deine Disziplin und dein Scharfsinn im Erkennen der Wahrheit bleiben unbeeinflusst davon, ob andere dich damit annehmen oder nicht.

♂ : Du bestehst darauf, für deine Haltung im Leben und dein Verständnis der Wahrheit anerkannt zu werden.

61.6 Erkenntnisreich sein: Der universelle Ausdruck der Wahrheit wird nicht immer anerkannt

Wenn du deine Wahrheit durch persönliche Erfahrungen ausdrückst, kann das andere auf der praktischen Ebene inspirieren – oder auch nicht.

☉ : Wenn du deine Wahrheit mit aller Aufrichtigkeit in die Form einer greifbaren Realität bringst, hat sie eine große Wirkung auf andere Menschen.

♂ : Du verprellst andere, indem du sie drängst, dein wenig praktikables Verständnis der Wahrheit zu übernehmen.

62

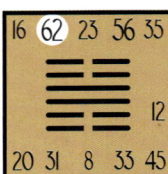

小過 **DETAILS IM AUSDRUCK**

Klärung

Viel Lärm um alles, indem du Einzelheiten ausdrückst und bestimmst, die für die Gegenwart und die Zukunft wertvoll sind.

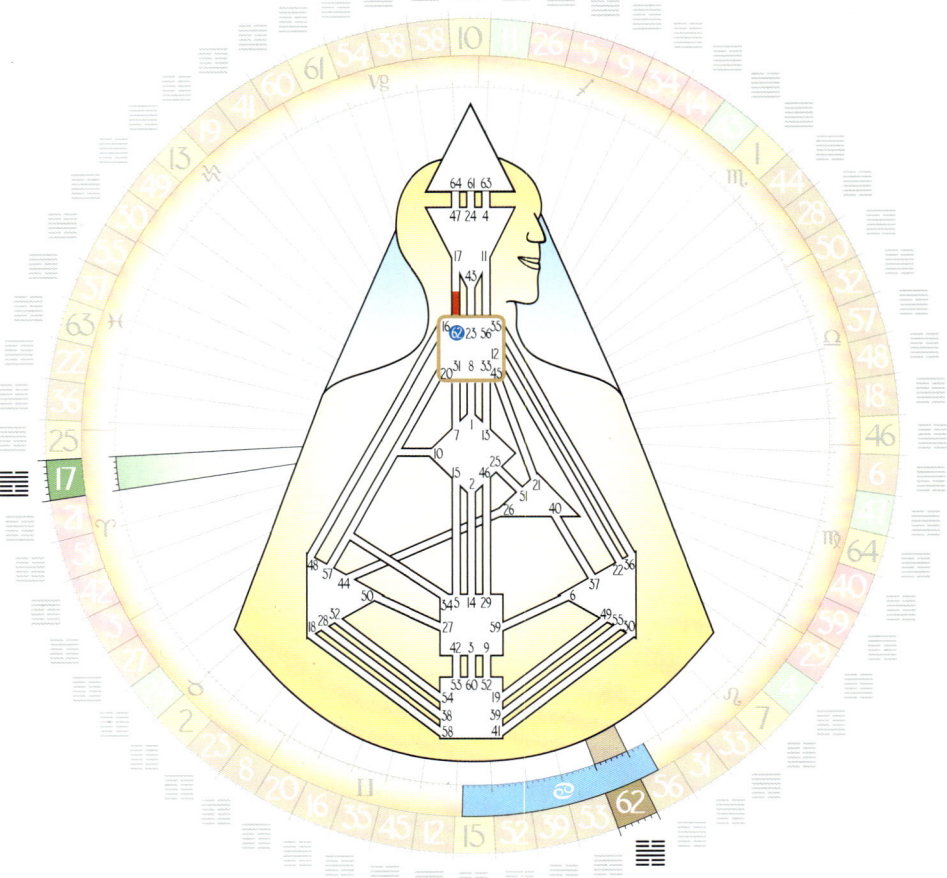

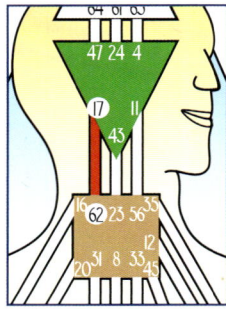

Teil von Kanal 17-62:
Der Kanal des Organisierens

Zentrum: **Kehle**

Schaltkreis:
**Kollektiv/
Logik**

Astrologische Zuordnung:
Krebs

Astrologische Positionen:

20°45'00" ♋ – 26°22'30" ♋

1:	20°45'00" ♋ – 21°41'15" ♋
2:	21°41'15" ♋ – 22°37'30" ♋
3:	22°37'30" ♋ – 23°33'45" ♋
4:	23°33'45" ♋ – 24°30'00" ♋
5:	24°30'00" ♋ – 25°26'15" ♋
6:	25°26'15" ♋ – 26°22'30" ♋

> Dein logisches Organisieren aller Angelegenheiten im Leben beruht darauf, dass du dich allen in dem Zusammenhang bedeutsamen Einzelheiten zuwendest. Wenn du logische Gedanken ausdrückst, heißt das nicht, dass diese immer völlig zutreffend sind oder dass sie befolgt werden müssten... es sind einfach nur logische Gedanken.

Intellektualität

Genschlüssel 62: zwanghaft <> pedantisch : Präzision :: Makellosigkeit

62.1 Praktisch orientiert: Auf das zugehen, was erreichbar und passend ist

Wenn du dich auf die wesentlichen Details im Leben beschränkst, bist du auf viele Aufgaben gut vorbereitet.

Ψ: Deine Gabe der Fantasie wird dir die möglicherweise banalen Aspekte des Alltags immer verschönern.

♂: Du drückst deine Pläne als Handlungen aus und bringst dich mit deinem Reden möglicherweise selbst in Schwierigkeiten.

62.2 Sinnvoll vorgehen: Die Hand ausstrecken, um Unterstützung zu geben und zu empfangen

Du wirst immer feststellen, dass Hilfe da ist, wenn du sie brauchst, sofern du unablässig auf deinem eigenen Weg voranschreitest.

♃: Indem du bei deinem Vorgehen bleibst, leistest du Hilfe, wenn sie gebraucht wird, und nimmst Hilfe an, wenn sie angeboten wird.

☿: Wenn du dich durch Gepflogenheiten gebunden fühlst, kommst du in eine Unruhe, die schwer zu zügeln ist.

62.3 Bescheiden sein: Bewusstheit für deine Tendenz zur Selbstüberschätzung

Dein gutes Urteilsvermögen, dein gesunder Menschenverstand und deine Bereitwilligkeit sind in schwierigen Situationen immer maßgeblich.

⚴: Innovationsgeist und Gewissenhaftigkeit ermöglichen es dir, in allen Aspekten des Lebens die relevanten Details zu entdecken.

♀: Wenn du dein Bedürfnis nach Harmonie über alles andere stellst, kann das dazu führen, dass du unvernünftig handelst.

62.4 Geduldig sein: Auf Gelegenheiten achten, die deinen Grundsätzen entsprechen

Du erkennst die Notwendigkeit zur Achtsamkeit an, besonders in Situationen, wo du dich im Recht fühlst.

♀: Mit deiner besonderen Empfindsamkeit beobachtest du, wie sich das Leben durch unauffällige Interventionen bereichern lässt.

☊: Du siehst Möglichkeiten zur Verbesserung in jedem Bereich des Lebens und drängst nach Gelegenheiten, dich durchzusetzen.

62.5 Umsichtig sein: Planung, Vorbereitung und Durchführung

Wenn alles an seinem Platz ist, kommt der Zeitpunkt, zu bestimmen, wann und wie vorgegangen werden soll.

☾: Wenn du dich stetig von einer Phase zur nächsten bewegst, erreichst du eine Ausrichtung der Einzelheiten auf die Ergebnisse.

Ψ: Oft bist du so weit, voranzuschreiten, verlierst dich aber weiterhin in deiner Fantasie.

62.6 Grenzen akzeptieren: Bei allen Unternehmungen praktische Beschränkungen anerkennen

Du musst Zurückhaltung üben, wenn du im Rahmen deiner Möglichkeiten interagieren willst.

♄: Du disziplinierst dich, um die Klarheit deiner Absichten zu wahren, wenn du mit Einschränkungen konfrontiert wirst.

☿: Du hast den Intellekt, deine Grenzen anzuerkennen, aber oft nicht die Entschlossenheit, dich daran zu halten.

63

既濟

ZWEIFEL

Kritische Wahrnehmung
(Nach der Vollendung)

In einer Welt, die von ständigem Wandel geprägt ist, deine Ansichten immer wieder aktualisieren.

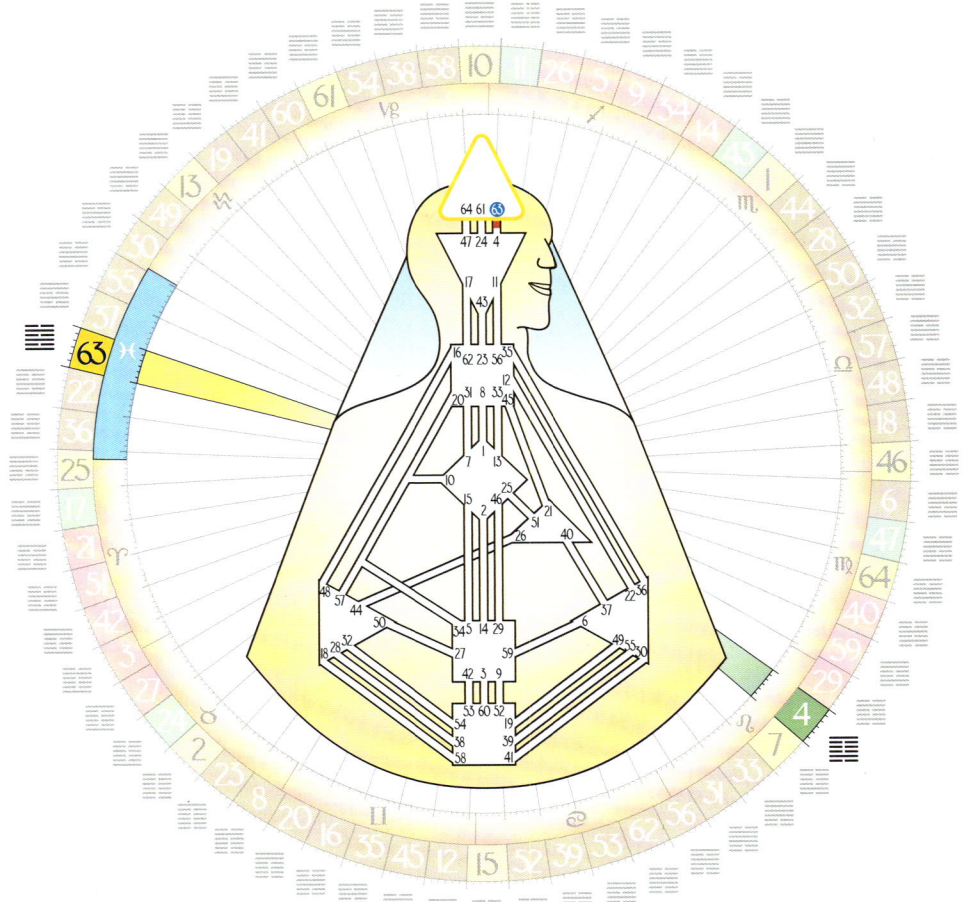

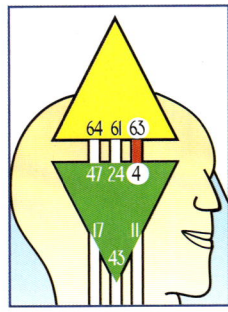

Teil von Kanal 63-4:
Der Kanal des logisischen Verstandes

Zentrum: **Krone**

Schaltkreis:
Kollektiv/
Logik

Astrologische Zuordnung:
Fische ♓

Astrologische Positionen:

11°22'30" ♓ – 17°00'00" ♓

1:	11°22'30" ♓ – 12°18'45" ♓
2:	12°18'45" ♓ – 13°15'00" ♓
3:	13°15'00" ♓ – 14°01'15" ♓
4:	14°01'15" ♓ – 15°07'30" ♓
5:	15°07'30" ♓ – 16°03'45" ♓
6:	16°03'45" ♓ – 17°00'00" ♓

Deine Gabe der kritischen Wahrnehmung braucht ständige Mäßigung und Abstimmung auf die aktuelle Umgebung. Erfüllung entsteht durch die Erkenntnis, dass letztendlich alles an seinem richtigen Platz ist und seine Ordnung hat... und dass niemand sich gern kritisieren lässt, auch wenn du dich gedrängt fühlst, einen Kommentar über ihn abzugeben.

Zweifel
Genschlüssel 63: Selbstzweifel ◇ Misstrauen : Erkundung :: Wahrheit

63.1 Untersuchen: Dauernd die Gegebenheiten für dich überprüfen

Du bleibst gelassen oder nicht, wenn deine Leistungen mit ihren Auswirkungen offenbar werden.

☉: Du lässt dich durch den Druck, der mit Leistung einhergeht, nicht übermäßig stören.

♂: Du analysierst dein Leben zwar fortwährend, jagst aber offenbar dennoch unnötigen Leistungen nach.

63.2 Zurückhaltung: In deinem Streben nach persönlicher Integrität standhaft bleiben

Du bleibst auch in schwierigen Zeiten deinen Zielen treu, ob du andere damit beeindruckst oder nicht.

♃: Du kannst deine Zweifel mit anderen teilen, verlierst aber dabei dein eigentliches eigenes Ziel nie aus den Augen.

♁: Eine gewisse Verletzlichkeit, wenn es schwierig wird, lässt dich manchmal an deinen Zielen und denen anderer zweifeln.

63.3 Neu beleben: In allen Angelegenheiten hohe Ideale beachten

Schließlich findest du heraus, wie du deine Ziele erreichen kannst und wer oder was dich dabei unterstützen kann.

♃: Der Druck, etwas zu erreichen, trägt dich durch tiefe Zweifel bezüglich deiner Ziele und deiner Verbündeten.

♄: Manchmal bist du unnachgiebig mit dir selbst und anderen, wenn du deine Ziele verfolgst.

63.4 Klarheit: Wachsam bleiben gegenüber allem, was deine Erfüllung stören könnte

Indem du anderen deine Denkprozesse beschreibst, verringerst du etwaige Zweifel rasch.

☿: Du kommst jeglichen potenziellen Komplikationen schnell zuvor, so dass sie leicht behoben werden können.

♂: Du bist beim Lösen von Problemen leicht allzu selbstbewusst und neigst zu überstürzten Entscheidungen.

63.5 Gutes bewirken: Aufrichtigkeit über den Schein stellen

Große Leistungen sind möglich, wenn du deine Zweifel und dein Tun auf dem Weg dahin ehrlich prüfst.

☉: Du verwirklichst einen Plan mit bewusst positiven Absichten und analysierst dabei jeden Aspekt deines Vorgehens.

♂: Du kannst leicht vergessen, aus ganzem Herzen zu feiern, wenn du deine Anstrengungen abgeschlossen hast.

63.6 Vorausschauen: Wenn du etwas vollendest, bleib präsent und schau nach vorne

Deinen Verstand von der Beschäftigung mit der Vergangenheit weg und in die Gegenwart zu holen, ist eine lebenslange Aufgabe.

♃: Du bewegst dich im Leben voran, wenn du dich aktuellen Lösungen zuwendest und alte Zweifel hinter dir lässt.

☊: Wenn du darauf bestehst, alte Themen immer noch einmal hochkommen zu lassen, wirst du sie nur immer wieder mit einem neuen „Dreh" versehen.

64

未濟

VERSCHIEDENE MÖGLICHKEITEN

Verwirrung (Vor der Vollendung)

Bei der Ausdehnung gibt es kein vollkommenes Gleichgewicht und keine absolute Richtigkeit, und doch besteht immer der Druck, eine Balance zu finden.

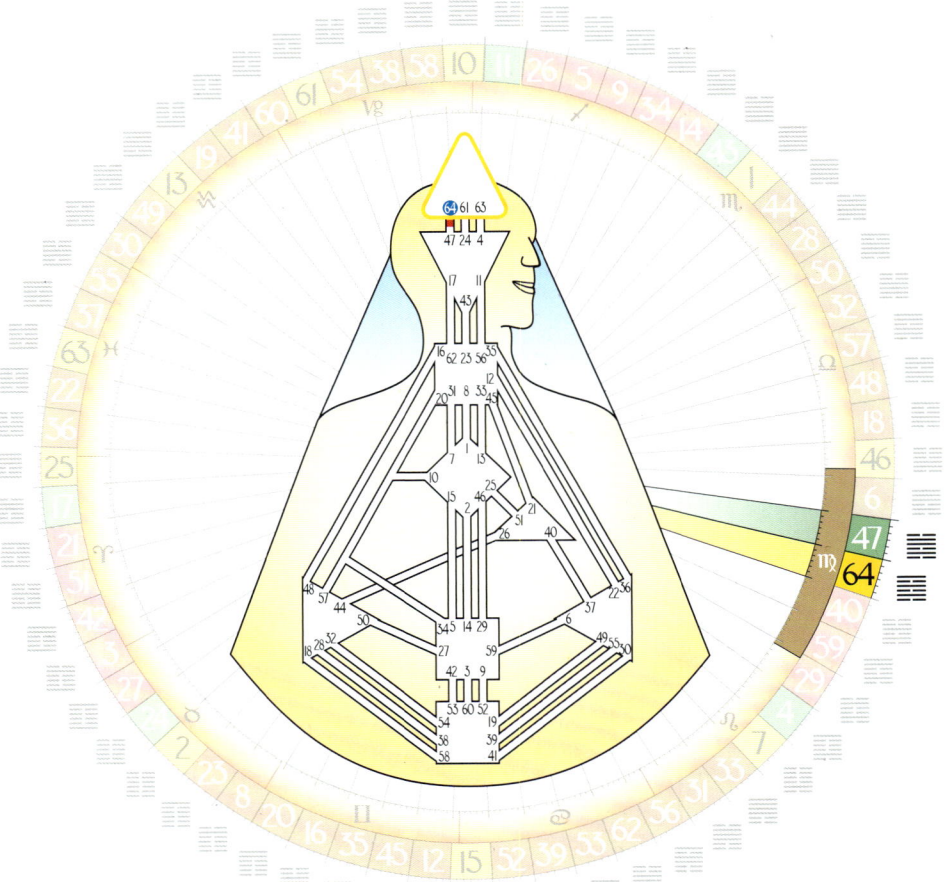

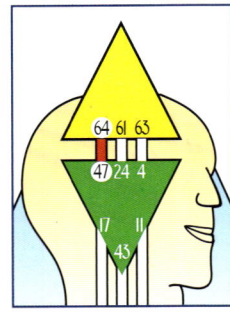

Teil von Kanal 64-47:

Der Kanal des abstrakten Denkens

Zentrum: **Krone**

Schaltkreis:
Kollektiv/ Sinnfinden

Astrologische Zuordnung:
Jungfrau ♍

Astrologische Positionen:

	11°22'30" ♍ – 17°00'00" ♍
1:	11°22'30" ♍ – 12°18'45" ♍
2:	12°18'45" ♍ – 13°15'00" ♍
3:	13°15'00" ♍ – 14°01'15" ♍
4:	14°01'15" ♍ – 15°07'30" ♍
5:	15°07'30" ♍ – 16°03'45" ♍
6:	16°03'45" ♍ – 17°00'00" ♍

Das Leben und unsere Erfahrung der Existenz ist eine in sich erfüllende Reise, die sich stets zur Vollendung hin bewegt und dabei immer wieder neue Zyklen und Spiralen durchläuft. Auf der Suche nach dem perfekten Umgang mit dem Leben schau in die Sterne und versuche, dir einen Lieblingsstern auszuwählen...! Es gibt immer noch mehr!

Verwirrung

Genschlüssel 64: nachahmend <> verwirrt : Vorstellungskraft :: Erhellung

64.1 Übergang: Innere Entschlossenheit führt zu erfüllenden Ergebnissen

Dich ausschließlich auf vergangene Sichtweisen deiner Lebenserfahrungen zu stützen, wird dir keine Erfüllung bringen.

♀: Deine innere Harmonie verleiht dir Geduld und Nachsicht, ohne zufriedenstellende Ergebnisse zu versprechen.

♂: Du bist bereit, jeden Moment zu handeln, wenn es so aussieht, als sei alles soweit geklärt – was aber oft nicht wirklich der Fall ist.

64.2 Hingabe: Deiner inneren Stimme treu bleiben

Du vertraust auf dich selbst und dein Vorgehen, findest so zu deiner Klarheit und gehst deine Schritte.

♀: Im Vertrauen auf deine innere Harmonie wartest du auf das besondere innere Gefühl, das der Lösung vorausgeht.

☾: Du stimmst dich auf viele Aspekte des Lebens ein, wobei du dich manchmal unnötig und im Übermaß engagierst.

64.3 Neubeginn: Einen neuen Anfang machen, wenn die alten Methoden nicht mehr greifen

Bei allen Unternehmungen benötigst du von Anfang an innere Klarheit und musst erkennen können, wer noch über diese Klarheit verfügt.

♄: Wenn du erneute Klarheit und neues Verstehen abwartest, überschreitest du bewusst die Verwirrung.

☾: Nicht wirklich in Verbindung mit der aktuellen Realität, verpflichtest du dich auf Strategien, die keine Erfüllung versprechen.

64.4 Überwinden: Alle inneren Kämpfe erfordern Beharrlichkeit und Entschlossenheit

Du brauchst innere Grundsätze, um die Verwirrung zu überwinden und dein weiteres Vorgehen zu klären.

☾: Du überdenkst alle Zyklen im Leben mit der Sicherheit, dass du früher oder später deine Verwirklichung erfahren wirst.

♂: Mit einem übermäßig energiegeladenen Verstand stellst du fest, dass die Verwirrung sich nie für lange Zeit klärt.

64.5 Beispielhaft sein: Stets beharrlich, leuchtet dein Licht aus innerer Entschlossenheit heraus

Du erkennst, dass dein inneres Licht nach außen gerichtet werden kann, um die Verwirrung anderer Leute zu zerstreuen.

♀: Deine beständige innere Harmonie strahlt nach außen und bringt Licht in die Verwirrung der Welt.

♃: Du siehst Möglichkeiten zur Klärung, neigst aber dazu, dich von der Verwirrung anderer überfrachten zu lassen.

64.6 Einen kühlen Kopf bewahren: Errungenschaften mit klarem Verstand feiern

Du feierst in aller Klarheit oder verfällst in Maßlosigkeit, wenn Verwirrungen gelöst sind.

☿: Deine Geduld und Brillanz erlauben es dir, jede Menge Chaos zu ordnen und Lösungen zu finden.

♀: Du freust dich an unordentlichen Zuständen, kannst dich aber schließlich in dem daraus entstehenden Chaos verlieren.

Wie Sie dieses Buch als modernes Orakel nutzen können – die neuzeitliche Version des *I Ging*

Der erste Schritt: Sammeln Sie das benötigte Material

Für die Verwendung dieses Buches als Orakel benötigen Sie:

- ein Notizbuch oder Ihr Tagebuch und einen Tintenstift
- drei gleichartige Münzen (egal, welche Münzen Sie benutzen, diese müssen nur die gleiche Größe und das gleiche Gewicht haben)
- einen bequemen, ruhigen Platz, an dem Sie sitzen können
- eine Schreibunterlage

Der zweite Schritt: Die Frage

Stimmen Sie sich auf Ihre Frage ein, um zu deren Kern vorzudringen. Die Frage zu Beginn klar zu formulieren, ist genauso wichtig, wie die Antwort mit Gleichmut zu empfangen. Wenn Sie zum Beispiel zu der Frage tendieren: „Wann wird mir je mein Seelenpartner begegnen?" und sich ein wenig Zeit nehmen, um tiefer darin einzutauchen, werden Sie merken, dass diese Frage voller Bedeutungsnuancen ist, die in verschiedene Richtungen gehen...

„Wieso habe ich meinen Seelenpartner bisher noch nicht kennen gelernt?"

„Ist es mir tatsächlich bestimmt, einen Seelenpartner zu haben, oder nicht?"

„Wenn ich meinen Seelenpartner irgendwann in der Zukunft tatsächlich treffe, ist es dann auch sicher, dass wir einander erkennen werden?"

Wenn Sie eine klarere Frage stellen, die wirklich den Kern der Angelegenheit trifft, erhöht das die Chancen, eine Antwort zu bekommen, die bei Ihnen anklingt und wertvolle Hinweise liefert.

Die obige Frage könnten Sie zum Beispiel so stellen: „Was muss ich wissen, lernen oder tun, um meinen Seelenpartner im Lauf der nächsten 12 Monate anzuziehen?", und dann werden Sie eine klarere und ermutigendere Antwort bekommen.

Ja/Nein-Fragen, zu breit gefasste Formulierungen und Entweder/Oder-Fragen sind nicht produktiv. Wenn Sie Ihre Fragen klar auf den Ausgang einer bestimmten Entscheidung oder Handlungsweise Ihrerseits ausrichten oder auf das Anstreben eines bestimmten Ziels oder einer Beziehung, werden die Antworten, die Sie bekommen, viel passender und nützlicher sein.

Sobald Sie Ihre Frage klar formuliert haben, schreiben Sie sie auf. Das wird Ihnen noch mehr helfen, Ihre Absicht dahingehend auszurichten, eine möglichst genaue Antwort zu bekommen.

Der dritte Schritt: Richten Sie sich aus und bleiben Sie offen

Nachdem Sie Ihre Frage klar formuliert haben, führen Sie ein geeignetes Ritual durch, zu dem Sie eine Resonanz haben – etwa ein Gebet, eine Meditation, Symbole, die Anrufung des Lichts oder ein spezifisches Ritual wie das Anzünden einer Kerze –, um sich innerlich darauf auszurichten, dass Sie die höchstmögliche, deutlichstmögliche Führung bekommen.

Bitten Sie darum, dass Sie nur das empfangen, was Ihrem eigenen höchsten Besten und dem höchsten Besten aller Beteiligten entspricht.

Es ist wichtig, offen zu bleiben für die universelle Weisheit und nicht daran festzuhalten, dass man eine bestimmte Antwort oder ein bestimmtes Ergebnis bekommt, wie man es gern hätte... Wer weiß, es kann ja etwas viel Besseres auf dem Weg zu Ihnen sein!

Entspannen Sie sich in den Vorgang und vertrauen Sie auf Ihre Fähigkeit, einen Zugang zu universeller Weisheit und Führung zu bekommen.

Der vierte Schritt: Die Münzen werfen

Wir benutzen die Münzen als Stellvertreter für die Dualität des Lebens auf der Erde, für Yin und Yang. „Kopf" (die Seite der Münze, auf der üblicherweise ein Kopf oder ein Symbol abgebildet ist) steht für **Yang**, „Zahl" (die andere Seite der Münze, auf der auch etwas abgebildet sein kann, auf der aber vor allem die Zahl steht), steht für **Yin**. Jedes Mal, wenn Sie *Die Kraft Deines Lebens* zu einem bestimmten Thema befragen, werfen Sie insgesamt sechs Mal die drei Münzen, um Ihre Antwort zu bekommen. Die Auslegung erfolgt in der Form eines Hexagramms.

Mit Ihrer Frage im Kopf nehmen Sie die drei Münzen in den Hohlraum der beiden Hände, so dass die Münzen völlig bedeckt sind. Schütteln Sie die Münzen und werfen Sie sie dann auf eine harte Oberfläche. Der erste Wurf ergibt die erste, unterste Linie des Hexagramms (wie weiter unten abgebildet). Wenn die Münzen liegen bleiben, notieren Sie die Kombination von Yin und Yang wie folgt:

„Kopf" ist „Yang", „Zahl" ist „Yin".

Wenn Sie **zweimal Kopf und einmal Zahl** geworfen haben, handelt es sich um eine Yang-Linie, eine durchgezogene Linie: ——————————— . Haben Sie **zweimal Zahl und einmal Kopf** geworfen, ist die Linie Yin, das heißt unterbrochen: ———— ———— .

Wenn alle drei Münzen auf die gleiche Seite fallen, spricht man von einer „wandelbaren Linie". Hier gehen Sie so vor:

Handelt es sich um **dreimal Kopf**, beginnt die Linie als Yang, dargestellt als ———— o ———— das sich in Yin ———— ———— wandeln kann.

Handelt es sich um **dreimal Zahl**, beginnt die Linie als Yin, dargestellt als ———— x ———— das sich in Yang ——————————— wandeln kann.

Ob wandelbare Linien vorliegen oder nicht, der erste Teil der Auslegung ist derselbe:

Werfen Sie sechs Mal und notieren Sie nach jedem Wurf die Kombination der geworfenen Linien.

Hier ein Beispiel:

Was muss ich wissen oder tun, um sicherzustellen, dass mein neues Vorhaben ein Erfolg wird?

6.	———— ————	
5.	———— ————	Oberes Trigramm
4	———————————	
3.	———————————	
2.	———— ————	Unteres Trigramm
1.	———— ————	

In diesem Beispiel gab es keine wandelbaren Linien, also gehen Sie einfach direkt zu dem Text, um Ihre Antwort zu bekommen.

Der fünfte Schritt: Das Hexagramm ermitteln und den Text befragen

Schauen Sie sich das farbige, quadratische Schema mit den Hexagramm-Zahlen auf der Seite 165 an.

Jedes Hexagramm ist in zwei Dreier-Gruppen aufgeteilt: die „unteren Linien" oder das „untere Trigramm" und die „oberen Linien" oder das „obere Trigramm". Die „unteren Linien" sind senkrecht seitlich von dem Schema aufgereiht, die „oberen Linien" oben waagrecht.

Finden Sie die „unteren Linien" aus Ihren ersten drei Münz-Würfen (von unten nach oben). Notieren Sie sich die Reihe oder den Namen dieses Trigramms. Finden Sie dann das obere Trigramm, das Ihren folgenden drei Münz-Würfen entspricht, in der oberen waagrechten Reihe. Ziehen Sie eine gedachte Linie von diesem oberen Trigramm senkrecht hinunter bis zu der gedachten waagrechten Linie, die von dem gefundenen unteren Trigramm nach rechts geht. Das Kästchen, an dem die beiden Linien sich kreuzen, enthält die Nummer des Hexagramms, das Ihre Antwort in sich birgt.

In unserem Beispiel (Ken in der senkrechten Reihe verbindet sich mit K'un in der oberen waagrechten) kreuzen sich die beiden gedachten Linien in dem Kästchen mit der Nummer 15, also enthält Hexagramm 15 Ihre Antwort.

15 heißt **„Die Liebe zur Menschheit" und „Die Extreme"**. Lesen Sie, was auf den betreffenden Seiten in diesem Buch bei Hexagramm/Tor 15 über dessen Bedeutung (linke Seite oben) und als Kommentar (rechte Seite oben) steht.

Diese Antwort verweist Sie darauf, auf Ihre Rolle zu achten, die Sie im Umgang mit all den verschiedenen Menschen und Lebensformen, die in Ihr Leben treten oder sich daraus verabschieden, auf allen Ebenen persönlicher Bekanntschaft oder der Gesellschaft einnehmen.

Wandelbare Linien

In den Fällen, wo sich bei einem oder mehreren von den Münz-Würfen drei Yang- oder drei Yin-Münzen ergeben, liegen so genannte „wandelbare Linien" vor. Hier wird dann zuerst das Hexagramm gelesen, das den Anfangswerten der Linien entspricht; es gibt Auskunft über die Situation, wie sie ist. Dann wird in einem zweiten Schritt erkundet, wie sich diese Ausgangssituation entwickeln bzw. wie sich das Ergebnis, nach dem gefragt wird, entfalten kann.

Es folgt ein Beispiel, wie Sie vorgehen, wenn Sie eine oder mehrere „wandelbare Linien" werfen.

6. ———————		6. ———————
5. ———————	Oberes Trigramm	5. ———————
4. ———————		4. ———————
3. ——— X ———	dreimal „Zahl" wird zu	3. ———————
2. ———————	Unteres Trigramm	2. ———————
1. —— ——		1. —— ——

In diesem Beispiel wandelt sich die dritte Linie von Yin in Yang und ergibt damit das Hexagramm, was als zweites zu lesen ist. In diesem Fall:

A, Lesen Sie das erste Hexagramm – hier: Hexagramm 6, Konfliktlösung, emotionales Gleichgewicht. Lesen Sie die Bedeutung und den Kommentar wie gewohnt, um den allgemeinen Hintergrund für Ihr Thema zu bekommen. Dann, da die wandelbare Linie die dritte ist, lesen Sie diese Linie: Hexagramm 6, Linie 3:

„Bedenken haben: Lösungen ergeben sich oft, indem man eine passive Rolle einnimmt. Das Erreichen emotionaler Klarheit vollzieht sich, indem man Verpflichtungen mit Wachheit eingeht oder bricht."

B. Als Nächstes lesen Sie das neue Hexagramm, das sich aus der gewandelten Linie ergibt. In diesem Fall wird Hexagramm 6, mit der wandelbaren Linie an dritter Stelle, zu Hexagramm 44: **Muster – Das Entgegenkommen.** Lesen Sie dort den allgemeinen Text, um zu verstehen, wie sich die in Frage stehende Situation entwickelt. Dieser Text enthält die abschließende Antwort zu Ihrer Frage, er beschreibt das Ergebnis.

Wenn Ihr ermitteltes Hexagramm mehr als eine wandelbare Linie enthält, lesen Sie auf jeden Fall die Beschreibung aller entsprechenden Linien des Anfangs-Hexagramms, zusammen mit dem allgemeinen Kommentar. Dann fahren Sie fort mit dem nächsten Hexagramm.

Wenn Sie zum Beispiel im obigen Fall beim Werfen eine weitere wandelbare Linie erhalten haben, nämlich:

6. ———————	Oberes Trigramm	6. ———————
5. ——— O ———	(dreimal „Kopf") wird zu	5. —— ——
4. ———————		4. ———————
3. ——— X ———	(dreimal „Zahl") wird zu	3. ———————
2. ———————	Unteres Trigramm	2. ———————
1. —— ——		1. —— ——

Dann ist das Anfangs-Hexagramm dasselbe, aber zusätzlich zu der dritten Linie, die sich von Yin in Yang wandelt (mit „x" gekennzeichnet), haben wir jetzt auch die fünfte Linie, die sich von Yang in Yin wandelt (mit „o" gekennzeichnet), und dadurch ergibt sich ein ganz anderes Folge-Hexagramm, das nach dem Anfangs-Hexagramm zu lesen ist.

In diesem Fall würden Sie zuerst Hexagramm 6 mit seinem Kommentar lesen, dann die Beschreibung der Linie 6.3 und der Linie 6.5, bevor Sie im nächsten Schritt das neue Hexagramm lesen, das durch die Wandlung der beiden Linien entsteht, nämlich Hexagramm 50.

Der sechste Schritt: Die Antwort auslegen

Die Kraft Deines Lebens wurde zum einen als Nachschlagewerk zum tiefergehenden Verständnis Ihres Human-Design-Life-Charts geschrieben, zum anderen steht es für sich als modernes Orakel, das zu einer Betrachtung aus der Perspektive universeller Weisheit dienen kann, wie sie für unsere heutigen Gegebenheiten und unsere höher entwickelte Bewusstheit gilt. Nichtsdestoweniger bewahrt es seinen Charakter als Orakel, dessen Antworten in symbolischer Form gegeben werden – was dazu beiträgt, dass Ihr unbewusster, unterbewusster und überbewusster Geist angeregt wird und so eine erweiterte Sichtweise auf Ihr Leben entsteht.

Um den höchstmöglichen Nutzen aus den Antworten in diesem Buch zu ziehen, beginnen Sie den Vorgang wie empfohlen, indem Sie den Raum schaffen, um sich der göttlichen Weisheit zu öffnen und für die universelle Sprache empfänglich zu machen. Die Bedeutung des Textes wird Ihnen dann beim Lesen „dämmern" und wird möglicherweise in den Folgetagen immer mehr mit ihren Nuancen deutlich werden. Manchmal kann es auch so aussehen, als ob Ihre Frage nicht direkt beantwortet wird, aber wenn Sie offen bleiben, werden Sie entdecken, dass *Die Kraft Deines Lebens* Ihnen einen Blick in eine tiefere Verständnisebene oder einen Hinweis auf einen Umstand gegeben hat, der Ihnen sonst möglicherweise völlig entgangen wäre.

Obere Linien ▶ / Untere Linien ▼	CHI'EN	CHEN	K'AN	KEN	K'UN	SUN	LI	TUI
CHIEN	1	34	5	26	11	9	14	43
CHEN	25	51	3	27	24	42	21	17
K'AN	6	40	29	4	7	59	64	47
KEN	33	62	39	52	15	53	56	31
K'UN	12	16	8	23	2	20	35	45
SUN	44	32	48	18	46	57	50	28
LI	13	55	63	22	36	37	30	49
TUI	10	54	60	41	19	61	38	58

Über den Autor

Im ländlichen England aufgewachsen, machte **Chetan Parkyn** zunächst einen Abschluss in Maschinenbau und reiste anschließend als Spezialist für die Behebung technischer Störungen durch die ganze Welt. Unter anderem war er tiefseetauchender Ingenieur – und ein hingebungsvoller Meditationsschüler. 1979 bekam er ein Reading von einem indischen Weisen, das sein Leben für immer veränderte. Nach dieser Offenbarung meditierte Chetan mehrere Jahre lang bei dem erleuchteten Mystiker Osho, der ihm dabei half, seine eigene Gabe zu erkennen und zu erweitern: die Gabe, Menschen bei

der Entwicklung von Selbsterkenntnis zu unterstützen. Chetan ist Autor des ersten bedeutenden Buches zum Thema *Human Design. Entdecke die Person, die Du wirklich bist*, das mittlerweile in elf Sprachen übersetzt ist. 2018 ist sein Buch *Der Sinn des Lebens. Entdecke Deine Bestimmung* in deutscher Sprache erschienen, in dem er auf die 192 Inkarnationskreuze eingeht. Er gibt seit mehr als 35 Jahren lebensverändernde Readings und Trainings für Menschen auf der ganzen Welt. Die Zahl der von ihm durchgeführten Readings beläuft sich inzwischen auf fünftausend.

Mit seinen Readings, Reports, Trainings, Büchern, Coaching- und Mentoring-Programmen unterstützt und begleitet Chetan weiterhin Tausende von Menschen auf der ganzen Welt auf dem Weg zu persönlichem Erfolg und Erfüllung.

www.humandesignforusall.com

contact@humandesignforusall.com

Das Grundlagenwerk

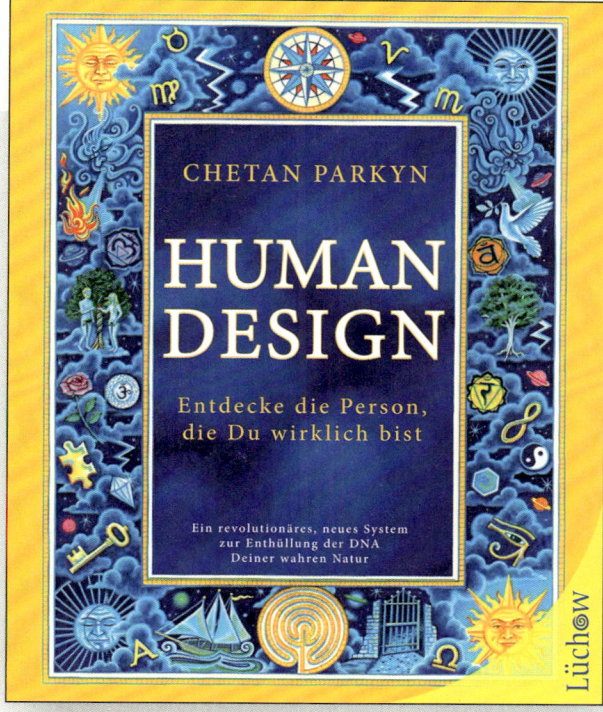

Wer bin ich wirklich? Wie treffe ich richtige Entscheidungen? Was ist meine Aufgabe in der Welt? Fragen, die wir alle uns häufig stellen. Human Design hilft den Antworten auf diese Fragen näher zu kommen.

Die Methode verbindet moderne wissenschaftliche Erkenntnisse aus der Quantenphysik und der Genetik, mit alten Weisheitssystemen der Menschheit wie dem I Ging, der Kabbala und der Astrologie. Sie gibt einen tiefen Einblick in den Aufbau der individuellen energetischen Strukturen und dem Potenzial eines Menschen.

Anhand der Geburtsdaten wird eine Körpergrafik erstellt, die das individuelle Energiesystem eines Menschen abbildet. So können wir lernen zwischen gelernten Verhaltensweisen und unserem wahren Sein zu unterscheiden.

Chetan Parkyn
Human Design
ISBN 978-3-89901-849-3

luechow-verlag.de

Dein persönliches Schicksal

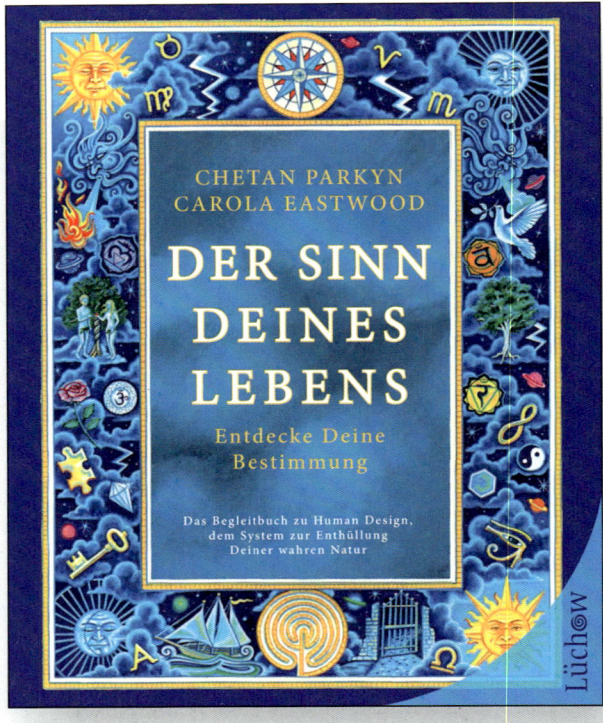

Hast du jemals angehalten, um zu überlegen, welche einmaligen, besonderen Qualitäten du der Welt anbieten kannst? Was es ist, dass natürlich zu dir und auch durch dich kommt?
Das Begleitbuch zum Human Design zeigt die 192 Variationen der Inkarnationen oder Lebens-Themen, die uns aufzeigen, welche Handlungen für unser Leben vorgesehen sind.

Das Buch hilft uns das Leben zu entdecken, welches für uns bestimmt wurde. Es führt uns zu unserer bisher nicht erzählten inneren Geschichte und unterstützt dabei, unseren individuellen Weg zum Schicksal zu erkunden.
Ein einzigartiges, leicht verständliches Konzept zur genaueren Bestimmung des eigenen Lebens-Themas in Verbindung zu Human Design.

Chetan Parkyn / Carola Eastwood
Der Sinn Deines Lebens
ISBN 978-3-95883-206-0

luechow-verlag.de